两岸书缘

第三届海峡两岸青少年共享阅读活动作品集

申显杨 主编

图书在版编目（CIP）数据

两岸书缘 / 申显杨主编 . -- 福州：福建教育出版社，2020.12
ISBN 978-7-5334-8809-3

Ⅰ . ①两… Ⅱ . ①申… Ⅲ . ①读书活动－中国－文集 Ⅳ . ① G252.17-53

中国版本图书馆 CIP 数据核字 (2020) 第 122728 号

Liang'an Shuyuan

两岸书缘

申显杨　主编

出版发行	福建教育出版社
	（福州市梦山路 27 号　邮编：350025　网址：www.fep.com.cn）
	编辑部电话：0591—83779650
	发行部电话：0591—83721876　87115073　010—52027445）
出 版 人	江金辉
印　　刷	厦门市金玺彩印有限公司
	（厦门市同安区湖里工业园　邮编：361199）
开　　本	710 毫米 ×1000 毫米　1/16
印　　张	18.25
字　　数	261 千字
版　　次	2020 年 12 月第 1 版　2020 年 12 月第 1 次印刷
书　　号	ISBN 978-7-5334-8809-3
定　　价	68.00 元

如发现本书印装质量问题，请向本社出版科（电话：0591—83726019）调换。

本书编委会

主　编：申显杨
副主编：陈毅振　郑婷文
编　委：陈炳泉　潘丽珠
　　　　陈忠坤　汪　凯

目录

第一辑 2019海峡两岸青少年悦读节作品

古道芳草连天碧		
——记2019海峡两岸青少年悦读节	柳梓榆	7
从台湾大哥大到中国移动	赖易明	10
一个大陆女孩与台湾伙伴的交往故事	林倾舒	13
浑沌已死，白鹭飞翔	杞欣庭	16
闽台书缘　继往开来	林郁欣	20
此别后，良辰美景如旧	高祎辰	23
浪　花	林欣仪	25
两岸书缘	林龙翔	28
闽中游记	林纾宇	30
三坊七巷游记	全芷仪	33
闽台书缘	林倚岑	35
有缘千里来相会	刘阅	37
两岸共牵七日缘	蔡惠如	40
梦中书不尽的温柔	何郁荨	46
一场夏天的蝉鸣	林奕辰	50
变	黄钰棋	54

两岸心　悦读情	郑莹莹	57
福建之旅	张靖婕	60
聚是一团火，散是满天星	郑桑贵	65
缘来是你	陈韦如	68
小书寄大情，两岸结同心	赖梦萍	71
隔海信笺	黄莞琇	74
千里共婵娟	陈鸿鑫	78
听见跨海的声音	张育铨	81
记海峡两岸悦读活动	常雨辰	84
遇见，再见	陈昕秀	88
以书结缘，两岸同心	陈瑀	91
闽台书缘	陈宣竹	94
从此一别，海峡两相望	饶伟强	97
书　情	苏嘉捷	99
书中共筑两岸情	陈睿	102
三城记事	吴双	105
两岸情谊，一生铭记	刘明健	109
闽台书缘	王丹君	114
以书为缘，情牵两岸	叶燕鑫	118
走进闽地，两岸情缘	余偲绮	121
因为我们没有什么不同	郑莹莹	123
闽台书缘	林昱君	126
两岸书缘	陈玮杰	129
第一次	杨博涵	132
缘牵两岸情，书香永流传	龙昌璇	135
悦读青春，同沐书香	邹婷婷	138
闽台书缘	蔡瑜轩	141

两岸书缘	陈志彬	144
行 李	林琨育	146
三地行游记	谢婉冰	150
福建行	庄紫婕	153
不受阻隔，终会相见	邱齐婷	156
两岸情缘永不散	李紫娴	161
我要当爷爷的眼	李芝筠	164
书缘两岸牵	王菁菁	167
今宵别梦寒	赖宛妤	170
奇 妙	曾小华	173
我的春天树、日暮云	黄珮蓁	176

第二辑　2019第三届海峡两岸青年阅读季作品

致海峡彼岸的朋友	郭丽容	187
珍贵的回忆	汤闵婷	190
和而不同的新世界	林钧桦	193
可否再遇见你	黄明祺	196
一封跨越海峡的信	钟怡茗	199
异 同	王榭翎	202
相逢即是缘	李笑扬	205
那些沉重的美好	陈映桦	209
成长于同一片蓝天之下	田诗玮	213
答 案	苏嘉愉	216

-3-

找寻旅行的意义	高苡瑄	219
面朝大海	林靖杰	221
我们的约定	林珮柔	224
七月的七天	周婉榕	228
我值得长大	栾昀芳	231
一定记得再来找我	檀果	234
福建之行	陈季珣	238
幸而相遇	黄舒杭	241
七日	陈采竺	244
走走停停	杨睿琪	246
缘	游安立	248
我们	陈蔚岚	250
土楼断想	叶仪萱	253
简谈信仰	费晨欢	256
那份依恋	林宇轩	259
诚毅之光	龚林玥	262
社会价值与物化	管真	265
One People	刘德敏	268
反思《生活十讲》中的教育观	冀馨蓉	270
再见，福建	翁钰涵	273
茉莉香犹在	唐凤华	276
难忘福建之旅	傅于庭	280

第一辑

2019
海峡两岸青少年悦读节作品

● 《八闽芳华》诵读表演

● 《水调歌头》诵读表演

● 大陆学生于五通码头迎接台湾学生

● 《缘牵两岸》诵读表演

● 大陆学生给台湾学生写明信片

- 大陆学生为台湾学生热情讲解

- 大陆学生自发歌唱《朋友》为台湾学生送行

- 导游为学生们讲解鳌园的由来

- 导游在闽台缘博物馆为学生们讲解闽台的渊源

- 两岸学子参观地铁官任站

- 两岸学子参观林则徐纪念馆

● 两岸学子参观闽台缘博物馆

● 两岸学子参观泉州博物馆

● 两岸学子共同挑选纪念品

● 两岸学子离别时热情相拥

● 两岸学子阅读马拉松活动合影

● 阅读分享会上潘丽珠教授与两岸学子互动

● 台湾中学组学生《虞美人·听雨》诵读表演

● 台湾中学组学生排练诵读展演节目

● 五通码头两岸学子合唱《送别》

● 阅读分享会上潘丽珠教授给两岸学子讲解《生活十讲》

● 阅读马拉松活动现场两岸学子全神贯注地看书做题

古道芳草连天碧
——记2019海峡两岸青少年悦读节

□ 柳梓榆（同安一中）

以笔传情，连起两岸青少年的心；凭文跨海，分享两岸人同根的文化；以书架桥，衔接两岸年轻一代的缘分。

2019悦读节，凭书籍，横跨了海峡，成就了两岸一段奇缘，在两岸青少年的心中，吹绿了芳草，吹碧了同一蓝天。

初遇·以书相知

在船只来往的五通码头，大陆同学焦急地举着横幅，等待着大海那方来的伙伴。终于，他们来了，一个个略带羞怯的身影出现在了我们面前，他们的眼里闪过几分好奇，面色因激动而有些泛红。似乎有一根奇妙的红线，将两岸青少年的手紧紧连在了一起。而七日之行，伴随着大陆同学热情的欢呼声与掌声，就此拉开了序幕。

真是太奇妙了，当我遇见与我同游的小伙伴，我的心怦怦作响，紧张且不安。而当我们谈到《生活十讲》时，话匣子却一下突然打开，嘴里蹦出的一个个有关书籍和文学的语句，使得我们之间的对话活色生香起来，而不再是干巴巴的礼貌语。仅仅一本书，就为我们之间深厚的友情埋下了一道伏笔。

一见如故的感觉真好，相遇即为知己，以书为舟，以字为帆，为两岸成就了一段美妙的书缘。

两岸书缘

旅途·与书同游

  古人有云："读万卷书，行万里路。"这几天，两岸青少年携手同游了许多地方。

  书香飘在地铁站中，这是厦门图书主题的官任站；书香飘在鼓浪屿上，海风卷着这香气轻拍在我们脸上；书香飘在清新干净的厦门市图书馆中，阅读马拉松活动更促进了我们的情谊，我们共读《山羌图书馆》，有了精神上的交融；书香飘在三坊七巷中，古色古香的美景吸引着我们的眼球；书香飘在大梦书屋中，一首首诗朗诵加深了两岸青少年对彼此的印象，也共同弘扬了经典文化。

  我们一同游山玩水，一同评古论今；我们倾听到深夜，也畅聊到凌晨。我们交流两岸不同的文化，学习对方的精华。

离别·以信为赠

　　七天的时间如佛手清沙,转瞬即逝。我的好伙伴小赖在离别前一天晚上就已经哭了一次,提到离别,她总会流泪。我总是故作坚强地安慰她,直到唱响《送别》,到"一壶浊酒尽余欢,今宵别梦寒","别"字又让我忆起这些天的点点滴滴,她是如何全心全意对待我、照顾我,我就有些哽咽,而当整首歌唱完,歌声回荡在五通码头之中时,我早已哭得喘不上气。我与她紧紧握住了对方的手,她是我灵魂上的双胞胎,尽管我们相隔两地,仅有数日之缘,尽管这辈子或许无法再见面,我却早已视她为知己,她对我也如是。缘分把两条看似永远不可能相交的平行线缠绕在了一起,分离,又怎么舍得呢?

　　我终于明白了余光中先生的那一张窄窄的船票的忧愁,而此时,我在这头,小赖在那头。有歌如此,教我如何不想她?是啊,我如何能不想她!

　　她最后留与我的,仅仅是一封信,信里有她对我最美好的回忆和最美好的祝愿。

　　大陆与台湾虽相隔一道海峡,却阻隔不了血脉亲情,也阻隔不了真挚友情。回家后的这几天,我仍与小赖有着密切的联系,我们常常用微信聊天,依旧怀念那段永存我们心中的旅程。我庆幸一向害羞腼腆的她勇敢地报名,参加了这次活动,因而出现在我面前,也感谢这次悦读节给了我们相识的机会。

　　花落终有时,这篇文章的完成也代表了这次活动的真正落幕,心里总有难以言说的依依不舍之情,可还是需挥手告别。两岸青少年的情缘不会结束,我们会继续以书为马,走向各自新的未来。

　　春风又绿江南岸,明月何时照你还?但愿春风早日吹绿海峡两岸,且让芳草,连天碧!

两岸书缘

从台湾大哥大到中国移动

□ 赖易明（台北市立和平高级中学）

　　这是我第二次踏上祖国大陆的土地。刚开始，所有人彼此都不认识，从中山机场出发，大家还一路沉默，直到我们踏上厦门的土地，和迎接我们的大陆伙伴会合，手机上微信里聊了几天的人，终于出现在我眼前。从一起吃的第一餐饭开始，我的伙伴就不停帮我注意我的袖口会不会在吃饭时弄脏、我是否有任何需要……她的大方、爽朗与贴心，都让我现在想来依旧感激。

　　第一天因为时间紧张，没有安排太多行程，但晚上演出的《闽南传奇》秀，用戏剧的手法演绎了我们闽南人的历史与祖先的种种艰辛，辅以震撼的舞台效果，除了让我倍感亲切，也让我佩服祖国大陆在对历史的诠释上所下的功夫与巧思。

　　第二天搭船前往鼓浪屿，这是一座美丽的小岛，上面的建筑充满了老闽南风情，例如我们参观的菽庄花园。菽庄花园是林尔嘉先生因怀念台湾板桥故居兴建而成，在时代的推移下，地球越发的小，未来我们都可能因为种种因素而必须长久地离开自己的家乡，但无论人到了哪里，最怀念的永远都还是自己的故土，毕竟"月是故乡明"。晚上搭船回到厦门本岛后，又再度搭船欣赏鹭江夜景，台湾同学在船上笑言这一天搭船的次数就胜过我们过去十年了！在鹭江上，我心想，不知当年林尔嘉先生住在与故居相似的庭园中，是否也会隔海望着台湾呢？

　　第三天是我们在厦门的最后一天，前两天乘车出行，常经过集美学村，美丽的建筑让我一直很想参访，幸而最后一天有幸前往参观鳌园。鳌园是由陈嘉庚先生建立，在参观完陈嘉庚纪念馆、了解了陈嘉庚先生的生平之后，我为他回馈国家的精神而感佩。我们每个人都是由国家所孕育的，长成后若有能力，自应尽己所能报效国家。而作为学生的我，听过父母与一些同侪所说的经历后，更深觉教育对人的影响的重大。清末的改革也是由受过新式教育的人所发起，可见教育不只可以改变自身的命运，更可能影响整个国家，乃至世界。下午我们前往厦门市图书馆，厦门市图非常漂亮，我想这样也许可以吸引更多人来，但也可能让环境变得较为嘈杂，毕竟在网络时代，网红太多了，图书馆可能沦为他们的打卡景点，凡事都是一把双面刃。在厦门市图举办的阅读马拉松活动要求大家限时读完一本书并回答问题，形式新颖，亦是对我们阅读能力的激发与考验。

翌日，游览车载着我们离开厦门，前往泉州。泉州的市容跟厦门很不同，厦门的街道给我复古与新潮兼容并蓄的感觉，而泉州则较为纯朴。早上我们抵达天后宫，妈祖是大陆与台湾共同信仰的神，在参访之余，双方也互相交流各有的种种不同的传说，即使基于相同的文化根源，也会发展成不同样态，我觉得很有趣。之后到清净寺参访，亲身来到课本上出现过的照片的真实环境里，心情非常兴奋。中国地大物博，悠久的历史使这片土地先后诞育过许多不同的文化，交相辉映绽放出文明之花。

隔天早上，前去参观开元寺、闽台缘博物馆以及世界闽南文化参访中心。在台湾以闽南人为大宗，但随着时代进步，传统文化逐渐式微。大陆伙伴聊到他们小时候都是先会说方言，上学后才学普通话，但在台湾，会讲闽南话、客家话，乃至会讲少数民族语言的年轻人越来越少，很多语言也将面临灭绝，因此在泉州的超市里听到闽南话觉得好亲切，毕竟在台北不大能听到。虽然我也会说闽南话，但平常比较少确切意识到自己是"闽南人"，通过参访博物馆，才更深刻地认识了祖先走过的道路，因为他们不畏艰险，才有我们如今的生活。

第六天的行程，是我最喜欢的。首先参访林则徐纪念馆，他的生平我们都非常了解，林则徐振衰起敝的精神与勇敢的作为，不在乎自己的仕途，只坚持做对的事，一切都是为了国家能更加富强，以冀能抵御外侮，足以作为我们的表率。下午到三坊七巷，完全满足了我对大陆的想象，三坊七巷的模样正是我心中的大陆印象。青石铺成的主路、一条条小巷、高高悬挂的大红灯笼、吱呀作响的斑驳木门、于门侧守护的狮子……这次旅程中有很多我想自己再来、想再用心好好感受的地方，但三坊七巷是其中之最！晚上是交流活动中的重头戏——两岸青少年经典诵读展演，在听大陆的伙伴们朗诵时，我一直禁不住肃然起敬，因为他们朗诵的技巧实在高

两岸书缘

超,撼动人心。

最后一天早晨,我们就从福州驱车回厦门,准备搭船离开。在这七天中,大家早已培养出了感情,在游览车上,练完《送别》之后,大家开始欢乐地唱起了别的歌,好像想掩饰那抹哀伤。到了码头,我拿出昨晚偷偷写好的卡片,送给我的大陆伙伴,唱《送别》时,在我们的手牵起来之前,双方都已泪流满面,最后更是相拥而泣。在我们上楼后,原本在大厅的大陆伙伴们又冲上来,在安检线外大唱《朋友》与《千里之外》,看着他们真挚的脸,我又忍不住潸然泪下。

七天中真的发生了许多让我感动、觉得不可思议、被温暖到的事,例如第一天午餐时,外图公司的随团姐姐就问我们有没有想吃什么或者忌口的,有一个大陆男孩子就跟她说想吃饺子,结果晚上就真的上了饺子,让我觉得主办方真的非常注重我们的感受和想法。然而让我在这次的交流活动中留下这么一段美好的回忆,最重要的还是感谢我的大陆伙伴柳梓榆和两个台湾好朋友全芷仪和林倚岑,因为有她们的陪伴,让我的七天增添了许多的欢笑与泪水。像是最后一天,梓榆在打要发在QQ上的文章时,无意间说了一句:"我在打你的名字时要切换输入法,把你的名字打成繁体,因为你说过你不喜欢简体字。"因为她的体贴,我当下就红了眼眶。

这是一场早已定好离别之期的相聚,即使短暂,但将永存于我们的心中。感激缘分让我们相遇在这片孕育你的土地上,希望下次重逢,将在培养我的土地上。

一个大陆女孩
与台湾伙伴的交往故事

林倾舒（厦门一中）

我与欣庭

　　五通码头的冷气有些凉，焦灼与期待在心里交织盘旋得火热。我握紧手中的配对吊牌，"杞欣庭"三个字跃然在金黄色的牌面上。我透着这三个汉字，想象着自己将要认识的第一个台湾伙伴，她会是个怎样的女孩呢？"林倾舒是哪位？"我循声抬头，"这儿！"她冲我招手，透亮的眸里闪着温柔的笑意，一股邻家姐姐般的亲切感扑面而来。

　　这是我们的初遇，在那个阳光很好的中午。

　　我永远记得。

　　"你看起来很小哦！我想，我是这里最大的了！我今年高三升大一啦！唉，我真是姐姐命，到哪儿都有可爱的小妹妹！"欣庭玩笑地说。我们很快变得熟络，话也渐渐多了起来，我最开始害怕因年龄差异造成交流隔阂的担忧也烟消云散。欣庭是个满分的姐姐，她总会在清晨负责把睡得死猪般雷打不动的我叫醒；离开景点时提醒马虎的我带齐东西；用心地为我准备了来自台湾的零食……

　　在厦门的最后一天晚上，夜风微凉，雨将落未落，空气中湿气凝重。午夜时分万籁俱寂，我和欣庭的房间灯火通明，两人正聊得火热。大概是因为夜色迷人，更可能是因为这些日子的朝夕相处以及对欣庭的喜欢与依赖，我头一次，在一个一周前还素未谋面的人面前，将我成长的困惑与迷惘，孤独岁月里的自卑与寂寥，那青春里跌跌撞撞的故事毫不保留地展现在她的面前。缘分总让我不得不感叹它的奇妙，我惊讶地发现，原来在海峡的那头，有个人的故事竟与我有如此多的重合。她跟我有着相同的兴趣，经历过我的迷茫，她仿佛是时光那头的另一个我。她冲我微笑，替我解惑，为我的成长出谋划策，鼓励我勇敢地昂首挺胸走向远方……一个夜晚，两个女孩，来自海峡的两岸，相差两岁，带着永远不变的赤诚与善意，带着尊重，带着理解，让两段故事交融、绽放，变成共同的艳丽花朵。

我与紫娴

犹记得第一次见到紫娴，内心只有惊羡。吹弹可破的白皙肌肤，柔顺乌黑的瀑布般的长发，一双会说话的灵动大眼睛嵌在小巧精致的脸庞上。她站在那儿，仿佛亭亭玉立的圣洁水仙，却又不失俏皮可爱。我几乎第一眼就"粉"上了她。

由于年龄相仿，我们很快变得亲密起来。她是我在这次活动中了解台湾的"窗口"。我们常常会互相交流两岸在人文与历史等方面的差异，也享受着在找到共同之处那一刻的惊喜。在她的口中，我知道了"联考"便是"高考"，"班导"便是"班主任"，听说了一些我前所未闻的台湾历史。在交谈中，我不止一次地惊叹这个台湾伙伴的博学多闻。

我们有说不完的话，我们很投缘。我喜欢挽着她的手臂去逛街，她喜欢在街上把我护在马路内侧。但即使是这样亲密无间的我们，也会有迥然差异。她有着识别善恶美丑的慧眼，而我擅长裹住蒙蔽丑恶的温柔外套。是她，为我打开世界的另一扇大门，让我有机会去领略罗曼·罗兰所说的"看过真相，依旧热爱"的英雄主义真谛。两个不同灵魂轻轻地碰撞，绽出了绚烂的星火。

我与他们

在他们走后的一周，我才有勇气写这些文字。分别总是让人如此难以忍受，在五通码头，大家拥抱了一次又一次，声嘶力竭喊"再见"的场景仍历历在目，而大家在一起时欢声笑语的场景也还是能让我热泪盈眶。我

真的，真的很喜欢你们啊。

　　那几天，每晚在宾馆的集体游戏成了大家最期待的事情之一。欣庭提议的游戏大受欢迎，在一个主题的限制内，每个人想一个词语代表自己，然后轮流抽取扑克牌，当两个人扑克牌上的数字一样时，要拼速度喊出对方的"名字"。一场看似简单的游戏，实则是记忆力与反应力的较量，每个人都费尽心思地想出一个难记的词语。更有趣的是，由于两岸文化上的差异，台湾伙伴与大陆伙伴在同一物品上会出现迥异的称呼，对于台湾同学来说是一个稀疏平常的词汇，对大陆同学而言可能变得晦涩生硬。于是便会出现这样的大型"认亲"现场："鲑鱼是什么？""哦，三文鱼啊！""啊？花生怎么会是土豆呢？"大家七嘴八舌地议论着。这一刻，我感觉大家的心贴得很近很近，文化也是。它们碰撞，它们交融，被大家敞开的心所接纳。

　　分别的前一晚，我们这一组人窝在我和欣庭的房间里。窗外树影斑驳，霓虹闪耀，街上的行人一点点变得稀疏，离别的伤感在房间里萦绕。不是没想过这一天的到来，只是不知道居然会这么快，缘分真的是力量无穷，短短七天就想让人珍藏一辈子。"我真的很不甘心睡觉呀，一觉醒来我们就要走了。"紫娴闷闷地说。我们在一起谈天说地，直到东方渐渐泛出鱼肚白，我想，这样的黎明，会是永恒。

　　故事没有结尾，还未完待续。七天来同读一本书，同走一段路，其实将我们连牵在一起的，不只是书缘，更是交流与碰撞，是真情与包容，是在差异中邂逅的相似缩影、不期而遇的有趣与感动。

　　我希望，这不只是我们的故事，更是两岸所有人的故事。

浑沌已死，白鹭飞翔

□ 杞欣庭（嘉义女子高级中学）

南海之帝为倏，北海之帝为忽，中央之帝为浑沌。倏与忽时相与遇于浑沌之地，浑沌待之甚善。倏与忽谋报浑沌之德，曰："人皆有七窍，以视、听、食、息，此独无有，尝试凿之。"日凿一窍，七日而浑沌死。

"浑沌……浑沌……"谁？是谁在唤我？

呼喊在脑中声声萦绕，脉搏也随之鼓动而起，滚烫的血液争先恐后地往头部窜流，恍若有个出口。我卑微地跪下，祈求能减少那撕心裂肺的痛楚。

面部的空洞还在，但疼痛逐渐消退，我缓缓放下掩住空洞的手，霎时间，有一股明亮、温暖的"东西"渗入。

"那是光。"倏说道。

"反射光的那玩意儿是海，是我们统领的地方。"忽笑着说。

我一面用神识与南海、北海的帝王交流，一面端详着新鲜事物。波光绵延，湛蓝的海与明朗的天光影交叠，白浪翻涌，鹭岛在那浪尖指向的尽头。我是知道这座岛的，数千年前的蛇鹭交战轰动一时，如今，我挺想念那只领头大鹭的，毕竟是天地初生之时，少数可供解闷的活物，但它挥洒的鲜血，早已化为参天的凤凰木，世世代代荫庇着它的子民，这未尝不是个好结局，我凝神睇视。

转瞬间，在渡轮码头我瞧见了一群手拿红布条的孩子，灿笑的脸上，嘴一张一合。

"他们在喊热烈欢迎台湾同学。"倏体贴地在一旁讲解。看来，如今鹭岛上也居住着一群如凤凰木般热情的子弟，而台湾啊，是一个美丽的岛屿，是我最初幻化成形之所。

"明日，我俩再帮你凿开一窍，届时你就能再看得清楚些。"忽说道，光在他的瞳眸中穿梭，辨不清神态。

"睡吧。"我在鹭岛彩霞的斑斓中沉沉入睡。

"啊——啊——"我在剧痛中惊醒，掩面翻滚，面部和身体都不由自主地抽搐。

"忍着点！你会惊扰到驶向鼓浪屿的船只！"忽在我神识灵台中大声制止。

血液蔓延在双颊，它绮丽地爬行，就像是那红艳艳的藻华。勉力睁眼，入目所及是那鼓浪屿的滨线，浪花轻轻拍打，我在海洋的安抚中缓缓复苏。

绿树在红瓦间探头，我的视线在里头好奇地逡巡、穿梭，闽式古厝和欧式建筑形态各异，被风干的岁月在砖墙上印刻了痕迹，中西合璧的建筑令人目不暇给。一座岛、一座城、一个人都是一首诗，在浪花的淘洗下，轻声诉说着它们的故事、它们的历史。

日升月沉，潮起潮落，究竟是蔚蓝拥抱着那一抹青翠，还是金沙依恋着那一汪碧水？我在夕阳下眷恋着这座岛屿。

"唉，可惜今日无缘让你听听那壮美的涛声了。"倏的眼神难掩失落。

"可这更意味着明日可期，不是吗？"忽淡笑而语。

"知了——知了——"自我化生以来，第一次感受到"声音"的存在。

我强忍疼痛，凝神谛听，眼前少女们的裙摆翩飞，与她们银铃般的笑声一同没入鳌园的牌匾，夏风在疏叶间呵痒，让嫩叶沙沙地乐出声响。我还在努力适应这倏和忽齐力新凿开的一窍，耳边又传来低语呢喃……

"陈嘉庚先生……陈先生对厦门人来说是一个很特别的存在。"一个短发齐耳、模样清秀的女孩望着塑像，对身旁的少女说道。我虽刚开窍不久，但确实看见了她眼底的真挚，听见了她语调中深深的感怀。听着风摩娑石像，我不禁垂眸深思。

古钟声悠悠荡荡，恍惚间，那柄钟槌敲击的仿佛不是钟，而是令我欲裂的脑袋，不知是否因为历经前几窍的凿通，此刻我竟也不觉多难耐了。

"当——当——"善男信女持香鱼贯而入，每个人都是最为卑微且虔诚的，求财的、求功名的、求平安的来来往往，形形色色，我在其中倾听人们内心最诚挚的渴望。一墙紫云屏，缩短了尘世与佛门的距离，数百年来，开元寺的香火绵延，哼哈二神的威仪常驻于此，众人不约而同放轻的脚步声，层层叠叠地堆砌在回廊尽头。

在那尽头，我恍惚听见倏、忽二人浅吟低诵："桑开白莲，佛法无边。"意识逐渐随着钟声悠远、模糊。

"好疼……"我在意识的边缘游离，这四日以来，不止一次挣扎过，这样日复一日的凌迟究竟图得什么？可在饮下一股清甜后，我为今日的苦痛寻到了圆满的解答。

"这就是'食'，从今往后，你就能尝遍人世间的苦辣酸甜。"倏欣然笑曰。

直至今日，我才明白中华民族几千年来"民以食为天"的道理。姜黄、椰仁、花生和丁香在汤头里交融，猪肝、肉丝、鱿鱼和鸭胗在口中交织出华美的锦绣，汤头的香辣和配料的酸甜融合，口感繁复，却浓稠顺口，令人齿颊留香。

"这是何等仙界美食！"我不禁慨然而叹。

"不过是厦门小吃沙茶面罢了，你实在是少见多怪。"忽掩面而笑。

忽的云袖一翻，一只炖锅跃然于眼前，锅盖一掀，雾气朦胧了我的视线，浓厚的中药汤头入喉，经文火慢炖的红面番鸭，肉质结实却软嫩多汁，搭配劲道的厦门面线，一碗鸭肉面线下肚，通体的气血也因为温暖而活络了起来，我不禁牵动嘴角。

"你能够笑了！"倏的语气难掩兴奋。这……就是笑？看来这个举动能带给旁人快乐，我把嘴角咧得更开，爽朗地笑出了声，这是我初次听到自己的笑声，也是头一次知晓"笑"，这是多美好的一件事。

"就差一步了。"倏遥望那浪花缱绻的远方。

"是啊，就差一步了。"忽凝神看着我。我的内心骤然浮现惶恐，不知明日尽头等着我的是什么。

沁人心脾的香气窜进鼻腔，我悠悠转醒，却浑身使不上劲。

"你醒了。"忽手捧白瓷杯回眸，一盏茶随之推到眼前，茉莉花香透过茶汤弥散，澄澈、轻灵，满室芬芳。

"宋徽宗曾说'茶有真香，非龙麝可拟'，如今看来，着实配得上这番盛赞。"我虚弱地扬了扬嘴角。

四月春茶，八月伏花，从午后采花的花农，到日夜焙茶的茶人，以花幻茶，不变的，是茉莉花始终清幽芬郁的香气，轻抿一口，茶甘生津，花香缭绕，从鼻腔淌至心肺，整个人都通透舒畅了起来。我啜茶而笑，但心中却凝练出一股难言的悲壮。

"长亭外，古道边，芳草碧连天……"泪水迷离了我的视线。

"浑沌……浑沌！"声声呼唤与送别的旋律交织在脑海。最后一眼，我想睇视鼓浪屿的浪花，雪白的蕾丝编织在蔚蓝的裙摆上；最后一闻，我想聆听孩子的歌唱，悠扬的乐声萦绕在海峡的两岸；最后一口，我想浅尝离别的泪水，咸涩的惆怅牵引着思念的方向；最后一息，我想轻嗅海风的腥咸，黏腻的夏风轻拂过我泪痕阑珊的脸庞。

"……天之涯，地之角，知交半零落。一壶浊酒尽余欢，今宵别梦寒。"再见了，亲爱的朋友，我流泪闭眼。

此后再无浑沌，厦门白鹭飞翔。

闽台书缘　继往开来

□ 林郁欣（台中教育大学）

　　窝在安静敞亮的车厢座位中，随着列车奔驰过广大田野，静看落日余晖温柔地洒落大地。回家了呢，真好。一抹笑意忍不住偷偷跃上嘴角，藏也藏不住的欣喜。在刚结束的这段旅程中，仿佛有个声音时刻问着我："你从哪里来？又要往哪里去？"这个千古的疑问始终盘桓于人们心头，然而却没有一个标准答案为众人解惑。只因每一个人都是天地独一无二的馈赠，而答案在自己手中，皆不尽相同。

　　五点半的松山机场，风中的细微雨丝迎面而来，然头顶上却是一大片的湛蓝，天边缀着朝阳的暖黄。虽台北与我之间并无深切的羁绊，但这一刻的宁静却让我恍然回到家乡。直至起飞，雨势都未曾加大。这一定是个好兆头，预示着这趟旅程的顺遂。由金门出航的船只满载，从不会晕船的我闭上眼享受着海浪的温柔。漂漂荡荡，摇摇晃晃，在这一片仿佛可以治愈所有心伤的海洋怀中，抛却一切对于未知旅途的恐惧，专心于此刻的安适祥和。舟楫临岸，我将令人眷恋不已的故土之息牢牢攥在手里，走向无边天地。

　　一别微雨的台北城，艳阳高照的厦门热情得使人难以招架。放眼望去尽是高楼，但与台湾所见新旧交错不同，而是散发着崭新的气象。午后来到"老院子"，园区分布着传统的闽南建筑，充满了华夏文化风格，无限亲近之情油然而生。始祖文化区中，走过先祖殿、始祖殿与姓氏起源殿，感受到源远流长的华夏血统至今仍闪耀着亘古的熠熠光辉，这是多么珍贵的传承。远近驰名的《闽南传奇》秀终于在傍晚拉开序幕，数个舞台的演出串联成闽南地区的历史，传颂着属于这片土地的故事。最令人动容的当属对于海上女神——妈祖的信仰。剧末，舞台左侧缓缓升起的巍峨神像震慑了我，低眉垂眼的面容流露了无尽慈悲，好似时时刻刻看顾庇佑着我们。走出剧院,苍茫夜色中,一轮明月皎洁。"但愿人长久,千里共婵娟",人们对于月亮与团圆的念想,亘古不变。

走过泉州的天后宫、开元寺和清净寺,宫庙之属皆是人们虔诚的具现,其精神不论在哪里都是相同的动人。尤其主祀妈祖的天后宫,在台湾更是处处可见的一道风景,古朴的建筑氤氲着冉冉而上的香火,凝聚了男女老少的虔诚,融汇成一股非常温暖的巨大能量。每每来到这里,总不禁想着,人们的愿望是否能顺利传达到神明那里呢?我想,一定会的吧!走在寺庙的廊道间,静心吸吐着仿佛也变得祥和的空气,往往能使内心宁定无波。我一直非常喜欢庙宇中宁静的气氛,比起对于神明的信仰,更使我动容的是人们的虔诚,持香伫立于大殿中闭眼祷愿的侧脸是多么美丽。为己所坚信的光,全心追寻的身影,不论台湾、福建、港澳,甚至整个世界,其实都没有不同。我很感激所经历过的这一切,从小懵懵懂懂地跟着父母持香祭拜,到今日已融为骨血的中华文化,竟能让我体认到这股温暖的力量。但愿,我能守护这份灿烂的信仰,使之世世代代传承下去。

在闽台缘博物馆与泉州博物馆中,一再了解到我们两地间的文化传承与相似性。热爱博物馆的我,悠游于图文与各式文物典籍之中,由这座积累了千年的文化大桥,走向文明滥觞。饮水思源一直是中华传统美德,在不忘本源的前提之下,才能避免自矜自傲带来的苦果。从这里而来的我,继承了中华文化的我,仍以这份古老文明骄傲不已,同时坚守先哲"有所为,有所不为"的初心,行于这一片浩瀚天地。忆起系中师长曾因推崇儒道经典,而被同学笑为酸腐,可我并不这么认为。曾在时间长廊另一端灿烂盛开的知识之华,历经千年的淬砺后,在今日仍闪耀着夺目光辉,为世世代代的后人燃起一盏盏湛明的引路灯。只要仍有一个继承中华文化的人,这些知识之华就不会凋零,它们的芬芳就能随着风传送到更远的地方。语言、文字、饮食、建筑、习俗和艺术汇聚成独特的文化,在属于我们的土地上昂首绽放。

　　在这片广大天地间，我深刻体认到我们所继承的是多么重要的资产。数千年来，活在这片大地上的人们，他们笑泪悲歌，他们耕读吟哦，一步步积累成今日我们所见到的模样。然而，在已经如此丰硕的文化之果面前，我还能做些什么？走在林则徐纪念馆，我想，我找到了答案。林则徐肩负的是那个时代的责任，为国与民一肩扛起对抗鸦片威胁的责任。或许我们不会像他一般，面对如此艰巨的难题，但他守护家国与所爱之人的决心，古今皆一。一如诗圣杜甫所言："安得广厦千万间，大庇天下寒士俱欢颜，风雨不动安如山！"守护与传承，便是我所能做的事。愿身边人至天下人，皆有所安，皆有所归，在这块土地上，世代盛放属于中华文化的芳华。

　　一晃眼回到乘坐的列车上，窗外夕日的橘黄暖光温柔地遍洒大地。随着移动而改变角度的光芒，如箭直射而来，使我眯细了双眼，但我没有拉下窗帘，而是选择仰首迎接仿佛破窗而来的温暖。掠过脑海的，是曾出现在我生命中的形形色色的脸庞，还有午后教室窗外的景致，操场艳阳下的青春汗水，街角门庭若市的小面摊，深夜无车马喧的大道，蜿蜒过城市的河流，巍峨于城郊的山脉。每个我曾交会过的生命，每个我曾驻足过的城市，每片我曾流连过的山水，都是那么美丽。我由这片土地而生，被属于我们的文化熏陶而成长，这里，就是我所要守护与传承的地方。夜色渐至，房舍亮起了点点灯火，与天上的繁星相辉映。列车到站，自幼害怕人群的我，如今却能安然走入来来往往的人潮，坚定地朝着自己的方向而去。

此别后，良辰美景如旧

□ 高祎辰（集美大学）

亲爱的台湾小伙伴，分别已多时，你还好吗？

"长亭外，古道边，芳草碧连天，晚风拂柳笛声残，夕阳山外山……"昨日《送别》的歌声仿佛还在耳畔萦绕，但却少了那些和声吟唱的人。这些天，海峡上荡起两次涟漪，一次相逢，一次别离；码头的笛声响了两次，一次载着欢笑，一次载着眼泪。纵使不舍，也有遗憾，但依然感激那些如诗般一起共度的时光。

正是鹭岛好风景，花开时节与君逢。盛夏七月，正是凤凰花艳丽明媚的时节，我迎来了和台湾小伙伴的第一次见面。初见，围坐在桌旁，都有一些羞涩，也有点好奇，偶尔能感觉到有不经意的眼神在自己身上扫过。很奇妙，也有一些尴尬。终于，美食充当了打破这气氛的使者，一道道佳肴让我们的交谈有了交集。刚出锅的小海鲜引起了我们共同的惊叹，精致的甜品成为桌上第一个被"光盘"的美味，就连普通的家常豆腐也能引起一场关于闽台不同做法的热烈讨论。共同的"食客"身份，让我们在欢声笑语间熟悉彼此。

"春风得意马蹄疾，一日看尽长安花。"何种快乐能比得上青春年少时，有三五好友同行，虽然没有登科及第的快意酣畅，但我们脸上洋溢着的青春气息已让周遭的一切都黯然失色。在这七日的旅途中，我们共赏闽南地区的独特风韵和历史积淀，关帝庙里旺盛的香火和清净寺里庄重肃穆的氛围同样让我们感受到中华文化博大的胸襟。《闽南传奇》秀的舞台和泉州博物馆分别以动与静两种形式向我们展示了闽台文化的魅力。中华大地博大辽阔，融汇万物，同根同源的历史脉络让我们感叹先民们开拓进取的精神。在一件件文物面前，我们是那样的渺小，它们承载了祖先美好的愿景，是历史的见证者，闪烁着古老智慧的光芒。虽然我们没有丰厚的文

两岸书缘

化积淀，但是，我们用只属于我们的独特眼光去观赏这些文物，不知不觉间，就完成了一次古今之间的对话。

阅读和"悦读"是贯穿我们整个旅程的主题。《生活十讲》来自作者深刻的哲思，而《山羌图书馆》则来自作者独特的生活体验。台湾作家总是给人一种温柔的感觉，他们没有激烈的情绪表达，没有震撼的矛盾冲突，却如水一般慢慢将你的内心滋润，让它变得柔软起来。生活中总有一些事情我们毫无办法，也总有一些现象令自己心碎。那天读到蒋勋先生《生活十讲》中的"爱与情"一章时，你我一同哀叹宝黛的悲剧；《山羌图书馆》中女主角的倔强和坚持又何尝不是我们身上的一部分呢？夜晚，黑色的夜空中有一弯半弦月，两个女孩子神情严肃地谈论着诗歌、艺术、情感……真是一些永远没有答案的话题啊！不一会儿，夜更深了，也更静了，房间里也响起了轻轻的鼾声……

曾记否，诵读练习之时光？为了一个几分钟的诵读节目，我们不断练习，在房间里纠正彼此的语音和情感表达方式，模仿各自喜欢的朗读者诵读经典，但是不一会儿就变成了笑话表演现场。总是不满意自己的表现，有时也真的很失落，因为自己缓慢的进步速度，但这些都比不上我们为了彼此共同的进步而发出的胜利的欢呼。尼采曾说："每一个不曾起舞的日子都是对生命的辜负。"遇见你真好，旅行的日子里，我生命的圆舞曲是新奇而美丽的。

"天之涯，地之角，知交半零落，一壶浊酒尽余欢，今宵别梦寒……"再见了，我亲爱的朋友，不知何时这浅浅的海峡上才能再次荡起属于你的波纹，不知何时我们才能再次相遇，不知何时，不知何时……但此别后，应是良辰美景如旧，唯有赠君"但愿人长久，千里共婵娟"以表我意。

浪　花

□ 林欣仪（台南大学）

　　隔着海峡，我们彼此遥望。我在这头，你在那头。而两本书把我们拉近了。在阅读分享会上，潘老师说着自己对于《生活十讲》的看法，那是种对生活的信仰，我暗自在心里想着，信仰这个词于我而言遥不可及，如同相隔着海峡的台湾与闽南，但七日后的我，才惊觉一切都是一步之遥，只要愿意踏出那一步。在闽台缘博物馆看到了一幕幕熟悉的画像与景色，是这份书缘将我们联系在一起，是血液中流淌着的热情使我们齐聚，我们都是崇尚阅读的人，如果你现在问我："你的信仰是什么？"我一定会回答："是阅读。"

　　现在这社会，好像跟别人不一样就会被异样的眼光看待，所以越来越多"差不多"青年、"差不多"少年，追逐着"差不多"的迷茫。在成长的路上，谁不是跌跌撞撞？我仍在路上，也曾当过那个"差不多"姑娘，生活好像只要符合世俗就够了，却越活越不像自己，每个人都活成了同一个模样。

　　因此，当潘老师说到在不同境遇中仍要相信自己，面对新的时代我们不用安分，但一定要积极做自己，我就在想，不要再当那个"差不多"姑娘，有着"差不多"的喜怒、"差不多"的哀乐、"差不多"的无助、"差不多"的忐忑。是阅读让我看见了向往的自己，看见了历史和文化脉络，也是书牵起了这跨越海峡的缘分。

　　那个午后，在厦门市图书馆，我遇见了山羌女孩连俞涵，她优雅的文字带我徜徉在葱郁的文字森林中。阅读马拉松比的是速度与耐力，一气呵成的沉浸式阅读颇特别，打破了我原先对阅读的认知，也因此让我与山羌女孩更加靠近。

　　这部作品是生活诗歌，亦是作者的告白之书。字里行间诉说着生活最

两岸书缘

单纯的模样，尽管写的是微不足道的小事，也让我为这奇幻又平凡的文字着迷。

或许，在这忙碌的生活中，我们才更应该放慢步调，感受生活的模样，感受那些细节和角落，一如山羌女孩般细腻而敏感。每个故事都是生命的经历，在事事都必须摊在阳光下的时代，反而更希望有个角落，是属于自己的区块，不用担心外界的眼光和言论，可以自由自在地翩翩起舞。而你、我因为山羌女孩而不小心跑进了彼此的角落，我们在这个角落观望着世界，在这个角落交换着秘密，在这个角落我们相知且留下足迹。

在森林中，那个山羌女孩告诉我："我喜欢飘移、晃荡、动荡不安的生活，虽然同时向往着平静，却无法静止不动。"我想我也是如此吧，所以才会跳脱自己的角落，走进了这里。在这短暂的一生中，不管能不能成功，只要跨出那第一步，也许就会获得意想不到的结果，如同我在一片蓊

郁中遇见山羌女孩，如同我在一片波澜中与你相遇。

　　来自对岸的你，有着和我完全不同的成长背景。可我们都喜欢《从前慢》，喜欢那个车马缓慢的年代，喜欢那个一生只够爱一个人的从前。透过山羌姑娘的指引，我们在这森林中相遇，偶尔迷路也无妨。

　　那晚在车上，你凝视着我不发一语，我问句"怎么了"，你只轻轻地回了声："我想好好记住你的脸庞、你的轮廓。"那时我才惊觉，是真的要分离了。那时才晓得，"竟无语凝噎"是多么难受。不管经历了多少次，还是不习惯道别，怕的从不是那句再见，而是道出口后却永不兑现。还记得《山羌图书馆》中提及："生活一被切分开来之后，你们就像住在公寓里，彼此不相关，隔着一道墙，谁也不认识谁。"以前的我也是这么想的，但现在我觉得不尽然如此，阅读使我们相遇，只要彼此还活着，还拿着书前行，就能够再次相逢。

　　我们只是意外相遇的两艘船舶，短暂交集，而后分离。愿彼此能在这汪洋中继续前行，待重逢之际，别忘了那些约定，那些因相遇而激起的浪花。

　　我们都带着不同的信念和背景来到这里，但都带着同一份感动归去。因为这两本书而搭建起的这份情，如同浪花拍打至岸边，那涟漪将永驻于心。

　　这绚烂的回忆，如花绽放，如浪绵延。

两岸书缘

□ 林龙翔（厦门二中）

中华文化博大精深，源远流长。它默默地保护着中华民族，让中华民族更加团结、更加伟大。今年暑假，我和远道而来的台湾同胞一起踏上了寻找中华文化之源的旅途，并以书结缘。

书，承载着中华文化的精髓，是连接两岸人民的精神系绳。缕缕书香，细细风吟，勾起了我对书的向往。

在旅途的头几天，便举行了一场阅读比赛，比赛用书是台湾作家连俞涵的《山羌图书馆》。这本书的文字清澄干净，尘世在连俞涵的眼中只是观察的对象，她放眼凝望远方，把内心的感受记录下来。正如一位网友所评论：（连俞涵）舒适恬淡的文字，使人如同走入一片毫无凶险的森林，简约中具含优雅之美，思想深度上稍欠缺些，可也无碍。这场阅读比赛带给我们的不仅有知识，也让我们感受到了台湾同胞那种舒慢的生活方式，让我们的脚步慢下来，感受那一点书香的气息。

接下来我们又到了泉州，泉州是一个宗教多元化的城市，拥有许多寺庙。开元寺是其中最具有代表性的一个，大家都井然有序地朝观世音菩萨拜拜，互相祝福，祈求平安。在这嘈杂喧闹的都市中，佛门净地似乎充满着寂静的气息。每个人来到这里，心中都会放下杂念，只剩下纯净的虔诚。缕缕书香，让我遥想历史。

下午，主办方邀请了台湾师范大学潘丽珠教授为我们做讲座。她给我们讲的是《生活十讲》，这本书是台湾知名画家、诗人与作家蒋勋的著作。这本书中最有名的一句话是——有自信的人充满富足的感觉，总是很安分地做自己。蒋勋的书有其深刻的思想性，新颖的观点会让读者豁然开朗，也许很多观点你并不认同，但是也总让你思考，看待事物也学会了打开另外一个层面。《生活十讲》包含了新价值、新官学、新伦理、新信仰、物化、创造力、文化力、爱与情、情与欲、新食代等十个方面内容，借此，我们知道这个社会怎么了，知道了怎么让自己让社会让生活更美好。在潘丽珠教授的带领下，我们在一片欢声笑语中进入了书的世界。缕缕书香，带我感受生活。

旅行的最后，我们来到了福州，我十分敬佩的一位民族英雄曾在此居住，他就是禁烟英雄——林则徐。以前我只是从书上了解到他，而现在则对他有了比较直观的感受。他从小就非常聪慧，入朝为官后更是致力于报效国家。他经过一系列斗争，冲破阻挠，在广州举行了一场闻名中外的禁烟运动——虎门销烟。后来，英国发动了鸦片战争，清政府将林则徐派遣到西北边疆。这让我想起了一位同样了不起的民族英雄——郑成功，他们是两岸人民心目中共同的英雄。缕缕书香，带我穿梭时空，感受那英雄的气魄。

旅行进入尾声。"明月几时有，把酒问青天……"歌声响起，这是我们大陆同胞对台湾同胞的一种呼唤。当朗诵起余光中的《乡愁》时，我心中的那根弦不经意间震颤了一下。那一刻，我似乎听到了台湾同胞在海峡的那一边呼喊着这一边，我似乎感受到了两岸人民内心深处的那种共鸣。缕缕书香，让我体会到了两岸同胞共同的心声。

"长亭外，古道边……"随着歌声缓缓唱起，台湾同胞与我们一一道别。看着他们的背影，我想，虽然这一段旅行已告一段落，但两岸的书缘是不会断的。

闽中游记

□ 林纾宇（罗东高级中学）

　　黑夜从两舷流逝，欢声笑语和昏黄的灯光一并流出，飘荡在厦门的江风里。独凭栏，对面是无光的鼓浪屿，无数双瑟瑟的眼是白鹭对电子光的崇敬以及畏惧。或许，正是因为有同感，我才不愿回头一顾那绚烂高耸的厦门塔和灯火阑珊的中山路，而是转身，让影子投射在一片古朴的土地、一道久淤的江水之上和皎洁了千年的月光之下。月光洒在江上，让无数它的信徒朝拜着，把他们层层叠叠的身影浓缩成了一道银波；而波澜又倒映成我，只好投身、入影，遁入那历史与传奇交织的黑水之中……

　　浮起，吐出一连串七彩的泡泡，是白天了。高低起伏的石板路和路边各式的小摊贩串成了我对鼓浪屿的印象。无疑地，同完全都市化的厦门岛比起来，鼓浪屿更令我感到舒适：微凉的海风拂面，行道树绿荫蔽日，平房之间晾晒的衣服显示着这里的烟火气。而当我在书屋楼顶，左手捧佳茗或更适合岛内氛围的咖啡，右手持本当地名人舒婷的文集细细品味时，一种软绵绵的愉悦感便悄悄地裹我入梦……梦中，我独自走在岛上。而当白鞋踩上石阶，叩出一声声清脆的跫音时，那些西洋风格的建筑里就有琴声悠扬，一如十九世纪时那般的优雅。听说在十余年前，岛上处处都是如此，但因旅游业的发展，居民移出，商户进驻，而今要想重拾钢琴之岛的遗韵，只能从博物馆里边觅得一星半点了。黑键牵起白键的手，敲响了琴弦又凌风而去，留在岛上的只剩了洋房餐馆和外地人几分事不关己的怅然。

　　梦碎。醒时，已至泉州。

　　泉州，亦称鲤城、刺桐城。但我对它的认知却只是两个字：祖籍。凡华人都讲究认祖归宗，而今日，我不是第一个，也绝非最后一个——去回溯、去求索、去寻觅祖辈的足迹，并循着它们一步步走下去。首日，先入天后宫。与其百庙之源的身份相较，天后宫占地并不算大，甚至可说是有些狭窄，但在我心中它的地位却丝毫未曾降低：想我先人渡台前，应当也是绕过那棵尚未茁壮的榕树，踱过未曾风化的石碑，循着"入龙门，出虎口"的参拜途径，跪在我合掌以对的尊神座前祈祷。次日，入开元寺。入门左右，两尊形态各异的怒目金刚正俯瞰着信徒，不同于一般庙宇的四大金刚，此间因承袭部分密宗制度，故神佛特征及建筑雕塑皆有所异。向右门行去，一穿一入，泉州二塔之一的东塔便映入眼帘。相传泉州早期并不发达，乃咎于该城形貌似鲤，但江水却映带如网，鱼困网中，自是寸步难行。但打从二塔一建，网口一撑，金鳞自然腾跃九天。就此论之，泉州之盛，此塔功不可没。向内再行，便是弘一法师纪念馆。平心论之，我是很景仰他的。早年风流倜傥、潇洒自若；晚年悟道求佛、一了尘念。然唯有他的一桩入佛门后的"公案"，我是不敢苟同的。一心出家的李叔同，披上袈裟，挂上佛珠，尘念已断，但尘缘未了，其妻追寻而来……

"敢问大师，什么是爱？"试想，细雨绵绵，一个日本的温婉女子，或许还撑着一把描金的纸伞，凝视着她深爱的男人，朱唇微启，道出了她最大最深的质问。"爱啊……爱，就是慈悲。"中年僧人面不改色地回答，或许只有菩萨，才看得透他真实的思绪。女子闻之，不禁咬紧双唇，泪珠滚落，带走了几丝素白的铅粉。"何以慈悲对世人，惟不对我？"僧人的呼吸微微一顿，拱手向红颜行了一礼，遂回身而去。女子欲言又止，一任无力的手将伞弃掷于地，只是不走，但那人，终究不曾回头。微雨中，只留下梵音、檀香和淡淡的脂粉气息……

高僧遗言曰："悲欣交集。"我想，于彼，悲者如是；于彼，欣者亦不外乎如是。

从故事中归来，我已至正殿——大雄宝殿，亦称紫云殿。门侧楹联行楷飞扬，上联：此地古称佛国，下联：满街都是圣人，横书一匾：桑莲法界。此皆有典，且还是个不短的故事。我且先打住。只是想感叹，来到大陆，最有意思的就是这等无远弗届的文化"包袱"——一块印满方块字的花巾，包点儿唐朝的莲香和明朝的木鱼声，就是能够父传子、子传孙的瑰宝了。是时赶巧遇上当地法事，诵经声琅琅，雄浑而不失慈悲、庄严又内含温情。此情此景，此人此殿，我执此香，祭此苍天。我还许了个渺小的心愿："请保佑我全家人健康、平安。"焚香已矣，随着空中燠热的南风,青烟缥缈向北,向着我们的最后一站——福州。

来福州最不能错过的是什么?虽然我只来过一两次,但我会说,是三坊七巷。青石为地,粉墙素雅,纵横穿插的小巷及巷口牌坊上的各体楹联叙述着一则则古老的掌故。千秋烈士林觉民故居驻守街头,一代名臣林则徐纪念馆耸立巷尾——好一条南后街!大街上啊,更是饕客的天堂。同利肉燕、永和鱼丸、木金肉丸……无一不是味美价廉。热闹繁华的主街道固然好,但转角里的世界,对我而言,才是真正的三坊七巷。不管是哪一条小巷,衣锦或者文儒,走过牌坊便仿佛另一片天地。放下手机,手中但留一柄折扇,见门便入,见道便行,正是我最喜爱的古城区玩赏方式。借着墙角的阴凉,我循路踽踽行去,却在那个弯角,意外发现这宋人丹青似的绝美一幕:层层碧瓦合成了它古典的屋檐,古藤老树架成了它延展开的阴影之穹,木造的窗架隔出工整的几何形状。而她,撑着一支竹柄伞,身着一袭鹅黄色的旗袍,婀娜走过屋旁,留下荫底闪亮的背影。而当我尾随而去,却只见一堵高耸的墙镶着一扇朱红的大门,锁头黝黑而沉重,佳人却已杳然,实邪?虚邪?幻邪?每一次古意之旅总是这样的:历史的气息不断徘徊,那些怀旧的想象会晕开并沉积,堆栈成更深厚更浓馥的绝色。

忽然,灵魂或许承受了太重的负载,一下子被万古的时光挤压离开水面。魂兮,归来……

三坊七巷游记

□ 全芷仪（台湾戏曲学院）

那是在福州，一个炎热的下午，我随着队伍来到了一条历史悠久的街道，这里曾孕育了许多著名的思想家以及作家，林则徐与冰心就曾生活在这一带。这里就是三坊七巷。

浓厚的茉莉香味随着微风扑鼻而来，充斥着每一条大街小巷，而在那芬芳中游走的人们，就像一只只受到诱惑的蝴蝶，感受着芬芳所给予的舒适以及快乐。在行走的过程中，听导游骄傲地说，茉莉芬芳已在这条街道中流传了多年，像是早在此地扎根并且与这条街道共生存。

跟随香气的牵引，我们来到了民族英雄林则徐纪念馆，踏进门目光便被墙上写着的他的伟大事迹所吸引，这位面对西方强权压迫绝不低头的英雄，我早在历史课本中就读到过，但当真正步入他曾待过的居所，看着身边的一切摆设，灵魂仿佛就穿越到了古代，并且目睹着伟人用尽全力抵抗西方的侵略与局势的压迫、致力于"销烟"的贡献，这种种都像是在告诫和指引着人们不要受外在压力的影响，遵守自身的节操并努力朝着所坚持的目标前进，而这些触及内心的感受也正是在课本中所无法感应到的。

紧接着我们到了街道最底端的林觉民故居，这里有很多关于林觉民侄女林徽因的介绍。这位伟大的女诗人，也应是所有女性效仿的对象，她拥有美丽动人的容貌，也有着文学家的文艺气息和建筑学家的创作理念，理性与感性在她身上完美地结合，仿佛一潭纯净的水，没有任何杂质，也不会对人有任何的排斥，反而给人一种亲切温和的感觉，难怪有许多文人雅士拜倒在她的石榴裙下。说到追求者，难免会想起著名的诗人徐志摩为她穷尽一生的付出与追求，虽说上天没有让他们修成正果，但却在后世留下触人心弦的乐章。她是徐志摩创作的灵感来源，也是激发徐志摩内心渴望文学、创作文学的恩师。他们的故事是这样的凄美，却又混合着蜂蜜般甜

两岸书缘

蜜的回忆，他们的爱情终将存留在后世人的脑海中。

　　到了自由参观的时间，与几位朋友在某一处小巷子内发现了一间历史悠久的茶馆，一进门便看到墙上挂着许多古代演员所穿的戏服，一位朋友像是看见自己许久不见的情人般，脸上流着感动的泪水，站在一件已经残破不堪的戏服前，用微微颤抖的声音说："这件具历史性的戏服使我更加憧憬那个年代的生活，幻想这件戏服的主人在舞台上投入地演出，但这一切却无法回归过往，我也无法目睹那场精湛的演出。"

　　走出茶馆，我突然明白了一个很深刻的道理，也许人一生当中都在寻找可以让内心深处的自我感动的时刻，那可以是一件破旧的戏服，可以是庄严而美丽的景象，可以是某个人对你做出的某个温暖的举动，而那感动的时刻即使只是短短的几分钟，也能在脑海里留下永不磨灭的记忆，也可能成为处于黑暗中的人们怀抱着希望的一道温暖的光芒。

　　而这次旅程也将在这个古老而又充溢着茉莉花香的街道中画下句点，走到出口时，我下意识地回头望了一下，又看见了街道中各式各样不同的面貌，有已经在此地居住已久的居民，有嘈杂的游客，有为了维持生计努力叫卖的商人，而这吵闹却又充满欢乐氛围的画面，也已悄悄地在很多人的脑海中扎根，成为一道抹不去的痕迹、一缕内心深处的光芒。留下不舍的心情离去，而在往后的日子中，我还是会回想起此时种种内心深处的感动。

闽台书缘

□ 林倚岑（罗东高级中学）

　　隔着一道台湾海峡，仿佛隔着千山万水般遥不可及，可两岸的缘分却怎么理也理不清。从先祖们在九死一生的情况下，渡黑水沟来台，到现在子孙繁盛，要有多少机缘，才能铸成今天？

　　我从此岸渡向彼岸。海上粼粼波光，迎着归人，也送着游子，又是一段段故事的开始，让我在时间的洪流中认识你，正如张爱玲所说："于千万人之中遇见你所遇见的人，于千万年之中，时间无涯的荒野里，没有早一步也没有晚一步，刚巧赶上了。"掀开扉页后，我才明白，这情节无关他人，而是联系着你和我以及这片土地。

　　环绕舞台的绵延青山，在震耳欲聋的音效中向两旁掀起帷幕。柔情的歌声如泣如诉，细细绵绵，弥漫于空气，散落在历史的各个角落。下南洋时激昂的壮士义无反顾地出行，可你怎知此番航行不会有去无回？年迈的老母，拄着拐杖，蹒跚地走到港口为你饯行，可那依依离情却未能撼动你半分出海的决心，即使离别前的泪痕出卖了你，但你明了在这"八山一水一分田"的环境下难以生活，是现实逼迫你必须出海啊。希望你别忘了你的诺言，"儿啊，儿啊，要回来啊！""娘，会的。"

　　妈祖从水下安详升腾，那眉眼柔情万丈，怜悯众生，手持如意，意在守护世间太平。是否是您，使海上的游子平安归来？是否是您，福佑了整个华夏民族？您就如黑暗中那唯一的灯塔，指引着游子回家的路，照亮世人心中无限的迷惘，也使我们的祖先能顺利漂泊来台，在此落地生根。

　　掀开扉页后，我再往后翻了一页，方才意识到我脚下这片土地之上的故事，何尝不是一个传奇？我们是"闽南传奇"。

　　无穷无尽的蓝，点缀着那一堵堵的白，直把三坊七巷衬得分外古老，仿佛无时过境迁之谈，永存于此。

熙来攘往的街上，一不小心，便踏入了百年名胜，随手一指即是千年古迹。一幕又一幕的爱恨情仇，仿佛正在眼前不停更替、上演。若是误开了一扇历经沧桑的门，整院幽寂，任何一处都有可能是迁客的故事，抑或是墨客的名作。

忽然，被一件熟悉的戏服吸引住了，脚便不听使唤地踱了过去。陈旧的戏服正述说着陈年往事，忽明忽暗的光打在它的身上，使它无所遁形。

店主正放着京剧，曲声倾泻至整个空间，时而温婉，时而高昂，刹那拔到一个尖头后，再重重跌落。一曲终落，以锣声作为结尾，"哐"的一下响彻整个厅堂，我才如梦初醒般，发现脸上多了莫名的泪痕。我忽然明了为何如此有感，或许是它让我忆起了台湾的歌仔戏，回忆霎时风起云涌，不同的戏曲却使我的内心掀起了波澜，我想，这何尝不是一种缘分？缘分是本书，翻得不经意会错过，读得太认真会流泪。但，无论上一秒发生了什么，下一秒都不会为我而驻足。于是，我挥一挥衣袖，不带走任何一片云彩。

船的鸣笛声响彻云霄，无情地催促着旅人，意示着下一段旅程的开始，抑或是结束。再次望向粼粼的海面，眼中多了一份柔情。

是否要与这片土地真正的离别？其实，相遇是一种缘分，离别也是一种缘分，既然缘分还在，我相信我们会再遇见，在这茫茫人海中。那你可否会留藏我们之间的回忆？让它随着这流水承载几十年，甚至是几百年，再无声无息地流入下一个世代，永不止息，就恰似这涟漪般缓缓扩散，久久不消退？

有缘千里来相会

□ 刘阅（集美大学）

　　台湾，好像一直就在我身边，隔着余光中笔下那一湾浅浅的海峡，是如今行船到鹭岛三十分钟的航程。从前只觉得那是个不近不远的地方，写着繁体字，说着中国话，直到海峡那头的同胞站到我的面前，笑靥如花，这才深刻感受到彼此间的深厚情缘。

　　我的台湾小伙伴名叫蔡惠如，很惋惜的是，在送别的那一刻，我叫错了小伙伴的姓。在这里，做个自我检讨，一定深深将此姓名一笔一画地刻在我的心上。初见惠如，是在行程中的第一餐饭桌上，未曾落座，便听到轻灵的声音在耳畔细细响起："啊，我找到我的小伙伴了。"激动地一转头，果见一位腼腆娇小的少女，略带羞涩的笑容，大大的眼睛甜甜地望着我。

　　"你是——蔡惠如？"

　　"对！"

　　"那就让我把名牌郑重地交给你！"

　　"好，哈哈哈……"

　　……

　　七天六夜未完待续的两岸书缘，在这一刻跨越了海峡，紧紧地拥抱在一起。

　　"我们第一站去哪里？"

　　"去官任地铁站？"

　　"我知道我知道，我去过！"我开始兴奋地向惠如介绍，"地铁站上面就是新建的厦门市图书馆，特别气派！我们经常去，地铁站为了响应国家全民读书的号召，打造成了阅读主题风格，别有一番风情呢！"

　　"是吗？哇，好期待啊！"

"对对对，还有，快看这经过的，是我的大学！这是我们学校最高的楼……"

一段奇异美妙的书缘行程就这样亲切却又不失精彩与期待地开始了。无论是大陆随行工作的哥哥姐姐，还是来自宝岛台湾德高望重的潘丽珠教授和亲切的老师们，以及此次参加海峡两岸悦读节的59位两岸青年，爱书、读书、爱读书的魔力将素昧平生的我们紧紧联系在了一起，恰恰印证了一句古话——"与君初相识，犹如故人归"。无论是车上，还是行进过程中，甚至是回到了酒店，我们与台湾小伙伴们叽叽喳喳，无话不谈，无话不欢，迅速结下了深厚的友谊。

一路上，我们参访、了解了许多闽海之滨的大好风光与特别的历史人文。不论是令人啧啧称奇、流连忘返的老院子景区；或是恰逢佛祖诞辰之日，香客不断、香火不绝的天后宫；还是三坊七巷里名人故居的灯火阑珊，街头巷陌中的生活气息……都让我这个闽南人收获颇多，震惊良久，更别提初次踏足大陆的小伙伴惠如了。

当然，"远山近水皆是客，一本好书敬知音"。此次行程因书结缘，亦是以"悦读"为主题拉开大幕，那就铁定少不了"书"这个重要角色。行程中，我们参观图书馆，探究博物馆，阅读《山羌图书馆》，仔细探寻作者笔下奇异而美妙的世界，共同并圆满完成了海峡两岸青少年阅读马拉松活动，实实在在"以书为媒，因书交友"。出发前也同读了台湾作家蒋勋的《生活十讲》，与小伙伴讨论宝岛与大陆不同的生活态度，认真听取了潘丽珠教授的独到解读，果真是受益匪浅，收获颇多。其中，参与度最高、给我留下印象最深的，要属最后一晚众人瞩目的诵读展演了：自古至今的两岸情缘是用《水调歌头》和《乡愁》编织进了我的心中；舞台剧《木兰辞》推陈出新，用意精巧，现场欢笑连连；更有教授亲自教学领唱的，以新颖姿态荡入脑海的"日暮乡关何处是？烟波江上使人愁"……短短几天的时间，两岸同胞手拉手，共同打造了一场精彩绝伦的诵读展演，余音绕梁，经久不绝……

快乐的时光总是短暂。"长亭外，古道边，芳草碧连天。"摄像机拉近了五通客运码头，这是我们相逢的有缘之地，此时不同于相遇时的艳阳高照，淅沥的雨不合时宜地下着，像是盛满了被这湾海峡阻断的送别的泪水。是了，何谓缘分？是我们紧紧相拥无法放开彼此的怀抱？是我们为彼此擦去的止不住的泪水？是我们追逐着目送伙伴们的依依不舍？这大抵是缘，更是相隔海峡，因书而起，七天六夜无话不谈的彼此相托。

"海内存知己，天涯若比邻。"这段研学之旅终是随着安检口的身影一个个消失圆满落幕。但有缘千里来相会，这份缘，随着沟通海峡两岸的文化与书籍，将永远不散。

有缘千里来相会，既是有缘，就一定会再相会！

两岸共牵七日缘

□ 蔡惠如（铭传大学）

阳光·相识·走跳"老院子"
热情·视野·《闽南传奇》秀

充满生气的亮光在白云中绽放，我隔着小小的玻璃窗，感受到那亮光给予我即将开始的旅程祝福。

高度一万四千公里，我闭眼感受飞机在云海间穿梭、滑行、漫步。

云就像浪，缓缓地、悠悠地在蓝海中前行；也有的像团团棉絮聚集，渐渐合成巨大云团，似乎是想化为轻柔温暖的羽绒毯。

离开飞机，踏上烈阳照耀的金门，接着便又搭乘前往厦门的船，船悠悠地前行，缓缓柔柔地摇晃，像是重回婴儿床般，母亲在旁轻轻地推动、柔柔地唱着晚安歌，我也逐渐被摇入梦乡。

再次醒来，已到厦门，如同那朝阳般精神、充满热情的欢迎声将我残存的睡意全数震开。

和我的小伙伴初相见，是在第一次与同组成员齐聚一桌、共享丰盛合菜的时候。当时还有点害羞的我，只敢和邻近刚认识不久的学姊说话，看到逐渐补满的座位，各个也都是跟我一样羞涩的女孩子，安静又略为尴尬的气氛也越来越浓重。

这时，一阵爽朗的笑声传来，如同突然吹拂而来的清风，这带着薄荷般清爽微风的主人，是个绑着两条辫子、笑容可掬且秀外慧中的女生，而她正好坐在了我身旁的座位。

我瞧见她挂着有我名字的名牌，顿时惊讶地一直盯着看，她一惊觉我就是她的小伙伴，便兴奋地让同桌的人一起见证这个"授牌仪式"，而气氛也开始活跃起来。有人开启话题，大家开始简单地自我介绍，渐渐地，谈话从只有两三个人到全桌人一同参与话题。

吃饱喝足的我们来到了地铁官任站，那是个充满阅读风气的地方，除了处处可见与阅读相关的标语，再继续深入会发现还设有供人停下脚步阅览书籍的休憩区及借阅书籍的地方，虽然尚未完工，但是我已经感受到策划方那极力鼓励阅读的心思。

老院子，是个充满独特的古早味风情以及讲述特色文化的景区，除了爱情廊满满的典雅纸伞令人印象深刻外，我们还找到一处小角落，里头的地板居然是斜的！原来那是为了让游客体验以前的人在船上的感觉而设计的。我们几个女生走得东倒西歪，却又想拍照，拍了几次后才终于心满意足地走出来。你问我为什么那么坚持要在那里拍，我答那是因为斜斜的角度让腿看起来比较长。

晚上的《闽南传奇》秀令人惊艳，我第一次体验到观众席也会转，而且是绕舞台一整圈，难怪是"会跑的实境演艺"。演出内容从古时到现代、从鹭岛由来至闽南文化，有精彩的舞蹈与打斗，近距离表演让人身临其境，而最后庄严的妈祖娘娘居然出现在舞台上且非常大尊，让人惊呼连连。

等待·海风·渡往鼓浪屿

菽庄·钢琴·乘船望夜景

一早我们启程前往码头，开始漫长的等待，为的是前往距离厦门不远的鼓浪屿。登船后，通过拥挤的人潮，终于找到一个靠窗的雅座坐下，我看着那片蔚蓝的海面和逐渐远去的码头，阖眼想象着我正投入大海的怀抱，它将我晃啊晃的，晃进梦里，而那梦里有海、有岛屿、有我们。

千辛万苦地来到鼓浪屿，午饭是色香味俱全的菜肴，带有熟悉的台湾口味，"老虎糖"的大字招牌让人看起来非常亲切，我也顺便推荐了出名好喝的黑糖珍奶给大陆的小伙伴们。我的小伙伴也热情地带我到处吃喝，厦门著名土笋冻叫人难忘，谁知道里头有虫的料理居然可以这么好吃，而炙热烈阳下冰凉的酸梅汤也特别好喝。

我们走过朴实的街坊，经过带有异国风情的建筑，像是走遍世界各国似的，难怪鼓浪屿有着"万国建筑博览会"之美称。而其中的外图书店优雅且充满文学气息，不仅各处都适合当作拍照背景，里头还有作品展览与书籍，是让人放松、惬意的地方。

离开外图书店，"11路公交车"照常行驶，我们来到菽庄花园，那里的美景我至今仍历历在目；而走过映照海滩美景的四十四桥，到了钢琴博物馆时，正好幸运地赶上钢琴表演，演奏的乐曲也十分动听。

最后，大家拖着劳累的步伐前往码头，我望着与海相衬的夕阳，并带着典雅琴声的余韵，离开了鼓浪屿。

晚上，我感受着徐风吹拂脸庞，望着厦门迷人的夜景，将这般景色带入梦中。

鳌园·阅读·《山羌图书馆》
小吃·路灯·夜晚游集美

鳌园，是纪念集美大学创办人的地方，在纪念馆中能够看到陈嘉庚先生令人敬佩的功绩与成就，让人倍感尊敬。

午后，我们进入了厦门市图书馆进行"阅读马拉松"。在那里，我们所有人一同阅读连俞涵的作品《山羌图书馆》。虽然是一场比赛，但对我而言，那是充满阅读共鸣的美好时光。阅读后，大家彼此分享心得、讨论书里有趣的内容，人与人之间因为阅读而有了更加深厚的羁绊，那是属于我们、属于阅读节的各位、属于阅读的美好。

夜晚有时是个让人想解解馋的时段，我们趁着待在厦门的最后一晚，到附近的集美大学夜游顺便吃点小吃。好吃的板栗酥至今仍让我怀念不已，那正适合配着茶品尝。

夜晚的集美大学星星点缀夜空，偶尔有人走过，幽静中不时传来我们夹带笑声的谈话。

妈祖·关帝·乘车往泉州
讲座·逛街·谈话至入眠

来到泉州，我们游览当地的天后宫、清净寺以及关帝庙，感受拥有悠

久历史的信仰圣地，这些地方不只带有充满故事的古老传统文化，也给人庄重祥和的感觉。

下午的《生活十讲》阅读分享会我觉得很值得，潘教授从中提炼出来的重点以及延伸出来的想法，都令我对这本书有了更多的感触与反思。

一本书往往不是只带给人一种感想，十个人看便有十种感想，而共读或分享后再次翻阅同一本书便会有与原先不一样的感受，这也是为什么我会喜爱阅读的原因。

晚上，我与小伙伴在闲聊之际，突然讲到了恋爱话题，女孩子聊恋爱总是停不下来的。我们就这样不断地说，直到阖眼了嘴巴还没停下，但是说了什么早已记不清楚了。

寺庙·信众·游走中山路
历史·岁月·参访博物馆

上午，我们前往开元寺，我看见许多信徒正拿着水果准备祭拜，香炉内香烛密集，大殿内香烟缭绕。

下午参访充满历史感的闽台缘博物馆与泉州博物馆，除了再次加深了闽台历史的印象，也更加了解了一些文化习俗和文物，收获良多。

故居·传承·游三坊七巷
诵读·展演·今宵别梦寒

第六天，我们参访林则徐纪念馆，原以为只需几分钟就可以参观完，没想到其实有很多地方可以看：有林则徐先生的生平，还有其伟大的历史功绩与思想传承。参访纪念馆的同时，还能欣赏小河雅景，十分宜人。

接着，我们前往三坊七巷，那里有许多文创店与特色巷弄，若不是从百货公司的玻璃窗俯瞰，根本不会发现这里居然非常大，我看得连连惊呼。我还在此买了很多要带回去送给亲朋好友的伴手礼，若有机会再来福州，我会想要再来这里逛一次。

最后，令我紧张万分的经典诵读展演终于来临了。我们大专组的人数

两岸书缘

虽然少，但是各个都非常认真地一同准备表演，反复吟唱《黄鹤楼》直至滚瓜烂熟。练习的过程充满欢笑，这真的是一次很棒的体验。每个节目都非常精彩，身为主持人的小伙伴也好优秀！我深深感受到这是每个人卖力准备的辛苦成果，台下掌声不断，展演非常成功！

展演结束后，我看见很多人正开心地合照，这才发现原来是"阅读季"的同学，对他们而言，这是一个开幕式，但对我们而言，则是进入尾声的最后一晚。

我们走了六天，走过了厦门、泉州与福州，走过了鼓浪屿、天后宫、三坊七巷。在前往酒店的游览车上，我一面跟大家唱着"今宵别梦寒"，一面望着这里的最后一片夜。

泪水·相拥·厦门港道别
最后·送别·来日再相会

云像是稀疏的糖堆，一点一点地为天空作调味。我看见天空与海洋铺成的祥和画面，看见湛蓝的大海、海上的船只以及七日中美好的回忆。

厦门港，是个充满期待与不舍、相遇与道别，充满笑声与泪水、相拥与祝福的地方。

七天前，我们在这里初见，开启旅程的序幕；而今，我们在这里分别，为这趟旅途奏起《送别》作最后一幕。

我终于噙不住眼里那不停打转的泪水，明明想要笑着离去、想要开心地相互道别，却没办法一直维持上扬的嘴角，眉头也因止不住溃堤的泪而皱起。

缘分是个如此难以捉摸却又珍贵稀有的奇迹，或许我们一生中只有这七天的缘分，抑或我们没有再次相遇的可能，但是我知道，当我翻开褪色的回忆时，会笑着想起当初的种种。

梦中书不尽的温柔

□ 何郁荨（新竹县私立义民高级中学）

　　容许我再轻轻问上一句："今天，你吃药了吗？"

　　睡前我总会听见咳嗽的声音，在漆黑的看不见星光的夜里，你总止不住咳，我特别敏感，总转头看向你，而你总笑说没事，但是隔天晚上仍继续止不住颤抖肩脊。越过一道海峡，我像翻越了半个地球，不安地简直把什么都带上了，黄的白的药丸，生怕发生猝不及防的状况，所幸我一路安好，舒缓咳嗽的白色药丸却解了你的燃眉之急。就这样，我一路跟着你，看着你从黄昏咳到清晨，从初逢凝视你眼眸的第一秒，咳到码头道别的最后一幕。

　　在五通码头惊见你眼底的湛蓝，一如停在厦门的隽永时光。于千万人之中，是谁拣选了我，于千万人之中，又是谁拣选了你，那么恰巧地，实在不能有一分差错地碰在一起了。我和你说过，我觉得我是带着我所拥有的世界与你相遇的，一如你也背负着你的过往与未来，悄然降临在我的世界。

　　七月盛夏，晴日无风，蝉鸣交织。站在十字路口，仰望着未被树荫遮蔽的蓝天，蓝天没有表情，一路板着脸看我们悠晃到厦门轮渡码头。那是停留在厦门的第二日，同你乘上航向鼓浪屿的船，你说，这里是你的地盘了，虽然不住在鼓浪屿，但是从小就在这里念书，大街小巷是再熟悉不过的了。船行颠簸，终于踏上陆地之后，麦克风带着杂音混着黏腻的汗味响起来了："要看好自己的小伙伴，跟好自己的团，要是迷路了，可是找一天都找不回来的。"这时你咳嗽起来，我几乎要笑出声，因为你咳嗽的时候把这句话给漏听了，便拉着我，想要往不知名的路撞去，一如既往地、义无反顾地撞去。

　　沿路你给我讲了小至小吃的来历、大至洋房的历史，阳光穿过云层倾泻金黄色的光芒，洒在栏杆、绿藤、红瓦上，使我觉得鼓浪屿像是花园，或是秘境。那湾浅滩波光粼粼，好似成了通往世俗的媒介，比通往桃花源的洞穴大了些、明亮了些，总归还是美的。只是鼓浪屿和桃花源不同，游客再访时，依旧能看见它静静地躺在那里。游客返回后一传十，十传百，使得鼓浪屿躺在人们的心尖上，说它红瓦橘瓦就像夕阳一瞬的温柔。回程走在火辣的阳光底下，你还顺便讲上了鬼故事，生动的表情，使人如临其境的话语，在你要开口说下一个情节之前，我都想捂住心口，因为实在胆小。回想那不过是第二日的相处，却熟悉得俨然相识多年的朋友，一搭一唱笑着，我说，要是晚上不敢睡觉，第一个就要找你。

路过码头内的 Starbucks，继续听你谈你的童年。你说，转眼到了初中，鼓浪屿也不同于以往那样静谧，这时你望向我的眼神也与方才的不同，骄傲的神情不设防地蒙上了一层灰雾，压低了沉沉的嗓音，你说，鼓浪屿从前是安静的、宁和的，从学校放学后在街上走，嘻嘻哈哈闹着，音量大些，都会被老奶奶呵斥。但是近年游客渐增，老奶奶再也不制止玩闹的孩童了，因为分不清吵闹的是谁，乱窜的声音南腔北调，讲的是听不懂的语言，谁也还不了鼓浪屿宁静的晌午了。

你的语调里或许没有惋惜，但总是会怀念的吧，毕竟是你熟悉的岛屿，还是半个故乡。"这样的景况很常发生呢，国外也有很多例子。"这句话我没有说出口，只是心里想着如何才能消解你的一点无奈呢？后来听见了广播，说是要开始集合了，于是你咳嗽着，便起身排队，一个接着一个地搭上了船，离开沉睡的鼓浪屿。我在浪花与浪花之间拍下了几刻可以真空保存的记忆，要压得紧实，不许你偷偷用指腹按下一颗鼓鼓的气泡。夕阳扎得人刺眼，那时我没想到日后自己会说出这样一句话——当你发现自己已然忘记那些细节，只能从照片的纹路中去发现事件，那代表真的要遗忘了。

再一次听见你咳嗽，是第六日，也是在福州停留的第一日。阴天把水分闷在五脏六腑里，连呼吸都充满恼人的霉味。造访三坊七巷，两侧尽是木制的、挂匾额的古楼。这不是你熟悉的城市，我俩都怕彼此走散了，其实就一条街，但是臂膀和臂膀之间，脚步和脚步之间，我还是容易把你给弄丢了。看着古迹，很容易生出一种怀旧之情，在睫毛下垂时，在你阖上双眼时，是否也曾浪漫地想象过脚底这块石砖，从前也有一个谁，穿过一个世纪的时光，和你同个频率踏过同一条长廊？青石的街道向晚，置身在全然古老的城，意外地怡然，台湾也有这样被保存下来的遗迹，但是每处景象赋予人的感受都是不同的，也因人、因天气、因心情而刻画了不同的第一印象。我喜欢这里，既来到了想象中的时空，也添了一分喧嚣外的悠悠。你还是笑着，眉飞色舞地讲述你的生活中与我不同的一切一切，仿佛天候闷热奈何不了你，脚底板的酸疼也阻挡不了你。

回到集合的人群里，踮起脚张望，收进眼底的是悬挂着的红通通的一串串灯笼。小时候看过宫崎骏的电影《神隐少女》，想到灯笼就不免要想起那些蜿蜒纠缠的巷街，到了夜晚时分，霓虹点亮冷寂的夜，亮彻山城夜景。可惜我不是在夜深人静时走访三坊七巷，所以仅能凭借想象，或是手握一张浓缩风景的明信片，作为曾漂洋过海的纪念。

最后一个晚上，欢闹声响彻至天明至清晨，我看见你沉睡的侧颜。你枕在无忧上，你更枕在单纯上。散落的黑发把你的眠沉到最深的井底去，触不着底又阒静的黑井里。距离分别只剩下八个小时，我站在床的另一头凝视失了色的夜。玻璃窗内是空调的低语，玻璃窗外是飞鸟的呢喃，而我是更静的生命体，一切与我相关，却又不尽然相关。我只是指尖拂过窗帘的房客，照一照落地的镜子，镜子里头仿佛藏着许多脸庞，来来去去，行色匆匆，同我一样是擦肩而过的人，但我比那些房客多了一丝眷恋。

一夜不曾阖眼，我说我要给你写上一封信，不是情话，自然不是情话，也不像永琪给小燕子写的七百封那么多，我说的是我满怀的不舍、思念、爱护以及来不及说完的再见。我们说好了，待到来年盛夏，定要再见上一面。我也自己在手札里默了一段：

如果不论承诺的大小、承诺的轻重，你都视为一个使命，你就会悄悄放进心里，埋进深处，偶尔会忘记，但是一定能回想得起来，因为烙印的模还在，脑海里的回音也还在。

倘若我是带信的白鸽，那我掠过天际的幻影，也能留宿在你的印象里。

有人说，七天的驻足刚刚好，但是我总嫌短，认真算起来只有六天，扣掉睡觉的时间，至多只有四天，短，真短。

得走了，在厦门五通码头最后一次听见你一声接着一声的轻咳。也最后一次见你眼底的湛蓝，你倒了一片海洋进去眼睛里了吗？我望得彻底，一如停在厦门的隽永的时光。微微摇晃着齐声合唱，一首《送别》唱得零零落落，我不知道自己有几个字是真的唱出来的，这些不舍和鼻酸岂是一首《送别》就能够唱完的——一壶浊酒尽余欢，今宵别梦寒……笑容僵硬了，你也是知道的，但是谁也没有戳破。就送到这里吧！船要开了，我已不能再逗留，片刻知悉了你的厦门，你抱了一个世界给我，我将永生铭记在它温热掌心上曾有的夜宵星火与耳语轻哂。

挥手，又是一声咳，又给我抓到了一次。胡乱抹掉了脸上的透明珍珠，我说的最后一句话还是："林萱，要记得吃药。"不再回头了，冷冷的船摇动着载我离开厦门。我们在码头说上第一句话，而今又在同样的地方挥最后一次手。船驶过粼粼的波纹，我耳际还有你的轻咳声。

就这样从黄昏咳到清晨，从码头初逢，凝视你眼眸的第一秒，咳到码头挥别的最后一眼。

难忘的是你，是厦门，是我梦中书不尽的温柔。

一场夏天的蝉鸣

□ 林奕辰（台北市立松山高级工农职业学校）

如果要形容我们这几日的相遇，我想，那是一场夏天的蝉鸣。

知了是一种很美的昆虫。这当然不是指它的长相，而是它的意象——周期蝉总是在地下沉睡十三到十七年后才破土而出，唱出它最响亮的歌声，然后悄然逝世，宛如一场绝美缤纷的烟火秀，在大段时间的准备与设计之下，才能绽放出动人的光芒。它的歌声在夏季中总是惹人注意的，就像烟花在夜空中夺人眼球。

我天生厌恶嘈杂的声音，却不讨厌知了那竭尽生命所呐喊出的渴望，它就像蝴蝶一般，短暂而美好地在这喧哗的世界睁开眼，诉说着它的存在，而它的呐喊更是为了生命中最重要的一场相遇，它高声歌唱，喋喋不休地向世人宣告它的渴望。

我喜欢七月温暖的太阳，半融不融的棒冰，刚从冰箱拿出来散发着寒气的饮料，以及交响乐高音部的蝉鸣。

十几年来都不曾踏出过这片熟悉万分的土地，就像那些蝉沉睡在地下的安稳日子，如今我们提上行囊，去到了海峡另一边曾经听过却不曾亲自了解过的地方，在那炎热的阳光之下，上演了一场无与伦比的盛大相遇。

"你不害怕吗？一个人？"

"怕啊，我超怕。"我顿了顿，然后展开笑颜，"可是我更期待。"

期待看到在那片蓝空之下会是什么样的景色，期待了解在那里生活着的会是怎么样的一群人，期待在那不曾见过的场景中，向我伸出手的那人脸上会挂着什么样的微笑。

为了相遇，所以踏出脚步，离开熟悉舒适的地方，去迎接陌生耀眼的阳光，在不知不觉发出的笑声中拉起手。

相遇是短暂的，可以说是倏忽即逝，但是却很温暖。

这七天我们一起走过了很多地方。

在厦门,一起看过真人实境秀,一起被独特的演绎方式震撼、被气势万钧的画面折服。开往鼓浪屿的船摇摇晃晃,海风在我们脸上轻轻拂过,带走夏日的炎热,我们嬉笑得东倒西歪。

还记得我们在鼓浪屿的街道上走走拍拍,看着路边的商品充满好奇地发出疑问,在导游走远后笑闹着拔腿狂追,却又在奔跑的过程中不停斗嘴,笑得像是两个无忧无虑的孩子。

夜游轮船上更是热闹,晚风吹拂,岸边灯火璀璨,照亮夜晚的宁静。穿着旗袍的小姐姐站在我们中央演唱着经典的闽南语歌曲,每一曲终时都引来大家的拍手叫好,我和伙伴拿出相机记录下这一幕幕画面,然后转头相视而笑,将彼此的笑容印在了脑海当中。

在厦门的最后一天,阅读马拉松活动大家肯定不会忘记。从一开始接到指令的慌张失措,到后来真正翻开书本后的冷静应对,还记得当时拍照墙旁的道具小牌子上,有一条这么写着:"面对阅读,我们可是认真的。"身为爱书之人,又怎么可能不认真呢?

在阅读《山羌图书馆》的150分钟里,宛如跟著作者踏上了儿时记忆的区间车,在每一个小站,听她带着微微的笑意讲述当初发生了何事、她如何想,有些分明只是身边常发生的小事,但读著作者的文字,却又突然发觉其实每个日常的小短篇都有一份寓意在里面。

刚抵达泉州时,我就被头顶的太阳给照得昏了头,光线亮得我几乎睁不开眼,即使抹了防晒霜,火热的阳光依旧把手臂晒得通红。导游带着我们走过一座座庙宇,讲解其中之文化与典故,虽说我偏向无神论,却也因这种热闹与庄重相杂的气势而惊叹。

"要不要去前面拜拜?很灵哦!"导游指向前方的关帝庙,像是想到了什么小心思,哈哈大笑,"求男朋友也可以啊!很快就实现心愿啦!"

还没进庙里,外头的香火就熏得我连连捂鼻,大陆小伙伴立刻找来香求学业去了,只剩我们几个外地人面面相觑。曾听老人家说,在外地最好不要拜拜,可能会带来哪些影响已记不清楚了,但还是没有违背之意,又怕不敬,最后只好双手合十认真地拜了几下。

而一踏出庙门,刚刚的严肃便荡然无存,大家突然推拉着调侃对方,笑问有没有偷偷许愿求姻缘,我的小伙伴被一个同学讲得耳根通红大声否

两岸书缘

认，惹得我们笑到不见眼珠。

夜晚的自由时间当然是最令人开心的了，拖着大陆小伙伴的手让她带我们去逛街，分明就是饭店外几条街的距离，硬生生被我们搞得像是寻找大型商业街，拽着人的袖子东问西问，路边看到不懂的就问，看到新奇的也扯着嗓子喊，看到听过却没真正见过的小玩意儿更是激动得上蹿下跳，把我的大陆小伙伴都给无奈透了。

"你们那儿没有这些东西吗？"小伙伴扶着被晃昏的脑袋问，立刻被我们大喊的"没有"给堵回来，她有些讶异地张了张嘴，可惜还没说出什么，又被其他组员抓去问问题了。

最后，我们去了福州，福州之行后我们坐大巴车，回到第一天到达的厦门港口。刚下车时还没有什么离别之感，但等到我们牵起手唱起《送别》时，我才突然听到身边隐隐约约的抽泣声。

强压下的鼻音与哽咽声随歌声一同唱出，带着满满的不舍与感伤。一曲终了，我往右边一看，大陆小伙伴竟已泪流满面，我也下意识地流下泪来。

"我、我本来以为没什么好哭的。"一开口才发现自己的声音哑得不像话，小伙伴也在那一瞬抱了上来，然后越来越多人，最后整个小队抱在一起，我才突然意识到自己原来有多么舍不得他们。

为了赶船老师开始催促，我们只能放开彼此的手，一手抹着眼眶一手拖着行李开始往上走。在最后离别的地方，大陆小伙伴在门的外头大声歌唱，用歌声送我们最后一程。我回头望了最后一眼，小小的人影还在努力挥手，却在门的那边、墙的对边，甚至海峡的那边。还真的就像他们说的，我在这头，而你在那头，而今次分离，下次见面就不知道是何时了。

于我来说，什么东西都是有可能忘记的，但是"情"却永远忘记不了。我永远都会记得今年伴我一同欢笑的她们，拉着我的手一起奔跑的她们，晚上玩游戏时笑倒在我床上的她们。

有人说，跟人相处最好的时间是十天，因为你只会记得他的好，不会注意到他的坏。这七天，让我们记住了彼此最好的模样。

夏日的蝉鸣还在继续，但属于我们的梦却已经停摆了——不，其实并没有停，看向不停发出震动的手机，讯息还在不停地传来，那是属于我们的约定，藏在心里的羁绊。

"我们明年组团去台湾找你们玩啊！"

"好，等你们！"

变

□ 黄钰棋（台北市立中山女子高级中学）

缘　起

　　闽台缘博物馆的展示柜中，一只残破的绳纹陶瓮吸引了我的目光。时光斑驳了上头的苔痕，却磨损不了它纹路倾诉的悠悠过往。思绪穿越冰冷的玻璃柜，和史前时代的指纹叠合。想象着在十万年前的阳光下，我们的祖先以诚挚和感恩之心捧着一瓮成熟的谷物，同时也捧起了文明的开端。我仿佛听见了，那从古老的时空传来的轻唤，如同一支古老的笔，在华夏文明中写下纤细朱红的第一画。

　　在老院子景区中，是一组组不起眼的石钵石杵以及磨损不堪的织机。织机上头裂痕依稀，却象征着祖先的吃苦耐劳，在一片荒芜中，逐渐摸索出生存的脉络和法则。同样炙热的夏季，远古时代的人们将汗水滴落于我们站立的这片土地，灌溉出绵延的中华历史和文化。"百家姓"殿堂内，晕黄的灯光下，一个个姓氏散发着柔和而安静的光，诉说着它们的起源、它们的过往。我凝视着这些青铜塑成的古朴的字，每一个姓氏背后，可能都代表着一个朝代的开始，抑或是一场杀戮的终结。它们代表的不仅仅是身份证上的姓氏，更是整个中华文化的脉络。在三皇五帝的注视下，远古时代的传说在寂静的大殿内回响。一幅幅栩栩如生的壁画令我们屏息，大禹治水、蚩尤与黄帝大战……千年以前的场景跨越时空扑面而来，占据了我们此刻的心灵。

　　我的呼吸陡然迫促了，扭头看向大殿外。亮灿灿的日光刺入眼瞳，我半闭着双眼，眼角余光瞥见殿内尘埃轻扬，在阳光下四散，一如那些笼上金光在历史漫漫长河中飞舞的千年的梦。

邂 逅

  泉州开元寺内，人潮熙攘喧嚣。经历尧舜禹汤、秦汉三国以及魏晋南北朝，数千年的兴衰交替，唐朝，最为富饶鼎盛的传奇，在此处留下了印记。东西塔一左一右矗立，见证着历史的悲欢离合。塔身的浮雕已有被风雨磨蚀过的痕迹，却仍有盛唐时代的余韵。

  站在塔下，我仰望着那高耸入云的塔顶，想象着造物主跨越时间轴，冷冷俯视着人世间的爱恨情仇。朝代更迭，塔下前来朝圣的旅人也来来去去。是否也曾有一个人，以忧伤的目光在千年前以和我相同的角度仰望着塔身？又是否在未来也将会有一个人，在我曾伫立的地方停留，缅怀着过往？这样迷离而带着些许怅惘的情绪攫住了我，使我在这湛蓝的晴天下，添了一分过客的惆怅。

  走入清净寺，残破的奉天坛内，仿佛还留有数世纪前穆斯林喃喃祷告的痕迹。对唐宋时期的中国而言，异国不再是缺乏礼教的蛮夷，而是拥有不同风采的新文化，值得我们了解和学习。接纳异国文化后，华夏文明并没有被取而代之，而是焕发出别样的风情。传统中华文化和异族文化糅杂，使历史翻出全新的篇章。因为有包容，有接纳，才得以创造出更为繁复多元的新文化。

  我将脑袋斜靠在窗沿，任由风景不断向车后奔去。我们来到了位于福州三坊七巷的林则徐纪念馆，云雾缭绕中，"海纳百川，有容乃大；壁立千仞，无欲则刚"十六字对联映入眼帘。遥想当年，尽管西方快速发展，清朝却仍以帝国的自信和傲慢，抵制一切新兴科技。然而，西方的坚船利炮却强行侵入了仍在原地踏步的中国。道光年间，林则徐将一箱箱鸦片销毁，只为了减少鸦片对人民的危害，却也让西方找到了入侵中国的借口。鸦片战争打破了中国夜郎自大的幻梦，从一开始的极度自信，到后期的退让和臣服，最后几乎惨遭瓜分，这是多大的转变！也正是因为这样的惨败，才促使了日后的改革和进步，自强运动、戊戌变法……这时，中国不只出现了制度方面的革新，还有思想的进步，而这正呼应了林则徐的半副对联：海纳百川，有容乃大。故步自封是不会进步的，唯有接纳新知并进行改变，才能突破并且创新。

现　今

　　思绪回到《生活十讲》的读书讲座。讲者潘丽珠教授提到，《生活十讲》一书中全在陈述"如何做自己"。要能够坚持自己的信仰，才能够做自己。信仰，是心中的追寻和坚持。而唯有随遇而安，才能坚守心中的信仰。从古到今，时代不断递嬗和变迁，然而中华文化并没有因为这些挑战而失去光彩，坚守中心思想"仁"，一次次接受外来和内在的冲击，进而融合和提升，形成了兼容并蓄的华夏文明。如同一只凤凰，一次次烈焰焚烧不能使其毁灭，反而能浴火重生，拥有比过往更璀璨的光芒。

　　如今，这个快速更迭的时代，在不断变换、不停产生新挑战的环境下，我们必须学会"既来之，则安之"，坚持心中的信念，一次次迎接变迁和挫折，才能得以蜕变，并淬炼更成熟、更坚定的心志。

　　随遇而安，说穿了，就是一种改变。如果一味地墨守成规，停滞不前，只会被时代所淘汰。文明是这样，人也是如此。为了能够适应瞬息万变的环境，中华文明要调节、改变，并融合成全新的面貌；我们也要不断调适自我，在变化中愈合、成长。唯有如此，我们才能以已经修补好的、崭新的肉身，面对变化万千的未来。

未　来

　　七天的深思熟虑，让我明白了改变，明白了随遇而安。时间轴已向未来无限绵延，我相信，我已可以面对一个个未知的明天。过去的历史已经落了款，而广大的华夏文明，将秉持着信仰和改变，继续航向未来。

两岸心　悦读情

□ 郑莹莹（集美大学）

　　他们像星辰般随着温暖的风朝我的生命聚拢，汇聚成夏日闪耀的星河，连接着海峡两岸互相的企盼。这短暂又珍贵的七天，让我了解了台湾同胞的坚韧、宽厚与温柔，明白在海的另一边，有着和我们一样珍藏美好梦想的朋友。虽然隔着宽宽的海峡，可是我感受到我们同样对生活充满期待，同样怀揣着爱与执着，用笔书写自己的故事，用文化架起沟通的桥梁。

　　还记得初见那天，我们在码头热情欢迎，在饭桌上紧张又期待地寻找对接的伙伴，在官任阅读主题地铁站畅聊自己喜爱的书籍，在厦门"老院子"交谈自己记忆中的童年。通过这一天的相处，两岸同胞的心因纯洁的友谊而慢慢靠拢，两岸文化的情缘在每个人心中悄然滋长。

　　鼓浪屿上，我们欣赏海岛风光，参观钢琴博物馆，拜访菽庄花园，了解鼓浪屿的历史。集美鳌园里，我们共同领略嘉庚先生的传奇人生，感慨当时办学之艰辛。厦门市图书馆内，我们一起参加阅读马拉松，抚摸着《山羌图书馆》，轻轻翻动，感觉它像一面镜子，透过文字我看到了另一个自己。女孩成长过程中的细腻情感、独特想法以及有趣回忆都被连俞涵用清新自然的文字传递给了每一位读者。我也明白了，无论是哪里人，我们都拥有一样的奇思妙想、一样的对于生活的憧憬和热爱，虽然隔着海峡，我们却靠着文字、靠着书本，诉说着自己的人生。一起读完《山羌图书馆》后，我和我的台湾伙伴聊了很久，我们惊叹于各自生活细节的相似，笑谈连俞涵姐姐那可爱的童年、独立的思想以及对未来的向往。看啊，就是这么一本书，将我们深深联结起来。

　　夏日的微风将海峡两岸青少年的交流时光吹向泉州之旅。

　　如果说前三天我们种下了美好情谊的种子，那么现在这颗种子已经生

两岸书缘

根发芽，在对泉州文化的交流探索中，被不断浇灌。作为马可·波罗笔下的刺桐城、宋元时期著名的国际都市，泉州历史悠久，文化底蕴深厚。参观清净寺、关帝庙、天后宫这些泉州著名的文化景点，这些被岁月抚摸过的建筑，使我仿佛看到了千百年来它们的变迁，使我仿佛听到了它们想向我们诉说的故事。而闽台缘博物馆与泉州博物馆，更是让我们深刻了解了泉州与台湾的历史，了解了台海之间的不解情缘。泉州与台湾就像一母的同胞兄弟，虽然一道海峡相隔，却始终同心同血。开元寺中，我们见证泉州的宗教，见证唐宋元的历史。文化沙龙上，潘老师为我们深刻解析《生活十讲》，用朴素亲切又充满感染力的语言带我们走近台湾作家蒋勋，走进这本关于生活的书。大家进一步交流两岸文化，促进两岸文化的交汇

融合。

时间在一点一滴地流逝，我们与台湾同胞的友谊在时间的洗礼中愈加深厚，像满天的星光，聚集在一起。

泉州旅行结束了，我们开启下一段旅途，前往福州。在车上我们已经没有了初时的陌生，更像多年未见的老朋友。大家一起唱歌，一起分享书籍，在漫长车程中创造属于我们自己的快乐。福州的三坊七巷藏着历史的印记，文化躲进了这里的每一砖每一瓦。在古朴的街巷中穿梭，有一种"小楼一夜听春雨，深巷明朝卖杏花"的感觉。我不觉得自己是小楼听雨的诗人，只觉得自己是卖杏花的小贩。我吆喝着，声音夹杂着杏花的香，随风飘远。林则徐纪念馆和林觉民故居更是让人印象深刻，原来那些闪着英雄光芒的人是在这样的地方诞生成长的。他们是我们的先辈，是值得我们敬佩的人，是影响历史的豪杰。置身于他们的纪念馆和故居之中，我热血澎湃。

这次相遇是时光的馈赠，我们通过书籍、通过朗诵、通过交流，将两岸文化更好地融合，让大陆与台湾友好的种子在每个人心中扎下深深的根。我不会忘记来自台湾的潘老师在车上为我们献唱《望春风》；不会忘记台湾同学激情澎湃地为我们演唱《龙的传人》；不会忘记离别那天，我们手拉手，一起唱响《送别》；更不会忘记，我们流着泪水，在安检口为即将离开的你们齐唱《朋友》。

我相信，两岸情缘，就像我们相遇时付出的真心一样单纯；我也相信，那些印刻着深厚情感的书籍、那些饱含深情的朗诵、那些情真意切的文字，是我们之间最好的桥梁。

福建之旅

□ 张靖婕（台东大学）

在不熟悉的床铺上醒来，透进窗帘的光线还很微弱，这是我只身来到台北的第二天早晨。

收拾好行李离开自助入住的民宿，行李箱轮子辗过柏油路的震动一刻不停地传到手上，咔哒咔哒，心情好像也跟着缓慢醒来。

从住宿的地方到松山机场站，坐上第一班捷运的第一节车厢，文湖线的棕色标志和浮在台北市空中的轨道，在晨光中尚有些朦胧。

从集合到登机、登船、上车，我的心情和天气一样平和，看着窗外各种景色，蓝色的海、蓝色的天空，染着一些灰色的蓝色。注意不要跟丢了带队老师，确保自己好好地待在队伍内。

大约中午，平安抵达厦门，这次参加的青少年阅读节也正式开始。

热烈的欢迎让我尴尬地皱起眉头，终于有了一点要和陌生人见面认识的实感。见到导游，来到饭馆，食物意外地好吃，本来还很担心吃不惯，所以塞了很多零食在行李箱里——就在我还在思考有关吃的问题时，她们开口了。

面对不太会接话的我，她们还是努力引导着话题，让对话能够尽量延续下去。在午饭结束之后，我也认识了"她"。

我的小伙伴，是在台湾较难见到的叠字名：莹莹。人如其名，一个温柔的发着光的女孩。一开始还相当害怕在车上会没有话聊，莹莹很自然地跟我介绍起窗外的建筑，这是集美大学，这是跨海大桥，还开了手机地图让我看目的地、我们现在的地理位置，对于非文科的我来说，这种方法很合适。我们也顺势聊到了学制的不同以及自己的科系等等。看着窗外高耸的大楼、迂回的高架桥，我的心情平静了下来。

下了车，我们来到地铁站参观，格局和台湾的捷运站差不多，比较大

的差异就是冷气的强度和需要多过一个安检门。

下一个参观地点是"老院子",一个相当大的观光园区,在《闽南传奇》秀开始前,导游让我们自由活动参观,里头多是造景,有说明的很少。倒是《闽南传奇》秀开场令人惊艳,在台湾并没有看过类似的秀。

晚上入住的是集美大学附近的旅馆,莹莹就是集美大学的学生,一路上也给我介绍了很多周边的地点。离开室外闷热的空气,在舒适的房间内,我们瘫在床上聊起彼此的兴趣和喜欢的节目、歌手,很快就休息了。

第二天一早,一团人来到厦鼓码头准备登船,今天的行程是要前去鼓浪屿。经过漫长的等待和登船,终于到达厦门本岛对面的岛——鼓浪屿。

一下船看到的建筑和街道就和厦门本岛天差地别,唯一相同的只有炽热的阳光。在前往饭馆的途中,我和小伙伴们发现街边有台湾的饮料店,惊讶地发现价钱居然是台湾的一倍,也抱持一试的心情去点了一杯。

用餐后一行人先前往菽庄花园和钢琴博物馆。菽庄花园看着很眼熟,导游一讲才惊觉,就是台北板桥林家的翻版,有海的版本。钢琴博物馆就像鼓浪屿的一个象征,我们欣赏到很多古老的钢琴,也欣赏到简短的演奏。

最后,我们来到这次活动的主办单位——外图参观。这是鼓浪屿上的一座三层书店,有着鼓浪屿的独特风格,与其他地方不同的屋顶、建材和覆盖建筑物外墙的爬藤植物。走在鼓浪屿巷弄中的我们,被绿色植物包围,相较厦门市区要凉快一些。

走了一圈,回厦门本岛的轮渡也要开了。离开了值得一看的鼓浪屿,我们又很快地跃上另一艘船,欣赏鹭岛夜景。厦门又称鹭岛,夜景也与台湾的大不同,岸边的景物像是被缩小好多。游船行驶在较宽大的江上才能一次看见较多的景色,对岸的鼓浪屿上闪闪发光竖立着的郑成功像也映入我眼帘。

第三天早上,第一个下车的地方就是热到地面都要融化的鳌园,纪念陈嘉庚先生的园区。作为厦门本地人的莹莹边介绍边不厌其烦地带我绕塑像一圈,据说女子能够上学也都是多亏了这位先生。

下午,到厦门市图书馆参加阅读节举办的活动,突如其来的考试让大家都绷紧了神经,幸好限时阅读的书目《山羌图书馆》很好理解,没有压力地读完后发现题目也并不刁难人。能够在旅途中走进一本书,是一个很棒的体验。

晚上早早就回了旅馆，这是留在厦门的最后一晚，莹莹提议一起去附近她熟悉的学生街走走。和她这几日的聊天我发现我们有许多共同点，其中之一就是喜欢喝饮料。我们在学生街吃了蛋糕、喝了好喝的草莓饮料、吃了冰淇淋，在街上也看见了在大陆很少见的流浪狗，我们非常满足地回到旅店。

周六，我们乘车前往泉州，莹莹还笑说到了泉州她就和我一样都是观光客了。

第一站是天后宫，建筑和台湾的大庙相差不远，特别的是里头有一些文物的展览，导游也和我们解说了妈祖信仰的历史。

游览了一阵，接着要去参观的是清净寺和关帝庙。在参观完清净寺之后，我和莹莹还有一位小伙伴——刘阅，都被晒到两眼发直，只好赶快找个地方休息。我们在清净寺附近的戏凤冰室喝到了顺口的鸳鸯奶茶，也解了我对咖啡的思念之情。据莹莹和刘阅说，大陆很少人有喝咖啡的习惯，对在台湾能随时在便利商店买到咖啡的我来说，是一个很难适应的点。

来到泉州的下午，下起了雨，泉州的车流比起厦门大很多，街道上有许多商店，房子也矮很多，也因此我们隔着车窗看见了横跨天空的淡淡彩虹。入住酒店后，在房间休息了一阵，就要到会议室聆听演讲，演讲内容在我残留暑气的脑袋中糊成一团，但讲师的说话方式使整个演讲相当生动，不沉闷，也让我对已经阅读完的《生活十讲》有了不同的看法。

晚上，暑气终于侵蚀了我的身体，使我的食欲降为零，也毫不意外地发烧了。莹莹和刘阅本来要和其他小伙伴一起去附近的万达广场逛逛，最后选择留在酒店陪伴卧床的我。我们天南地北聊了很多，恋爱、学业、旅游、兴趣，大陆和台湾在很多方面存在同和异，我们破除了既定印象和成见，也约定了阅读节结束后一定要再相见。

周日，我如同往常地睡着，没有闹钟和集合时间般地睡着，隐约感觉到白色窗帘的缝隙中好像透出一丝光线但又很快消逝……

直到莹莹呼唤着叫醒我，时钟指着十一点半，我才意识到我真的睡了好久。没有跟着今天的行程跑，是因为早上没有退烧，随队老师就将我留在酒店，莹莹也主动留下来照顾我。她明明没有在泉州好好逛过，却还是留了下来，我非常感激她。

中午我们叫了外卖，莹莹说她平时在学校也会这样叫外卖吃，当下就觉得更贴近她在大陆的日常生活了。休息了一整天，烧退了，体力也恢复了一些，我们就决定打车到餐厅和其他人会合。食欲好了一些，其他小伙伴也说我看起来好多了。吃完晚餐，莹莹想带我一起去逛万达广场。大陆的交通和台湾很不同，骑电动车的人没有戴安全帽而且会与汽车抢道。我将台湾的情况和莹莹说了以后，她也表示她看不懂台湾的圆环交通号志。在很多生活的细节上，两岸还是有很多不一样。

万达广场有点像低价版的百货公司，里面非常喧闹，我们绕了一会儿就出来了，转战到旁边的京街，京街有点像台湾地下街的露天版，服饰店、餐厅错落林立。莹莹带我去喝一种饮料"莓超疯"，这家饮料店与台湾的手摇店也不同，等待时间较长，里面设有座位，还可以吸烟，文化真的差很多，但完全不影响饮料的好喝程度。

回台湾的前一天，我们离开泉州前往福州。第一站是林则徐纪念馆，纪念馆中有许多庭园造景，总以为逛完了，但转个弯又有另一栋厅房，非常广大。好不容易在规定的时间内到达集合地点，却除了导游外没有看见其他人，和导游知会一下，和莹莹跑去街角的"一点点"买饮料，"一点点"据说就是台湾"五十岚"的老板开过来的饮料店，看来两岸青年人都受了手摇杯文化的影响。

下午继续在周边的三坊七巷走走绕绕，同队的泉州人带我们穿过黄巷，往近处较高的地方移动，拍下了三坊七巷整个建筑群的照片，配上蓝天白云，不论是在其中走动抑或登高俯视，这群历史建筑都美得不真实，使人就像真正走入古早的时代、走入电影一般。福州的建筑和人文令人目不暇给，在等待集合时导游提到，有很多历史建筑已经被拆除或改建，能有机会看到这些还留下来的活历史，实在很幸运。

最后的夜晚，巴士停在一间点着黄光的街边书店，我们陆续上了二楼，举行这次阅读节最后的展演。坐在台下的我看着台上的同学对文字的歌颂和诠释，运用声音、乐器、表情，试图传达绵延已久的我们的文化。我的朋友刘阅，被选为这次活动的主持人，看她台风稳健地控场和流利串联节目的自信，我在台下不禁微笑了起来。看见陪伴我们七天的导游，正全程拿着手机录下表演的影像，我才意识到，明天真的就是最后一天了。

最后一日，我和莹莹从舒适的大床上醒来，飞快地收拾好行李。我拿出放在行李夹层中的护照，步上驶回厦门的车子。

戴上帽子，我在车上闭起眼睛假寐，戴着的耳机中随机播放着歌曲，一整天在交通工具上的路程，我都无法离开耳机。直到最后的最后，我要和莹莹、刘阅分离之时，身旁有许多人已经哭得稀里哗啦，刘阅也掉下了眼泪，我们互相拥抱、道别，在她们无法一起穿越的出关门，没有停止挥手的刘阅突然大喊："我一定会去台湾找你的！一定！"我笑着和她挥手，一转身却也被逼得掉下眼泪。

面对登机室的大窗户，和七天前近乎相同的灰蓝天空落了雨，巨大的淡色彩虹横跨我的视网膜，耳机中某个谁唱着："落雨的天空上架着彩虹，为我送上雨伞的你，眼中的我并没有淋湿。"许多次在莹莹的伞下，记得最清楚的却是那唯一一次泉州的雨以及烙印在车窗上的淡淡彩虹……

聚是一团火，散是满天星

□ 郑桑贵（集美大学）

我们，可不可以先告别一个人，然后再认识他呢？

"再见！"

"你好！"

我看着弟弟妹妹们哭着说"我舍不得你，你不能忘记我"，我觉得离别就该是这般模样，就是要哭着拥抱说再见的。我的内心是羡慕的，羡慕他们告别的方式。

"你不要哭！过年可不许哭啊！"

"你爸爸妈妈是要去赚钱养家的，你这样他们怎么安心？"

"一、二、三，停！"

这是小时候，过完年，爸爸妈妈离开家时爷爷奶奶和我说的话。我觉得不对，爸妈走的时候没有回头，我没有跑过去抱住他们，不应该是这样的！这样的感情真是太内敛了，我不喜欢。如果可以，我想回到那些分别的时刻，对我的爸爸妈妈大声吼一句："我就是要哭，你们得抱一下我，和我说句再见才能走！"认真的告别，让我怀揣着希望去等待。

常常听到一句话："这是一个流行离开的时代，但我们都不擅长告别。"可我们应该慢慢学会告别……

我知道，当我们拥抱着说再见，当我们跑向安检口想再见一面，当我们一边抹着眼泪一边唱着歌，当我们向对方喊"我不会忘记你们"的时候，我们就是在学着去好好告别，就是用我们自己的方式在认真告别。所以，就算我知道此别再难相聚，我的内心依旧是充满期待的。

离别的最后一夜我们做了什么？我们一起看了星星，夜空中最亮的是木星。分别后，我们偶然抬头，看到那一颗星，偶然地想起，隔着一湾浅浅的海峡相望的小伙伴。是的，一切都是偶然，我们的思念绝不奢侈。

我们只看了星星吗？不，我们还对着福州的夜景，畅谈我们各自内心的风景。我心疼她写繁体字费时费力，她骄傲于这是继承优秀传统文化。我们谈要去看看北京上海，要去看看山河湖海。我们也谈如何环岛旅行。你看看我脚下的土地，我走走你奔跑过的地方。偶尔，你也会蹦出一两句"不一样耶"，我同你讲我要让我说的话字正腔圆，你和我说你们不会刻意地纠正发音。

我们说了很多很多，最后一句是："我们还能再睡两个多小时，晚安！"

我好喜欢"晚安"。

查房老师："你们早点休息啊，晚安。"

小伙伴："我要熄灯喽，晚安。"

我点开了屏幕，"晚安"，然后发送。

晚安，祝我们每晚都有一个好梦。

之前的行程就是，一天福州，两天泉州，三天厦门。我是谁呢？我是学在厦门、家在泉州、玩在福州的"地头蛇"哟。我内心想："啊！天啊，太棒啦！刚好去的是我最熟悉的三个城市，我一定要带大家好好玩耍！"然后……

"福州有什么特产吗？""福州鱼丸，其余不知道。"

"泉州……这附近有什么吗？""不知道呀，我没有来过这里。"

"厦门……""不知道呀……"

"啊？你是假的吧！如果你来台湾，我肯定是个好的地陪！我会骑机车带你去吃特产去买伴手礼。"哈哈哈，我是假的"地头蛇"。我对不起大家。可是，我超级喜欢这样子被吐槽，因为这"熟悉的味道"让我倍感亲切。如果下次我的小伙伴还来，那我应该就会是一个好的"地头蛇"。我是说，应该！

想把参加海峡两岸青少年阅读马拉松活动拎出来讲，是因为图书馆我很喜欢，这个活动我也很喜欢。如果不是这次活动，那我应该只有很小的概率会翻开《山羌图书馆》，读到连俞涵小姐姐可爱又认真的文字了。

当阅读是一场比赛，当内容是《山羌图书馆》，当一起比赛的人是你，我总是忍不住想要噗嗤一声笑出来，因为这是"万物美好，我在中央"呀！

我从左到右地读,你从上到下地读,我们左左右右上上下下地读同一本书。是的,我们一起读了一本书!

出发总是美丽的,尤其是在一个阳光明媚的早晨。第一天早起出发之际,天空万里无云,我想,今日应该是好天气,那在好天气中遇见的人应该也是好的!果不其然。我应该说上一句:"认识你们真好!"

我们知道告别很快来临,我们不问明天,我们相识相知。我们,是很好的我们。

"你好!"

"再见!"

缘来是你

□ 陈韦如（高雄医学大学）

浅浅的一湾海峡隔开了曾经相连的两块陆地，这一百多公里的距离，曾经长得让人花一辈子都跨越不了，只能将思念写进诗里、书里，在字里行间泛着隐约的光。在漫长时光的温柔推拿下，曾经的联系已淡薄得让人几近遗忘，但在交流之中，那股似曾相识的熟悉逐渐回涌，并产生了阵阵共鸣。

温柔的浪轻轻拍打着沙滩，卷着船一晃一晃的，就这么晃进了一座晒着暖阳、洋溢着浪漫欧式风情的小岛。那一栋栋红砖建造而成的屋子有着白色的圆柱、沉稳的拱门、精细的雕刻，不同于中国传统建筑的古色古香，巷弄间尽是西洋的古典和浪漫。厦门鼓浪屿，让人仿佛走进了二十世纪上半叶，微风中好像还能听到钢琴奏着清越温柔的古典旋律。而在这片西式建筑下，有一方江南园林独树一帜，那是由林尔嘉所建的菽庄花园，以绵延的四十四桥巧妙地把海圈进了园中，有着中式庭园的别致，又紧连着海的辽阔。而其中的补山园则融入了十二生肖，让在山洞中探险的小孩能处处发现惊喜。说起这座中式庭园，与台湾板桥林家花园的建造者林维源有着密不可分的关系。在台湾被割给日本之后，林维源举家搬迁至鼓浪屿，其子林尔嘉修建了菽庄花园，或是出自个人喜好，又或是不舍以及怀念。在这相似的风景中，那些断在一纸割让书上的情就这么飘散在空中，等着有一天跨海而来的人能重新系上。

厦门的夜景是国内仅次于香港、上海的第三大夜景。坐在船上，品着一杯好茶，城市的五光十色映着水，粼粼地荡进眼中。明亮的灯火照着城市的繁华，繁华总是带着喧嚣，但也许是隔着广阔的湖面，那些熙来攘往的嘈杂散在空中，徒留安静。从远处眺望这座不夜城，让我想起在高雄时，我也喜欢一个人在夜晚于高楼上看条条车流、盏盏灯光和那些五花八

门的招牌。虽然总有人说城市的光害太重，但或许是距离带来的美感，又或许是黑夜掩去了所有的不堪，这万般的灯火就像人类自己创造的存在于地面的星空，每个光点都拥有着不为人知的小小故事。

人声鼎沸，香火鼎盛，泉州的天后宫凝聚了好几个时代的信仰，是闽南沿海最早的妈祖庙。泉州临海，许多人以海为生，而妈祖便是保护人们出海能平安归来的守护神。世世代代的传承，让妈祖信仰深深地根植在了泉州人的心中。现今从事与海相关职业的人已经越来越少，但天后宫的香火依然鼎盛，也许祈求的不再是出海能平安归来，而是合家平安健康，这份信仰所带来的安定人心的力量依然不变。那些离乡背井的人们把这份信仰也带至台湾，以信仰凝聚人心，发挥更大的力量。台湾许多有名的庙宇皆是祭拜妈祖的，像是北港朝天宫、大甲镇澜宫、鹿耳门天后宫等等，不难发现，妈祖早已是台湾普遍的民间信仰，四面环海、多漳泉移民的后代，这些都是构成台湾居民信仰妈祖的基石，而这份信仰所带来的力量，更让社会逐渐朝着稳定繁荣的方向发展，共创美好和谐的未来。

泉州的开元寺坐落在古色古香的小街中，两座五层楼阁式石塔映着绿绿的枝叶显得格外醒目，而其中占地极广的大雄宝殿更与东西塔形成品字形的布局。东边的镇国塔和西边的仁寿塔是中国最高的一对石塔，经历了许多风雨仍屹立不摇，其上的雕刻更是精美，令人震撼。开元寺中令我印象深刻的是单树即成林的榕树，由本枝所分出来的气根都一一长成树干，支撑着母树，有种中国人所说的"承欢膝下"之感。

木造的建筑搭配着书法字体招牌，两旁挂着串串红灯笼，古色古香的建筑在道路两旁延展，福州的三坊七巷弥漫着浓浓的古味。仔细去看，却发现在古式建筑当中贩卖的是我们再熟悉不过的现代商品，小吃和饮料琳琅满目，更有福州风景明信片。空气中飘散的是阵阵的茉莉花香，茉莉花是福州的市花，气味清新宜人，甜而不腻，而融入了花香的酥饼更是让人口齿留香，仿佛开口说出的每个字都变成了一朵白色的小花。三坊七巷，坊代表的是大街，巷即是小路，虽然现存的街道只剩二坊五巷，但仍然路程漫长，想踏足每条巷弄亦须有足够的精力。从高空俯视整块街区，黑瓦和白墙是福州建筑的特色，成片曲线形的马鞍墙如海浪般绵延，两旁翘起的屋檐又如同燕子般轻巧。几盏红灯笼点缀其中，让整个街区显得更为鲜明，如诗如画，仿佛下一秒钟从转角便会走来一个身着古装的人向街旁的小贩要一口茶。

闽南和台湾有着许许多多相似之处，总让人看着看着脑海中就逐渐浮现故乡的点点滴滴。闽台即使隔着一湾海峡，文化的延续却不曾间断，通过交流，双方的情缘又再度被紧紧牵在了一起。缘分就是如此奇妙的东西，跨越海峡，此时此刻才发现，原来是你，缘来是你。

小书寄大情，两岸结同心

□ 赖梦萍（陕西师范大学）

"长亭外，古道边，芳草碧连天。晚风拂柳笛声残，夕阳山外山……"，悠扬的《送别》歌声传遍厦门五通客运码头。我同参与2019海峡两岸青少年阅读节活动的大陆同学一起，向台湾师生挥手作别，目送他们踏上回程。一声珍重，一个拥抱，道不尽满腔别情。至此，历时七天六夜的2019海峡两岸青少年阅读节活动正式落下帷幕。通过"共读一本书，阅读马拉松""中华经典诵读展演"以及"同游名人故居"等活动，我们与台湾同学进行了深入的交流，结下了深厚的友谊。

初次相逢

七月，厦门晴空万里，灿烂的阳光向海平面洒下一把碎金。我们就这样相逢在碧海蓝天、红墙绿树之间。同样是五通客运码头，大陆师生在出关口高举欢迎条幅，迎接台湾同胞。我拿着结对的台湾同学的名牌，在人群中四处张望，一回头就发现跟我结对的小伙伴正笑嘻嘻地看着我。我们相视而笑，就此开始了一段难忘的旅程。

双子塔高耸入云，厦门港区外岛屿星罗棋布，港区内群山环抱，港阔水深，终年不冻，来往船只络绎不绝，这是属于厦门的活力和激情。晚间时分，亚热带的季风挟裹东海的水汽，吹拂着这座美丽的滨海城市。我们一行人登上鹭江游船，观览厦门夜景。点点灯光汇聚成海沧大桥的轮廓，在模糊的夜色中宛若一条银龙，凌海腾空。在热情的欢呼中，台湾师范大学的潘丽珠教授唱起经典闽南语歌曲《车站》。"火车已经到车站，阮的心头渐渐重，看人欢喜来接亲人，阮是伤心来相送"，和着悠扬的电子琴声，潘教授低沉而富有磁性的嗓音感染了现场的每一个人，不少同学打开

两岸书缘

手机闪光灯，随着歌声挥舞双手，就连不谙闽南语的我也不禁跟着哼唱。我们才刚刚相逢，却好像已经开始担忧离别。习习海风抚过脖颈，吹干黏腻的汗水，茉莉茶的清香和充满温情的歌声卷在一起，融进安静的夜色之中。我听得见年轻的胸膛中同频率的心跳，我看得见船舱中相似的噙着笑意的嘴角和弯弯的眉眼，原来我们的心在一开始就离得很近很近。

小书大情

2019年7月19日，厦门市图书馆与厦门外图集团有限公司在厦门市图书馆集美新馆举办阅读马拉松活动，台湾新生代作家连俞涵的《山羌图书馆》是此次活动的指定阅读书籍。连俞涵在书中分享自己的成长经历、生活点滴。其笔触之细腻、情思之缱绻，颇有毕淑敏的风韵。我想，如果要用一句话来形容她，那应该是"文如行云流水，人如雪山晶莹"。

翻开书页，第一篇文章《台北人，出生于小雪》映入我的眼帘，我自然而然地想到台湾作家白先勇的小说集《台北人》。后来，经过台湾同学介绍，我才知道这位连姑娘竟是《一把青》（《一把青》是白先勇的短篇小说，收录于小说集《台北人》中）同名电视剧的女主角！《一把青》讲述的是解放战争时期，女大学生朱青与国民党飞行员郭轸相知相恋，后又因丈夫牺牲而失去依靠直至彻底改变人生轨迹的故事，集中体现了战争时代女性命运的曲折悲欢。之后的几天里，我和同住的台湾同学一起观看这部电视剧。我们一起感叹于战争的残酷、人性的柔软，一起动容于从坚硬的铁甲缝隙中渗透出的亲情、爱情、友情的微光。

我在想，为什么即使我们的立场不同，对事物的看法观点也不尽相同，但对于文艺作品的主题、思想、情感，却常常能产生相同的理解与共鸣呢？本质上是因为我们的文化是同根同源的，我们所接受的教育中包含的对于人文的关怀和理解是相似的。就像每每读到苏轼的"但愿人长久，

千里共婵娟"时,中国人都会明白即使远隔重洋,但你我若能一同望着这轮明月,那便是两心相依,天涯共此时了。这是我们血脉里的东西,永远无法割舍,无法离断。

血脉相依

厦门与台湾一衣带水,紧密的地缘关系衍生出血脉相融的文化关系。闽台文化关系,不仅是总体意义上的同根同源,而且是同宗共祖,是家族亲缘、闽客方言、宗教信仰、民间习俗等直接具体的承递,是闽台人民独特的集体记忆。

根据泉州闽台缘博物馆记载的数据,明清两代,自漳泉两地有大规模的闽南人移民入台。台湾宜兰平原最初是漳州人"结庐以食"的地方。到清嘉庆十四年,宜兰共有漳州人 4.25 万余丁,泉州人 250 余丁,广东人 140 余丁。其中,漳州人占当地总人口数的 99%。闽台人民在长期的生产生活中形成并传承了一套相似的民间生活习俗。以闽台两地民间信仰为例,福州、金门两地都会在建筑物的屋顶或村落的高台等处设立狮子像,用来替人、家宅、村落避邪镇煞,寄托了当地人民一种驱邪、避灾、祈福的美好愿望。又比如,闽台两地都有供奉妈祖的习惯,以祈求出海平安,风调雨顺。

从妈祖庙鼎盛的香火到住宅高处镇宅的风狮爷,从福州略显甜腻的荔枝肉到台南不甜不要钱的奶茶,无一不昭显着闽台两地一脉相承的文化和生活习俗。"露从今夜白,月是故乡明。"直至今天我才明白,余光中的乡愁不仅仅是远方的游子对海峡这边亲人的思念,不仅仅是对故乡的青山绿水的思念,更是对文化原乡的追溯与呼唤。

"曾登岩顶雨潇潇,今望浯洲浪渐消。隔岸彼门一咫尺,东风何日助西飘。"这是一位诗人登顶日光岩、东望金门岛后在《诗潮》上发表的诗作。2019 海峡两岸青少年阅读节活动结束了,但我相信,我们与台湾同学结下的友谊之花会在七月的海风中焕发出新的芬芳和光彩。

隔海信笺

□ 黄莞琇（成功大学）

　　鹭江的夜轻巧地降临于喧哗都市的一隅，登船前的漫长等待，仿佛永远没有尽头；然若对比古人分离后，动辄数十年的音讯全无，这段时间又似乎短暂如刹那，不值得一提。转瞬，游船缓慢地驶进渡口，上一批游人欢欣而嘈杂地离开，留下空荡荡的船舱兀自微弱而坚定地发着亮光，迎接着下一批满怀心事的游者。

　　在等船缓缓驶来的片刻，我突然想起友人曾说过："夜景要用自己的心与眼睛去感受，无论是当下空气的流动或色调的明暗，都永远比相片来得真实。"一直以来，我对于这句话始终心存怀疑，直到登上挂满古朴饰物的甲板，透过相机的观景窗看出去，看见光影与亮度严重失真，才有了真切的体悟。于是我拣了处最能清楚看见前方的位置，将相机收进行囊，静静地凝视着远处光火里透出的隐隐而温暖慵懒的、属于此处居民的故事。倏忽，不由得想起了大脑的自动补色与修饰之说，想着，或许是风景即拥有不同灵魂的载体投射而成，因此各自相异纷呈，都充满着美的氛围。

　　怔愣了半晌，船又向前驶近了泛着光的大桥一些，沿途介绍各色景观的广播声又激昂了起来。随着歌者于船舱外兴意盎然地高展美声，游人不自觉地向声源之所在聚集同欢，或和声、或独唱着众人皆耳熟能详的歌曲。江面上漂浮着条状如枝、大小不一的霓彩光影，随着微风的吹拂细碎而模糊地颤动着，时间亦是；那些避无可避的突如其来的，像是偶尔掠过江面的飞鸟，或忽地跃出水面的鱼，转眼间便使我身处无人着眼的一角。

　　望着前几天认识的你，正专注而坚定地用相机捕捉着其他人的各式笑靥，忽觉好想永远紧紧挽着手的人太多也太少，在恍惚之间，有的已没入了漆黑的海底，有的则遁入厚重的云层，只能极其偶然地于梦之夹缝中短暂相遇，又或是永恒地失之交臂。

我们都是这样，拖曳着无数人遗留下来的影子与一块残碎而无法轻易示人的心，在喧哗的游船上独占一小片寂静。直到船一如往常地靠了岸，我们若无其事地下了船以后，一切照旧。我们终归是对不起过往的，数不清个来不及。

我们永远无法逃离，也不愿逃离。

你也是这样希冀着的吧。

记录下这些文字的时候，我们正在颠簸的公路上匆匆地往厦门前进，赶往即将临别的港口，而你正于我右手边沉沉地睡着。前几天，那些告别的话语总以玩笑话的方式自彼此口中说出，碎碎念着往后要相约一起到哪里哪里出游。但一直到此刻，望着从窗帘缝隙中渗透出的阳光洒在你的侧脸上，你还因此感到不舒服地侧了侧脸，调整了下能更好遇见周公的姿势，我才对分离有了确切真实的感受。

你可以说是我所见过的浮夸得最恰到好处的人了，笑声爽朗而不做作，极其体贴又独立。我就把这些天来的情感擅自定义成相见恨晚，行吗？

我想，你一定会回答，行吧，你开心就行。

对吧？

好多感性的话，对于两个即将走入社会中的人来说，当面开口竟已显得有些别扭，原来我们也已经到了这个年纪，欲说还休。但面对不知何时能再见面的窘迫与难过，又为了不让明天一觉醒来的我，误以为这七天只是一场太美好的梦，我决定仍以文字代为诉说。

我们常笑称，这几天的记忆无非是要搁置于烈阳无止境的曝晒、黏腻的汗水与老留不住的防晒霜里。每一日，我们皆龇牙咧嘴地用单薄的伞对抗肆无忌惮的烈焰，再以融化得一塌糊涂的防晒霜作为投降的旗帜，直到隔日，又仿佛擅长失忆的金鱼般，彻底忘了败退的惨状，重整旗鼓后，又一而再、再而三地发起下一次抗争。对比高中生的青涩与活力，我们俩就像是两块活化石，尽责而勤快地进行着吃饱睡、睡饱吃的体力活儿，是最适合拿来衬着那古老且发烫的街坊，而甚至会被错认为文物的那种；然而值得庆幸的是，我们仍保有着大学生的些许"陋习"，像是关起大灯彻夜聊天，或一起追网络上的戏剧哼哼唧唧，活像坏了笑声开关那样抱着枕头

两岸书缘

乱笑胡闹。

　　我们天南地北无所不聊。仿佛在空调开到最强的卧室里（北极熊一定恨死我们了），为彼此点燃了一小盏温暖的灯。虽说成长的环境存有不小的差异，但最难能可贵的却是我们不仅有着近乎相同的价值观，还能不断地向对方免费兜售着永远无法说到头的故事，如此才得以在几坪大的卧室里，无数次地做着漫天的白日梦，交换着彼此并不广为人知的小秘密，替对方承担灵魂的一小部分，妥帖地揣进裤兜里头，随身悉心地保管着。

　　尝了无数桌总是有虾的合菜（最近谁再说要吃合菜，我一定跟他急），你总是第一个为我夹满一碗的菜；一起跟随着导游聆听各种建筑的历史；交流着河洛语与广东话不是很实用的单词，学会了便抓着对方兴奋地猛讲，或因为对方的读音怪异而毫无形象地鬼吼乱叫。

　　我们于福州市古老的三坊七巷内穿梭，走进一间间新颖的连锁茶坊，路过一幅幅远看就像随笔而作的壁画似的、爬满了干枯植物的围墙。紧紧

挽着彼此的手，我们沿着由缝隙过大的地砖铺成的小路前行，细腻地感受着穿过蛛网投射下来的日光，以及空气中略带有的阵雨的味道。

  拖拉着过重的行囊于渡口等船时，我本以为我是个擅长道别的人，但想来这种离情依依的场面或许于我来说，永远不会有习惯的一天。但至少这次，很开心可以好好地给你一个拥抱，好好地向你说声再见，带着你托付给我的一些生活小记事、你为我拍的有些不真实的漂亮照片、你卧室里那些慵懒可爱的小杂乱，还有你极少显露出的感性那面。

  回头看，我想我没留下什么遗憾，能好好地、安静地回到台湾。

  偶尔，我会想起你手执相机捕捉画面的模样，还有我始终没能教会你的歌（抱歉啊，我的河洛语真的不是很好），以后见面一定自信满满地教会你，好吗？

  我会一辈子记得，在大陆有个女孩不太会打乒乓球，但却热爱看乒乓球比赛，她最爱的选手名叫莎莎。她很可爱，是我很好很好的一位朋友。

  谢谢你这几天的如影随形，谢谢这场美好的相遇。愿我们都在各自的领域焕发光彩，愿你无论最后落脚在哪里，都是最幸福、最自在的一棵小绿萝。都再多步行些路程吧，等到再次见到对方的那天，才会有更多更多的故事彼此分享，再彻夜畅谈，使彼此的心绪相通。

  墨水还未干，飞往台湾的飞机于细雨斜飘的雨云中一阵轻微的颠荡后降落，像是将临别渡口的那场雨复刻了一遍。然而，此次是在此岸，无法一望即见彼岸的地方。

  离开人声鼎沸的机场后，我兜转于北车偌大而复杂的厅廊里，查找着下一班车停靠的所在。此时，某个夜晚，回荡于房间内的，宋东野沙哑而恍若自言自语的嗓音突然又响起，"在离这很远的地方有一片海滩，孤独的人她就在海上，撑着船帆，如果你看到她回到海岸，就请你告诉她你的名字，我的名字莉莉安……"

千里共婵娟

□ 陈鸿鑫（集美大学）

提笔的这一刻，仿佛大家的欢笑声还在耳边回荡，是排练《千里共婵娟》时大家顺利完成表演后如释重负的轻笑，是跟台湾同学畅谈时如遇知音的痛快的大笑，是在大巴上时与搭档对唱闽南歌时的会心一笑。虽然只是短短的七天，我们之间却留存了太多的美好记忆。

可这一切，忽然间就定格在某个时空点，一切都停滞在了昨天。当我们一同在码头候船厅唱完《送别》，我本以为我会有千言万语送给他们，或是祝福他们未来鹏程万里，或是祝福他们一生平安如意，可我没有。临别之际，我慌乱得似是失了魂，只是用力地拥抱，满腹的祝福竟如鲠在喉，不能说出只言片语，只能对着逐渐远去的背影发愣。当看到其他的大陆同学疯了一样地往上跑、前去送行之时，我才后知后觉地跟上。

我们一同在安检处共唱《朋友》，女孩子们流着眼泪告别，男生们红着眼竭力忍住不让泪水从眼眶滑落，空气中弥散的尽是离别的哀伤。短短的七天相处，我们已成了无话不说的好友，我们能清晰地感受到彼此心间浓烈的不舍，我们是一个集体，同呼吸共命运。我们能深切地感受到，我们的体内流着同样的血，我们之间有着永远斩不断的血脉羁绊，我们的精神扎根于同样的文化，自古以来一脉相承。与其说我们是一见如故，不如说是久别重逢。

将记忆逐渐拉回几天之前，当我在五通码头第一眼看到台湾同学时，我并未意识到接下来的几天我们之间会发生什么样的故事。第一个晚上，我们一同在厦门老院子景区观看《闽南传奇》大型实景秀。我们看到了郑成功驱逐荷虏、收复台湾的壮烈场面，感受到了两岸人民同仇敌忾的骨肉情谊；我们看到了闽南儿女下南洋时一路遭遇的艰难险阻，感受到了他们的坚韧不屈；我们看到了闽南儿女筚路蓝缕终有所成，深切地感受到了

"爱拼才会赢"的闽南精神。

第一天晚上入住酒店，我和搭档育铨彼此之间尚不熟悉，都稍微有些拘谨，我边整理行李边寻找话题。由于自古传承同一华夏文脉，很快我们之间有了很多共同语言。我们谈到了《正气歌》，由浩然正气延伸到了儒家思想；说到李白、杜甫，又聊起南唐后主，不禁一同吟诵《虞美人》；谈到诗词唱法，情至深处，我们又一起唱起了《千里共婵娟》。我们尝试着一起用闽南语表述一句话，探讨彼此读音的不同之处，追究台湾地方口音和典故的来源……我们，就像两个隔空相望的天体，在不断接近彼此的轨迹上，不顾一切地释放着所有的光和热。

每天的行程都有一段时间要坐车，在大巴上，台湾的同学们喜欢看窗外的景色，他们中的很多人都未曾接触过大陆，在他们眼里，大陆与想象中的相差许多，到处都是一片欣欣向荣的景象。他们告诉我台湾发展缓慢，比起大陆已经落后了。虽然他们的语气里隐藏着一分失落，但更多的是自信与坚定。我在他们眼中看到了属于我们这一代中华儿女的朝气、自信，以及洋溢于胸中的担当精神。在车上时，我们也谈些生活琐事，聊到闽南人家用来煎茶喝的破阵子、雁来红，聊到红砖古厝，聊到两岸略有不同的大学校园生活。有时兴致起来了，我们会就《生活十讲》中的内容交流想法，谈到科学与神话的辩证关系时我们认定"神话是科学的萌芽"，因为未知才促进探寻，因为深入探寻，才愈发敬畏。思想的交流总能碰撞出火花，我们在不同的问题上以不同的角度分析得到自己的结论，在交流之中这些结论被结合提炼，得到了更为全面的认识，这个过程让我受益良多。

在泉州的闽台缘博物馆和泉州博物馆时，我们通过地图石刻深切地感受到了两岸的一衣带水、情缘深切；我们在闽南语发音机器前仔细聆听闽台各个地区的发音，感受其中略显陌生却又熟悉的语调；我们看着一件件文物，回首过去山河破碎的历史，一起感慨，不自觉间更加亲密。

在福州的最后一个晚上，当我和其他大陆大学组的同学们一同踏上舞台时，当《千里共婵娟》的旋律响起时，当"但愿人长久，千里共婵娟"的尾调落下时，我们一同抬起头，目光似乎跨越万里山河，一分希冀、一分期待、一分祝福、一分不舍，全都化作眼底的微光。我练习了六天的《千里共婵娟》，直到今天，才终于明白了它包含的千言万语，才明白了苏轼的那份洒脱原来都是因为对人间真情的自信。

此刻情深意切，众人心心相依，我们看似隔海相望，实则不曾分离。

"但愿人长久，千里共婵娟。"

听见跨海的声音

□ 张育铨（中兴大学）

　　回台湾后几日，我不断思索这完整七天的交流经验，将照片和笔记分门别类地安放后，我离开家，坐在人烟罕至的台南滨海，迎着夕暮，写起了这篇回忆录。湿咸的海风吹过木麻黄，一阵阵海潮拍打的声音仿佛堆载了七天的笑声、歌声，充盈于我的耳内。

　　本次旅程，有许多我个人难得的初次体验，比方说，第一次搭船渡海、第一次造访金门、第一次到大陆、第一次生日不在家中过……在此之前，对于大陆我是陌生的、毫无自己想法和情感的，仅有的印象也只是由报章影视和亲戚师长朋友所架构的。

　　这次去，我发现一些有趣的现象。比方说与仍用现金交易的台湾不同，大陆人普遍习惯微信支付或其他在线支付管道。我在部分店家消费时，店家没有现金可以找零；路上行乞的人，脖子上居然挂着一个印着二维码和"请扫我"三个字的牌子——如此新鲜有趣！和我所熟悉的托碗行乞的人不同。

　　这几天下来，我认为大陆的外卖服务做得非常好，似乎同行的陆籍生都已习惯，手机下订单，一定时间内到货。旅程中的一天，我们有人在凌晨两点叫了一份炸全鸡，也是火速送抵——看得我瞠目结舌，这是生长于台湾南部乡下的我所陌生的生活体验。

　　另外，交通状况，举凡道路之铺设，路人之习惯，个人认为部分质量还可以改善，虽然高速公路铺得很长（相对于台湾来说），但路面是不平的，以至于我们在乘坐巴士时，可以明显感受到摇晃。路人则多数不是很遵守号志，好在彼此车速不快，但电动车和汽车以及路人混杂，只用不断鸣笛提醒，实在还是有些许危险。

　　整体而言，大陆的东西，相对于台湾来说，个人觉得是"什么都大，

两岸书缘

什么都多",未来如果将物质和文化精神的层面逐步调整,就可以样样都是"大而美的精品"。比方说,虽然许多博物馆和码头等公共场域设备齐全,建筑宏伟,但空调是有问题的,一般来说台湾都已是中央空调,可以有效控制室内温度,但这次交流所见多还是单一台的直立式冷气,如此不但耗能且易出现故障。

  这次活动,有好多珍贵的回忆,最想陈述的情感和谢意,不在笔下而在心中。像是突然来的庆生,使我们这些暑期诞生的老师和孩子,有个与同学和朋友同欢的机会;另外,在读中兴大学时认识的一个陆籍生家住泉州,也在我们参观开元寺时跑来找我,还带来一大盒土产给我——在台湾时,我带他玩;来到大陆,我变成了客人。这种感觉真是奇妙。

  每餐在饭桌前谈天说地;回旅馆后,一起去附近的商场,大家逛街买饮料;参观闽台缘博物馆、泉州博物馆,交流不同的史观,甚至是政治立场;参观三坊七巷,几个朋友购买土产、吃些在地小吃……在这次的旅程中,认识了来自各地的两岸学生,我想这是本次旅程最大的收获,不同的成长背景、不同的参与动机、不同的信仰和理念，在交流时才能激荡出意想不到的效果。

在两岸青少年阅读马拉松活动中，我有幸获奖，和一个宜兰的学弟还接受了厦门卫视的采访，觉得十分荣幸，能够参与这次的交流活动真的是太好了。这次的阅读活动，让我们在吃饱喝足玩够的状态下，还能一品书香，享受短时间把一本书完整读完，迅速撷取书中信息之快乐。

室友是闽南人，家里面会说闽南语和听闽南语歌。我几番接触这次旅程中的福建人，却发现一样是福建，口音却各地皆异，有些我甚至只勉强听得懂三分之一。我分享了几首如《车站》《旧情也绵绵》《家后》《梦中的情话》给室友，我发现，目前大陆的居民听的闽南语歌，几乎都是来自台湾，这真是咱台湾人的"骄傲"！我和室友以及来自台湾宜兰的学弟，三人从第一天变熟后，就开始合唱、独唱。在走路时唱、在车上也唱、在房间里也唱——那种以歌会友的方式，跟以文会友的感觉又不同，似乎是更加直接和贴近的。

看着落日余晖成为金红色的丝线，从天空流入海水——那里，我们飞过；那里，我们驰骋过。我们见面又分离了。

回台湾后几日，我不断思索如何陈述这完整七天的交流经验，但记忆似乎像拼图一样，拾起了一块，却又遗漏一块。如果退一步看，就像眼前这一面海，各种记忆是一波波浪潮，连接着前方在那块陆地上生活着的朋友们。现在，湿咸的海风吹过木麻黄，一阵阵海潮拍打的声音，又仿佛堆载了七天的笑声、歌声，充盈于我的耳内。

两岸书缘

记海峡两岸悦读活动

□ 常雨辰（复旦大学）

　　缓缓上行的传送带式电梯将一个个拖着行李的身影送远了，我伸长了脖子看她在哪儿，只见那个笑得特别灿烂的女孩子，我为期六天的室友，正在一个劲儿地从二楼的栏杆后面向我挥着手。

　　从这几天的相处来看，我的室友昕秀是一个非常活泼可爱的女孩子，她的情绪似乎总是那么积极、阳光，有感染力，台湾腔也为她增添了一丝可爱，问她是不是会说闽南话，果然会，而且还是客家人，只是客家话会听不会说，但比起我这个父母都不是厦门本地人的、不会说闽南话的"假厦门人"，已经是十分了不起的了。现在不会个什么方言就感觉少了一条家乡的根一样，不禁感到稍微有些惭愧。

　　"上车找共同话题聊吧！"我在一共十二场正餐的第一场对刚见面的她说道。

　　"好哇！"

　　于是我们便开始了为期七天的游学交流之旅。

"勒色"和垃圾

　　以前和表妹一起看过一个台湾动画片叫《巧虎的故事》，讲述一群小动物的日常，还挺有意思的，我们百看不厌。那时候我们也没有什么台湾腔不台湾腔的概念，听上去反正都能听得懂，除了一开始不知道他们口中的"勒色（垃圾）"是个什么神奇之物外，别无他碍，毕竟动画片嘛，画面简洁易懂，不过一会儿工夫我和表妹就搞懂了，也开始管垃圾叫"勒色"了。

　　而在这次海峡两岸交流活动中，我怀着好奇之心，只是稍加留意便从

大家的对话中收集到了好几个来自两岸的不同词汇表达。除了"垃圾"读法不一样，在台湾自行车习惯被叫作单车。有一次，还因为表达不一样闹了个小笑话。

那天是行程中泉州站的第一天，晚上没有活动安排，白天翻腾的暑气也在夜晚削减了不少，好心肠的老师组长们看大家眼巴巴地望向窗外灯光闪烁的大街和远处热闹的万达广场的样子，不忍心把大家抓去排练节目，于是组里我们几个女生便一拍即合，组团逛街。路上一辆辆电动车驶过，昕秀很好奇大陆的机动车是不是大部分都是绿牌的电动车，因为摩托车的马达轰鸣声在这里很少听到。

"哎，你会骑车吗？"只听昕秀突然问道。

"会啊。"我不解地回答道。

"那要驾照吗？"

"自行车要驾照？"

"哈哈哈，没有啦，我问的骑车是问你会不会骑机动车啦。"

捂脸。"啊，我们这儿会说开摩托车、开电动车，说骑车，我第一反应就是自行车嘛。"

饭　局

饭桌上，大家分享菜名，结果发现大陆同学和台湾同学内部竟然不能达成一致，还出现了不少大陆饭友回应台湾饭友"我也是这么叫的啊！"的情况。总之，各地都有差异，厦门和泉州有差异，台北和台南也有差异，但是这并没有影响大家的话匣子。

饭前必互相先倒一杯冰镇可乐，吐槽个天热空调不足，然后小论坛就开始了，无话不谈，无题不涉，上至天文，下至地理，还夹杂着古怪却趣味十足的话题，比如神秘的台湾黑帮，竟然有人亲眼看见，还有鬼片什么的和各地传说中的神鬼，直到有人贴心地跳出来直呼"快住口！女生们要被吓跑了！"才罢。我不善于社交，所以不怎么参与谈话，看上去在一个劲儿地吃，实际上耳朵竖着呢，等着和其他人一起被逗笑。

夜 读

　　晚上在宾馆橘黄色的顶灯下，胳膊肘枕在松软的枕头上，侧身读着台湾作家蒋勋的《生活十讲》，思考生活的信仰以及信仰和宗教的关系，好像有什么想不明白，有丝线没有解开，想得昏昏欲睡。有的时候我很容易陷入一种关于人生的没有解的沉思，绕来绕去，最后回到原地，或是以睡着告终，有时把感悟即时记录下来，只是自己仍困于无解之难，闷闷不乐。不过也许蒋勋大师的《生活十讲》也是生活中的感悟不断积累而成的吧，只是他的见解更加深刻而且带有现实意义的批判性和学术性，为理解生活和社会提供了新的思路，但谁说问题一定要有解呢？哲学问题就没有解。

　　"你们的书不一样耶！"从瞌睡中惊坐起的我发现昕秀手里也拿着《生活十讲》，正瞅着我。封面不一样，不同的出版商，很正常。只是我这时才知道台湾的书除了是繁体字，竟是从右向左读，字是从上往下排的，就和古书一样，果然是我孤陋寡闻了。

　　"你们的书竟然是横着写字的！"

　　"你们的书竟然是竖着写字的！"

　　我们发现虽然各自习惯了简体和繁体，其实基本上是可以互通着认的，并无大碍。聊着聊着，不看书了，聊起天来，我想不明白的事情和被考试缠身的烦恼也烟消云散了，即使是暂时的，现在不也很快乐吗？喜欢在角落里孤僻地思考些有的没的的我，不是故意装高冷，谁不想融入群体，只是我不是很懂得享受当下和大家在一起的快乐，我其实早渴望能有更多像昕秀这样超爱笑的朋友拉我四处逛街呢。

真正的离别

　　又回到开头那一幕。我也特别夸张地挥了手，笑得很灿烂，好像不是在送别一样，好像这次离别是一次暂别，而不是永别。永别？怎么会是永别呢？我心想，这个时代信息如此发达，微信，QQ，推特，Facebook，只要加了好友，无论对方身在何处基本上都是可以联系到的，永别什么的，不存在的，当然阴阳两隔除外。

·第一辑　2019海峡两岸青少年悦读节作品·

　　可是为什么当我环顾四周，却看到好多人都在默默地落泪，来自大陆的同学也好，台湾的同学也好，都被拥抱后离别的泪水模糊了眼，而我却看起来乐呵呵的，完全不像唱完《送别》后应该有的依依不舍的样子。

　　也许是我的思维太幼稚，也许我看上去有点冷漠无情，可是我真的不相信这次再见就是再也不见，我总有一天也会去台湾旅游嘛，所以没有什么好伤心的。好吧，即使大家没法面对面相见，在现在这个信息化的时代，陌生人都能够在网络上聊着聊着就成为朋友知己，何况我们可是见过面的朋友，从第一天素不相识的陌生人到六天后无话不说的玩伴和书友，这段友谊是我们亲自建立、亲身见证的。

　　这次两岸悦读活动为我们的相遇创造了契机，我们已经是最为幸运的了。茫茫人海中的一叶扁舟，各自在无边的水面上划出一道独一无二的轨迹，却因为机缘巧合而聚集到了一起，在时间和空间中形成了一个奇点，想想也是奇迹。虽然分久必合合久必分，大家总是要继续各自的路程、各自的生活，无法久聚，但是一想到我们曾经有过这一次奇迹般的邂逅，离别时也就能够释然了。

两岸书缘

遇见，再见

□ 陈昕秀（联合大学）

　　早上四五点的出租车往松山机场方向驶去，司机似乎已习惯将旅人带往故事的起点，而睡意蒙眬的我似乎还没意识到未来七天将成为我今年暑假最感动、最值得回味的一段回忆。

　　上次搭飞机已是多年前的事，尽管这次搭的飞机比以前都小，飞行时间也才短短70分钟，但身旁的人不再是父母，目的地也是陌生的福建。未知的人、未知的事，令我在满满的兴奋期待中带有一丝丝紧张，直到遇见了我的小学伴。最美的风景是人，这七天因为学伴的陪伴、小组成员的打闹，让我在异地不害怕。回想起刚到福建的第一天，因为路途奔波加上早起，精神状态不是那么好，但大陆同学们的热情接待，让我瞬间洗去疲惫，满血复活地迎接属于我们的旅行。

　　到福建的第一站，我们到了厦门，"老院子"的舞台表演着实令人震撼，生动的剧场表演让我们仿佛看见了祖辈们过往的打拼与奋战，并且快速了解了闽台发展的历史。经过年代洗礼的鼓浪屿如今随着游客的造访，成为人声鼎沸的观光胜地，但我们仍然可以在红砖墙、小巷里斑驳的路面以及建筑的花窗中找寻前人生活过的痕迹。外图书店就是一个很好的例子，这栋建筑有着猫头鹰形状的窗户，曾经被英国占有，后来也当过店铺、住家，承载着近百年人们的生活历史，如今化作书店，将历史写进书中，留给后人细细品味，同时也替热闹的鼓浪屿增添了一处可以安静品味过往的地方。在鹭江上遥望夜晚的厦门，高楼上的灯光秀展现了厦门的经济繁华。厦门市图书馆举办的阅读马拉松活动使书成为沟通的桥梁，让我们在这个忙碌的时代还能放慢生活步调，坐下来好好将一本书完整地看完，从书中获取不曾拥有的经验与故事。

　　接着我们向北来到文化古都泉州。泉州早期因邻近海口商业发达，

所以有着来自各地的信仰，妈祖保护着沿海居民出入平安，成为闽南地区的重要信仰，闽南地区的孩子对于天后宫都不陌生，而各地的妈祖大多数由泉州天后宫分灵而至，因此泉州不只是文化的中心，更是人们从古至今信仰之中心。在天后宫中的瓦片上，有着来自世界各地各行各业的人留下的祈愿文字，虽然来自不同地方，但相同的宗教信仰让人们多了份亲昵的熟悉。而清净寺则是伊斯兰教的宗教场所，虽然我们没有看见教徒礼拜，但却从独特的阿拉伯建筑风格中感受到了穆斯林的虔诚信仰。佛教的象征是开元寺，高耸的东塔和西塔让我们看见前人的努力与智慧，在没有动力工具的年代，民众因为信仰的凝聚，齐心协力地完成了属于大家的精神寄托之建筑，我们到访的当天正好观音法会在进行中，使得我们有机会看到信众、僧人虔诚祈福的模样。当我看到这景象时瞬间感到熟悉，我想不管在什么地方，闽南人的精神都不会随着地点时间改变吧！寺庙的附近通常是热闹的，开元寺也不例外。开元寺出口左转就是有名的西街，西街上的小楼房都有着历史的沧桑，有些小店里卖着可爱的古早玩具、祭拜用品，有些卖着地道的小吃，有些因观光客的到来改卖纪念品。闽台缘博物馆是一座近期才开放的博物馆，博物馆以古物重塑的方法，将古时候闽南地区人们的作息、习俗等生活场景带到我们眼前，让我们能更加了解彼此的缘分。

继续往北，我们到了一个充满历史人文气息的地方——福州。进入三坊七巷后，我们发现连现代的快餐店都改变招牌，融入这个古色古香的木质古街，或许现在的三坊七巷已不像从前是个人文汇聚的场所，但走在小巷里看着旧有的街景与木质的大房屋，我们能想象古时的静谧。

离别前夕，我们要将这六天晚上辛苦练习的成果表演给大家，同一表演小组的我们虽然同来自台湾，但于活动之前互不认识，我们趁着活动期间晚上的空档拖着在白天就已经耗光体力的身躯，依旧努力练习。谢谢我们的老师一直陪伴着我们，在练习时我一直希望可以快点表演完，好将心中重担放下，但同时又希望可以被折磨久一点，因为舞台谢幕之时离别就不远了。终于踏上了舞台，我们将《黄鹤楼》用自己理解的情感呈现给了台下所有人。

那份惆怅延续到了最后一天，离别并不可怕，可怕的是说了再见后或许今生都不会再见了。虽然早餐无比丰盛，但大家笑容的背后似乎都藏着一抹感伤，驱车南下回到厦门初来时的那个码头，因为临时的安排我们决定在码头以《送别》这首曲目为旅程画下句点，当旋律响起时，我开始回想起这七天的点点滴滴，从一开始的陌生羞涩，到后来如知己般地相处，一切看似越来越好却不得不在此时说再见。在离别之际，我和我的学伴并没有像其他女孩一样相拥而泣，两人强颜欢笑地祝福彼此，我们一样不擅长表达爱，但并不代表我们不珍惜对方，我们将这段回忆化作礼物放进脑海，不管未来有没有机会再相见，我们都将成为彼此最好的记忆。这就是缘分吧！

以书结缘，两岸同心

□ 陈瑀（复旦大学）

  台湾海峡让我们相距遥遥，书籍却能让我们的心零距离接触。
  在活动开始的前一晚，紧张的情绪紧紧地攫取了我的心，向来害怕接触新事物的我，脑海中不断浮现出对未知的担忧：和台湾同学相处不好怎么办？爱好不同、习惯不同怎么协调？……怀着激动、不安、紧张混杂的情绪，恍恍惚惚地我已经站在了厦门五通码头的到达厅，和大陆的朋友们一起翘首以盼台湾同学的到来。
  当台湾同学出现的那一刻，我既激动又安心，他们和我们有相似的面庞和穿着，他们也和我们一样对未知的大陆充满不安，熟悉又陌生的感觉席卷我的心头。我没办法立即找到小伙伴，但是冥冥中的缘分让我感觉到了她——高高的个子，齐肩的短发，背着帆布包，朴素的穿着，透着一股书卷气（后来她和我说她第一感觉也觉得她的小伙伴是我）。在餐桌上相认的时候，果然如此。我们小心翼翼地，如同鸟儿爱惜羽毛一般，客客气气地互相寒暄，生怕触了对方的逆鳞。初识的隔阂，让我吃饭味同嚼蜡。她询问我喜欢什么样的书，作为医学生的我对文学接触甚少，就试探性地小声说出了我阅读小众书籍的爱好。没想到，她忽然兴奋地说她也喜欢！这是多大的缘分，才能让隔着台湾海峡的我们恰好相遇，恰好喜欢同样的冷门的东西呢！书籍真是奇妙，轻而易举就打破了陌生人之间的隔阂。我们一拍即合，热爱融化了坚冰，互相分享书单后，更是惊喜地发现了许多重合，此时我心中的不安早就飞到九霄云外去了，只有遇到知己的无比欣喜。
  作为厦门本地人，在厦门旅游有不一样的感受。于我而言，从游客的角度欣赏了厦门的另一种美好；于台湾同学来说，这是他们对大陆的最初印象。我们都带着好奇心与新鲜感感受着厦门。尽管天气炎热，也阻挡不了我们前行的脚步，也抵不住我们两岸同学的热情。我们在"老院子"看《闽南传奇》秀，领略闽南的风土人情，在官任地铁站感受厦门的阅读文化，在鼓浪屿钢琴博物馆欣赏曼妙的音乐，在菽庄花园看"园在海上，海在园中"的精巧设计……最令我印象深刻的是鹭江夜游，我们乘着游船，慢悠悠地吹着海风，欣赏厦门的沿海风景。我从未像现在这样从远方眺望

这个城市，灯光将鳞次栉比的高楼大厦装点得如此美丽动人，海面上波光粼粼的倒影，让人感觉像是一场美好的梦境，我忍不住和台湾同学一起用相机记录下这"美梦一刻"。而最令我有收获的是在厦门市图书馆集美分馆举办的阅读马拉松活动。尽管字体简繁不同、阅读方式不同（大陆从左至右横向阅读，台湾从右至左竖向阅读），我们却在同一时间阅读同一本书，沉浸在相同的世界里，产生共鸣，这种感觉真的很奇妙。比赛和名次已经不重要了，重要的是，阅读让我们的心零距离地接触了。

三天转瞬即逝，泉州之旅正式开始。怀着崇敬的心情，我们参访了开元寺、天后宫、清净寺，近距离地感受到了泉州宗教文化的兴盛与多元。开元寺后门西街上的拳头母、土笋冻、煎包、四果汤等闽南小吃更是让我

们大饱口福。当然，身体的满足是一方面，潘教授关于《生活十讲》的讲座，更是对心灵的满足。其中我感触最深的就是关于信仰的话题，信仰不一定有赖于宗教，只要对生活有所追求、有所向往、有所坚持，那么这就是你的信仰。我们就是在不知不觉中，被自己的信仰推动着向前的吧。

　　随着福州之行的开始，我们的活动也走向了尾声。经历了六天的相处，我们早已没有了初见时的拘谨，互相打趣，互相爆料，笑作一团，闹作一团。我们在三坊七巷漫步，为糖画惊叹，为一张海报多吃一顿肯德基，在纪念品店买字帖……下午的疯狂玩闹并没有影响我们晚上在阅读展演上的表现，合唱、朗诵、舞蹈，每一个节目都让人耳目一新，惊叹不已，台湾同学用传统语言吟诵的《黄鹤楼》和《虞美人》更是让人感叹传统文化的魅力。

　　在从福州回厦门的车上，我们一起练习了待会儿要"快闪"的《送别》，但是心中却还没有离别的实感。直到我们来到五通码头，将行李一件件拿下，背着背包在镜头前唱出《送别》，我才恍然惊醒：真的要分别了。我努力想保持笑容，快乐地将我的小伙伴送走，但是合唱一开始，她登上电梯，我的眼泪就止不住了。我不会忘记我们在饭桌上畅谈的天文地理世俗人情，不会忘记炎炎酷暑中一同举杯的奶茶，不会忘记在酒店床上一同吐槽电视剧和小说的夜晚，不会忘记在泉州和福州街头闲逛时的快乐，更不会忘记我们一同展露的笑容。

　　"但愿人长久，千里共婵娟。"隔着海峡的我们定有一天能再次相见。

闽台书缘

□ 陈宣竹（台湾师范大学）

　　让我把这个夏天献给你。若要让思念飞行，文字比梦更实用。

　　收到寄来的《生活十讲》时，我刚开始放假。才把自己从混沌的忙碌中抽离，又得投入另一片汪洋，老实说相当困扰。很多时候，一篇好的文章给人带来的不全然是欢愉，更多的其实是苦恼和困惑，反复地为了一个问号而寝食难安也是有的，但一旦意识到了人生的未知，又有谁能够说服自己得过且过呢？叔本华曾经说过："不加思考地滥读或无休止地读书，所读过的东西无法刻骨铭心，其大部分终将消失殆尽。"

　　所以，为此认真地烦恼几个夜晚大概也是值得的，蒋勋对生活所提出的质疑大部分都是针对现代人于精神上的匮乏与对待现实的漫不经心，有时一次潇洒的旅行，不带任何执念抑或负担，享受活着的当下所带来的心灵治愈于我们来说是特别珍贵的。

　　所以我将所有的期待寄予厦门。严格来说，是期待一个陌生的环境能够最大程度地改变我既定的价值观，总在原地踏步让精神已经麻木，对这个世界我还有很多事情不甚了解，一趟旅行至少可以填补苍白空洞的假期。随身携带的东西其实也不算多，除了必需的一副耳机，也只剩零散的衣物了，有时候流浪需要放下一切的勇气，而我所冀望的似乎都不太实际，哪怕只是整理行李，奇特的梦都能悄悄地缠上我的后颈，然后拉我遁入绮丽幻境。

　　无论去到哪里，其实都不会走远。或者这样说吧，以现代科技所构筑的社会，有谁是能够超脱群体的呢？即便有各式各样的意见，整个地球的命运线永远是紧紧缠绕在一起的，我们将永无止境地在希望与绝望之间徘徊，但若生命中真的只有无意义的争论，也就不会有艺术的诞生。沉浮于历史长河的不会只是雕像画作，更多的应是传颂古今的名山事业。经历这样的导引，后人也终将寻见真理。

曾在书上读过的那些，真实地从记忆里走出来了。印象极其深刻的是林则徐纪念馆，清雅的格局与蜿蜒的走道营造出古典气息，我像是重温前世那样走走停停。对这样能毫无怨言地将一生奉献给时代的人，除了肃然起敬以外没有多余的造次想法，但走着走着，却不免为其家人或多或少得忍受的苦疼而难受。奉献永远是一体两面的，责任带来的负担却不会全是林则徐一人承受。时代在变，但又有谁能真正看清命运的本质？无愧于心怕已是难得，有时候更多的是需要运气。

但我们还有文学。哪怕只是只言片语，都蕴含着巨大的力量，足以改变一个人的生命轨迹。我因这些零碎的思想而活成现在的模样，以这样残缺却真实的形态遇见了更多的人，为他们所喜、所痛、所苦而感动。如果没有文字，如果蒋勋选择深藏内心所感，我也不会有这样的机会走近厦门。命运有时便是这样巧妙的缘分，很庆幸自己在对的时机遇上了这些美好，让青春留下了鲜艳的色彩。

送别你之后，感觉便迅速走入秋天。行李莫名地变沉，像是想把厦门塞进箱子。若我能将自己化身成无数个部分，肯定有那么一部分会依着厦门的夜景塑形。有时生活需要一些无声的时刻，才得以整理自我，调整到最淡然的状态时，我才终于意识到，这样安稳的心态已是久违。

　　依着缱绻的南风，依着船上清亮娇俏的歌声，华美灯火闪动如星辰，空旷夜空不再寂寞。若真回溯前生千万世，我相信，肯定也会有那么一夜，啜饮温热的茶饮时眺望滔滔海水。若那时也是与你比邻而坐，或许此刻的感动便有了记录的理由。

　　让我把这个夏日献给你，哪怕短暂如风铃轻轻一响，那一瞬我便了解，哪怕再见说得苍白无力，我们都还能在世界的某一角落守着回忆。缓步走回现实后偶尔回头一望，忆起的也全是最温柔的画面。缘分即便拉得绵长，也会如糖丝般甜蜜吧。

　　至于尚不可知的未来，若有你候着，我将奋不顾身向光明奔去。

从此一别，海峡两相望

□ 饶伟强（厦门一中）

七日的时光匆匆而去，七日的过往却历历在目。

回想初见时，大家用好奇的目光对视。大家都生活在自己的一方水土中，彼此间难以开口，因此少了许多交集，印象只停留在迎接时的那声齐读的"欢迎"，充满拘谨。可不久之后，我们却觉得相见恨晚。我们说同样的闽南话，我们有同样热衷的美食、同样热爱的游戏、同样与老师斗智斗勇的经历。我们开始成为无话不说的朋友，一起谈天说地，上到远大理想，下到生活琐事。我们还讨论了"文青"一词的嘲讽意味，在一片欢声笑语中并肩而行。

在车上的行程中，我们看着窗外车水马龙，高楼林立，呈现一片欣欣向荣、生机勃勃之态，任由阳光洒在脸上，静待时光流淌。我们曾经共同倾听厦门港的阵阵浪声，感受码头的阵阵海风，也曾赞叹鹭江的万里繁华。我们乘船到鼓浪屿，登上了这座充满冲突美的小岛，这里既有诗情画意，也有人间喧嚣；既有嘈杂的街道，也有无人问津的小巷，就连建筑也杂糅各式各样的风格。最令人难忘的则是在海沧大桥下兜圈的经历，借此台湾的同学对大陆有了更深入的了解，而我们也借导游之口了解到了一些城市的历史，了解到BRT鲜为人知的辉煌成就。

我们踏上了寻根问源之旅。在《闽南传奇》秀中我们收获的不仅仅是生动的舞台观感，还体验到了两岸同胞同仇敌忾、共渡难关的气概。其中印象深刻的是白鹭聚居为岛的美丽传说，是郑成功收复台湾时前仆后继的场景，更是闽南儿女南洋谋生的悲壮离歌。而闽台缘博物馆的镇馆之宝——蔡国强用火药爆绘而成的榕树，则寓意两岸同文、同种、同根生。两岸同胞共同抗击倭寇、荷兰殖民者的历史都表明我们自古以来一脉相承。

泉州之行中，我们参观了开元寺，恰逢法会，我出于好奇，竟不知不觉跟了进去。我看了看身旁的台湾伙伴，模仿他的动作，怔怔地将双手合十，站了许久，默默地听着僧侣们齐声念着同一句法号。我们跟随导游的步伐参观，疑惑于李叔同摒弃世俗、皈依佛门的人生经历，惊叹于焦裕禄的无私奉献的精神和严明的家风，感慨于林则徐虎门销烟的壮举。两岸同胞身体里同样流淌着炎黄子孙的血液，有着共同的信仰。与其说我们一见如故，不如说我们久别重逢，因为我们本就共根同源。

我们在短短的150分钟内通读了《山羌图书馆》，共同品味人生，领略生活的智慧。在蒋勋的《生活十讲》中找回生活的信仰，思辨"天长地久"和"曾经拥有"，与台大中文系教授一起感悟生活的真谛。这不仅是一次文化的交流，更是一种修行，让我们理解了"闲看庭前花开花落，漫随天边云卷云舒"的含义。

我的台湾伙伴异常热爱闽南语民歌，加之大巴上导游的煽风点火以及我们这"一丘之貉"的配合起哄，他被请到前边领唱。可导游却没想到，我们逼着他连着唱了好几首，才肯作罢。路上我们多次练习《送别》，为道别时的音乐"快闪"做准备。我对于婉转凄切的歌词毫无感受，不知是因为未曾经历过真正的悲欢离合，还是因为离别许久未发生，我早已遗忘了离愁别绪。

时光如白驹过隙，一切定格在那一幕幕，耳畔萦绕的是情真意切的《送别》，脑海里回响的是临别时的依依话语。临别之际，我们还来不及排队列，便匆匆开始了音乐"快闪"。至此我才能真切感受到柳永的"执手相看泪眼，竟无语凝噎"之情。我们无话，我们不语，我们红着眼相拥，传达给彼此的是对此行的祝福、对友谊的珍重。我们追至安检处，齐唱《朋友》，送出最真挚的祝福，眼泪也不知不觉地流淌下来。在那一刻，我多么想填满这个海峡啊，或许有一天我们将不分彼此，真正做到永远不分离。

书　情

□ 苏嘉捷（华侨大学）

　　在高考之前，我除了"死读书，读死书"，从不参加什么其他活动，后来由于一些原因，我吃到了一些苦头。到了大学，我想要改变自己，于是，积极参与班级事务、宿舍楼栋事务、学院事务，甚至是校级的事务。与别人聊天，偶尔能看到对方眼中的一丝敬佩，我的内心便有了一种极大的满足感，这是我以前极少能感受到的。我开始沉醉于处理这些事务的过程，导致心中的天平在"书"和"社交"中向社交这一端倾斜，甚至越来越严重……

　　这个暑假，一次偶然的机会，我成了海峡两岸青少年悦读节活动的幸运儿，我将陪伴来自台湾的29位朋友在厦门、泉州、福州，以书为媒介，同读一本书，同走一段路，寻迹闽台人文脉络。其实，一开始我就是奔着交朋友来的，对于书，我的兴趣并不是很大。我精心准备好自己的衣物、生活用品，毕竟对于我这个沉醉于社交的人来说，"面子"很重要。

　　7月17日早晨，我们与台湾朋友在五通码头"会师"。我们跟着主办方老师到了附近的餐厅用餐，伙食非常好，但一开始整桌的人都有些安静，我努力展现自己的社交能力，调动餐桌上的气氛，嘘寒问暖，体现大陆青年的热情与大方。我寻找我们之间的共同语言，从生活习惯聊到地域，再从地域聊到文化，最后从文化聊到了书籍，我们竟然越聊越起劲，还对比了两岸学过的课文，两岸知名的作家，以及两岸历史书籍中记载的内容等等。

　　接下来的两天，我们寻访了厦门的名胜古迹，感受到了厦门的文化魅力。我们大陆青年和台湾青年之间的距离近了，路上、餐桌上、车上，我们话题不断。期间我们走过了阅读主题地铁站，感受到了鼓浪屿外图书店那不一样的气氛，大家都很愉快，而我的心中却越来越"烦躁"，感觉自

两岸书缘

己好像丢了一件很重要的宝物，但却不知道是什么。

　　第三天下午，我们两岸兄弟姐妹参加了阅读沙龙活动，该活动是在规定时间内读完同一本书并答题，每位阅读者最短阅读时间为 100 分钟，最长阅读时间为 150 分钟，然后在接下来的 50 分钟内阅读者在任意时间段完成答题。活动开始前，我下意识地感觉今天下午的行程有些无聊，感觉自己读不下去，想等时间一到 100 分钟就立刻答题之后走人。当比赛的钟声敲响，大家迅速投入阅读之中时，我努力克制自己躁动的内心，看起书来。这本书的名字叫作《山羌图书馆》，山羌是一种不喜群居、胆小、娇小的野生动物，很有意思的是，这本书中并没有提到山羌这种动物，而是收录了作者连俞涵的散文，这些散文记录着连俞涵成长的过程，我的心渐渐平静了下来，被她的文笔所触动，逐渐沉醉于其中，细心揣摩每篇散文所要表达的思想。连俞涵讲述她山脚下的童年、关渡妖山上的修炼、上山下山这些事件，生活空间的转变更像是她面对世界的方式和选择的道路。我这才意识到，原来我丢掉的宝物是"书"啊！我已经好久没有这样静下来读书了，此前我在"书"和"社交"中做出了错误判断，这并不是一道

单选题！书中自有黄金屋，书中自有颜如玉。曾经的我浅显地认为书中只有知识、学问，现在我认识到，书中还有如连俞涵所写的面对世界的方式、面对社会的方式。

当100分钟的钟声敲响时，我才一惊，看得太投入了，比赛还在进行中，我还有很多内容没有去品味。我心中一紧，但还是很快平静了下来，难得仔细品味一本好书，就索性不去管时间了。就这样，那天我竟然成了读得最慢的参赛选手。

在接下来的行程中，我感觉我与台湾兄弟姐妹们的话题突然"高端"了很多，我们有了更多关于书的话题，我们谈感想、感悟、背景、文化，我们的距离更近了。看来书与社交并非鱼和熊掌，我们可以以书为媒介，传递两岸青年的友谊，增强文化认同。

七天的行程很快就结束了，分别之际，我们含泪告别。我们因书结缘，我们分别了，但两岸青年的友情并没有断开，反而会像书一样，永远传递下去。

书中共筑两岸情

□ 陈睿（厦门一中）

就在这 2019 年炎热的盛夏里，我们迎来了主题为"两岸书缘"的海峡两岸青少年悦读节活动。非常荣幸地，我也被邀请参与此次活动，拥有了与台湾伙伴一起在书香中共筑两岸情缘的机会。在活动中，我不仅与许多台湾伙伴建立了友谊，还获得了知识，丰富了生活经验。

阅读主题地铁站

路边树上的蝉疯狂地尖叫着，而此刻的路上走着一队人，他们不畏惧炎热，脸上都洋溢着兴奋而又期待的神色，精神抖擞，充满了青春活力。很快，厦门第一家以阅读为主题的地铁站就在眼前了。"哦——"大家看着这以书和各种语录为装饰的墙壁，不禁发出了赞叹。而我的台湾伙伴吴双同学，更是举起了她的相机，认真地拍了许多美照呢。单单这墙还不算什么，这仅仅是"外围"。往里面走，又接连出现了读书小屋、好书推荐区域、0元借书柜、阅读区域……就在借书柜前，外图集团的一位老师将好奇的小伙伴们聚集到了一起，和大家说："关于这个地铁站，目前做好的便有这些，而后期我们还将继续完善并扩大，希望能起到鼓励大家阅读的作用……"一席话毕，便是纷纷掌声，青年们认真聆听的脸庞令人感动。或许，大家都知道也共同认为，阅读十分重要。而我们也在这次参观地铁站的过程中，收获了友谊，产生了共鸣。

阅读比赛

　　眼前这高耸的现代建筑，便是厦门市图书馆的集美分馆了。下午，我们将要在这里进行一场特别的比赛——现场读完一本书，并闭卷回答相关的问题。说实话，这种特别的比赛，很多人是前所未闻呢，这次也算是开眼界了吧。因此，许多小伙伴的好胜心都被点燃了，大家都跃跃欲试！比赛时可谓是寂静无声，大家都沉下心思在书中，像一棵树苗，积极地汲取着养分，期待能够茁壮地成长。这次我们阅读的书是《山羌图书馆》，作者是一位来自台湾的同胞，图书分为简体和繁体版本。在这浓郁的书香中，小伙伴们的关系也越来越近。在答完题后，大家前去等候厅，一起聊着书中的内容，还聊到作者的生平、简体字和繁体字的使用……等候厅的氛围越来越亲切，越来越火热。阅读，拉近了两岸青年的关系；沟通，使我们更加了解彼此。

经典诵读展演活动

　　晚上要进行经典诵读展演活动，大家来到了福州的大梦书屋。它坐落于老城区一条街边，参天的树木把浓浓的荫凉斑驳地洒在墙上、玻璃上、书柜上，在光影交错中，这书屋好似一场文化的梦，使人沉醉。不大的空间，雅致的装潢，细细一闻，是书的气息。小伙伴们对这次展演都拿出了极认真的态度，并抱有极大的信心，各自心中都有一个念头：让隔岸的同胞感受到自己的爱。大陆的同学和台湾的同学分别上台表演。节目繁多，种类各具，使人目不暇接，连声高呼精彩。大家偏爱的诗人是舒婷，与海峡两岸有着密切关系的著名女诗人。还有一首《乡愁》，更是打动了在场老师和同学们的心。我也有上台表演，其中的几句，在台上讲得动容，"让母亲抚平你眉间的忧伤／那弯浅浅的海峡／阻挡不了你回家的步伐／背靠着慈母／做一个甜甜的梦"，讲完，一席无声，热泪盈眶。是啊，孩童最留恋的、最思念的，就是母亲的怀抱啊！活动结束后，大家纷纷跑上舞台合影，不管是老师还是同学，脸上展现的都是自然又亲切的笑容，欢乐的因子浮动在四周。

　　离别的时候，很多同伴都潸然落泪，为这分离、为这友谊而落泪。大陆的同学丢下行李，飞奔到安检口，在长长的队伍旁，自发地唱起了《朋友》："朋友不曾孤单过／一声朋友你会懂／还有伤还有痛／还要走还有我……"我也唱着，眼泪似乎要汹涌而出，我却劝自己：人生何处无别离？今朝须尽欢。只要我们还在对方心中，那便是到哪里也都不是别离了！我洒然给了我的伙伴一个拥抱，说："有空要常联系。要一直记得我，记得我们。"我得到了一个肯定的回答——"好"。

　　这次的海峡两岸青年悦读节活动，拉近了两岸同胞的关系，大家在日常的相处中，也都认识了彼此，建立起了深厚的友谊，分享了大陆与台湾生活方方面面的异同，汲取了许多新的知识，交换了观点。活动圆满结束了，但没有什么能够被海峡隔断，我们会更加坚定地思念彼此。我们在书中，共筑两岸情。

三城记事

□ 吴双（兰阳女子高级中学）

"同学，你好。"我的旅程，起于这句问候。

时至今日，我仍认为每趟旅程都有开关。它在何方出现、何时出现并无脉络可循，但就像在平淡的日常里，伸出手指把通路连接，点亮整个世界也不过一秒"咔"声之间。旅行的开关，可能出现在踏上异乡土地的那一步时，也可能直到旅程结束都无缘碰见。

时间 7 月 17 日，午，厦门。她是个短发女孩。台风前夕的厦门，热得像郁永河笔下的北投硫穴，沸镬中厦门地面蒸腾而上的热气，使我思及郁氏那时的惊异，今日方觉感同身受。年纪比我小两岁的短发女孩，在气氛都热得凝固的第一顿饭后，向我问好。

"啊，你好呀，这几天拜托你了。"我答。这是我的惯用伎俩，在发言的开头加一个感叹词表示惊讶，好掩饰我早已期待着谁来和我说话的心情，尤其在同桌的同行伙伴都找到了他们的搭档之后。毕竟，谁还没有过提心吊胆的时候呢？

在旅程的第一个城市，我和我的搭档在食欲欠佳的午餐过后，交换了联系方式。我拿出手机，对着她手机上的二维码扫描，而后我们才毫不意外地复归于那种初识时的生分之中。

事情比我想象的要顺利得多，原以为每一场交际都必须经过旌旗遍布的厮杀，才能全身而退。不想，我正做好上阵杀敌的准备时，军队都已凯旋。或者，直白一点说，仅仅一夜，我们就已经以最真实的样子相待。

第二日，厦门依旧炎热，我和她并肩走在鼓浪屿的巷弄里，时常落在队伍的最后。我将类单眼相机挂在脖子上，时不时拿起来向四处捕捉风景，觉得阳光正好却又太好、路程太多又太少。我在老师们无奈的眼神中奔跑着归队，总能看见她提着我又大意忘记的背包或遗留在某处的瓶装水在不远处等着。有时我会想试着运算，是百分之几的几率，能让我和一个契合的人相逢，并且不只是擦身而过？是否还得要乘上个性相近的几率，或隔一个海峡相望的几率？那凑巧成为搭档的几率呢？想来，有些事的确不科学，或者，不能够科学。于是，这样不能用公式演算的几率，才有了"缘分"这个名字吧。

常言说缘分是玄妙的，在我看来，它奠基于几率计算，却又妙不可算。否则，如何我们兜兜转转，与无数人错身，却遍寻不着那本该碰见的人，又如何能在意料之外遇见你？

在厦门的第三日，我抬头环视四周，感叹一本书的力量之大，能将一百个人聚集在这一刻、这一个地方，从同一秒开始投入地读同一本书。常觉得爱书之人在这个时代越发孤独了，也常疑惑手机能够人手一个，书却为何不能人手一本呢？而今，我感受到了爱书人之间的暖意，那股沉静却又热络的气息。想来，爱书人的确是一种适合安居在舒适圈里的动物，何须出逃？外面的世界总不比书中温暖，爱书人之间也用不上现实丛林的各种曲意迎合。

我拿出上头印着钢铁人的黑色原子笔，提醒昏昏欲睡的搭档清醒一些。

"我也喜欢！"坐在对面的同组的男生兴奋却又刻意压低声音说道。我不解，直至他指向我手中的原子笔。我也兴奋地笑，一边炫耀这是限量版，不禁又开始思考，相遇的几率再乘上喜爱同一个漫画人物的几率，将有多小？

我在一路摇晃的车上浅眠，醒来的时间是 7 月 20 日早晨正往正午靠近之时。我对泉州几近毫无所知，导游言："寺庙最密集的城市。"

我用相机记录开元寺、清净寺、关帝庙和天后宫，在精雕细琢的梁柱和房檐上注目许久。细中有细的雕刻时时令我惊讶，忍不住去悬想，它们是被什么样的一双手、在什么样的心情下完成的？必定是在虔诚而安静的时刻，带着对信仰的崇敬，专注且温柔地逐次打磨，才能造就它们，支撑整座寺庙屹立不摇，坚强而优雅。

"要找到生活的信仰，对未来的生活有画面。"老师说。五十八个人，此刻捧着一本《生活十讲》，空气都专注地凝结起来。五十八个人，用五十八种方式看同一本书，而后，再与另外五十七个心灵相遇。书的力量总是强大，足以牵起这么多缘分，足以让这么多声音共鸣，足以让世界寂静，也让人声鼎沸。而老师说的信仰，我想，是雕刻寺庙梁柱的虔心，但也是吐司必须烤两分半钟、冷气最低只开到27℃、每个月必须看三本书，乃至学会照顾另一个生命，终其一生只希望做好一件事的精神……信仰大抵就是支撑人们对生活还保有希望的事物，因为生活总是充满失望，也总是在不停失去意义，所以总得保有一种信仰，提醒一番我们是为了什么继续呼吸，然后再重新赋予生命意义，赋予未来想象。

泉州的第二日，天气稍凉一些。

闽台缘博物馆是栋占地颇大的建筑。我跟在搭档身边，导游拿着麦克风零零散散地说起故事和冷笑话。我的耳边时不时响起熟悉的闽南话，看到熟悉的岛屿形状的画面出现在四周。在异乡看见带有家乡意味的事物总不免让人兴奋，那样的人们与历史，原以为它们早就在课本里死亡，却又在这一个时刻、在身处异乡的我心里活了起来。我兴奋地和搭档谈论，讲述博物馆墙上的历史图片后的故事，只恨不能将所有学过的知识说与所有人听。想来两岸确是缘分不浅，试着去想象，当初的人们是怎么鼓起勇气、抛下妻儿，来到海峡的另一端？黑水沟恶名昭彰，他们曾想过吗，万一那里的生活其实并不理想，又万一承诺的归日遥遥无期？思及此，想起生命里的悲伤总大过喜乐，不得已总大过随心所欲，那些渡海的祖先，大概也是凭着信仰和一点点希望，度过离家的日子吧。我想，隔海是望不见家的，家乡从来都只是在他们的心里。

时间，7月22日，旅程结束的前一天抵达第三座城市。前往福州的路上，只听得见客车避震器的响声。

福州大抵深悉待客之道，雨在我们下车的前一刻停止，大方地给出阳光。我和组员成群结队地走在三坊七巷，放任自己在闽式建筑中穿梭。闽式古楼里头却是漂洋过海来的饮料店，曲折的黄巷里是设计得现代感十足的文创商店，这样的奇异冲突令人不禁莞尔。我和伙伴并肩走在巷弄里，好奇地寻访每一间木质古门背后的惊喜，尽情想象古时的生活，还以公子与小姐互称，拱手作揖。

直到自己张扬地大笑，我才惊觉，仅此六日，我们都已经用最不加矫饰的面貌对待彼此。或许有时得将面具戴上，每个人总有些不是自己的时候。但那天，我们对着彼此大笑打趣，走遍所有弄坊，百分之几的几率将我们凑在一起并且相知相惜？

　　罢了，缘分是无解的，也是玄妙的。

　　造访罢三座城市，7月23日下午4点50分，我降落在自己的城市。忽然想起那日鹭江上的夜晚，我和搭档并肩在甲板上吹风。她指着船开过的高楼，和我谈起她的家乡。她说，她的家乡夏日难耐，湿气伴随着热风，总是让人不想出门。

　　"但家乡还是最好的，对吧？"我问道。

　　"是啊。"她说。

　　旅行就是这样的吧，大家从不同的家乡来，一起看同一幅景色、形成同一段缘分，离别之后回到各自的家乡，留着同一段记忆，等待下一次相遇。

两岸情谊，一生铭记

□ 刘明健（厦门二中）

己亥小暑，识台湾众好友，行七日之旅，心喜不已，虽有离别惆怅，却仍心怀感念，故作此文。

初识友人心欢喜，《闽南传奇》入人心

"你们说，台湾同学会是怎样的呢？"

"哎哎，听说他们都超有礼貌的！"

"对，我昨天还和我的台湾小伙伴聊天了呢！超激动，今天要见面啦！"

刚刚踏入迎接台湾同学的码头，伙伴们都激动不已，诉说着对这七天行旅的期待。我倒是十分平静，因为从名单上看，我没有结对的台胞，心里有些失落，但仍期盼着这七天里能和所有人成为好朋友。人渐渐多了起来，大陆同学慢慢地聚集在迎候大厅里，听从老师的提议，我们便站成几排来欢迎台湾同学的到来。

"欢迎台湾同学！"不知谁先鼓起勇气大喊了出来，我们便跟着大声地呼喊，"欢迎台湾同学！"缓步而来的台湾同学立刻被这种气氛所感染，露出了可爱的笑容。

我们和台湾同学一起坐上了巴士，但我始终没有结对的伙伴，独自坐着的我心中十分落寞。到了餐厅，坐在我旁边的台湾同学突然问道："你是刘明健吗？"她脸上漾起的笑意使我开心地回答："对！""哦，那我们是一起的啦！"她说。听到这番话，我自然掩盖不住嘴角的弧度，也禁不住说："你好，很高兴认识你！"她也道："嗯，很高兴认识你。"就这样，我认识了她——王丹君同学。她说完，就从包里拿出了几张明信片

叫我选一张，我随心挑了一张，她立马说："哇，这张我很喜欢哦！"她又拿出了一个小玩意，"这个是最简单的鲁班锁哦！试着解解看吧！"我目不转睛地注视着这个木质的古老玩具，心中有种冥冥的感觉，似乎这七天以及未来的友谊，都安静地锁在这鲁班锁之中。

"它叫三星归一。"王丹君指着鲁班锁说。

这梦幻的名字萦绕上了我的心，真好听。

夜温柔地抚摸着黄昏的脸颊，似是在轻唤它回家一般，天渐渐黑了，我们拿着手中的票，激动地朝着《闽南传奇》的剧场快步走去。庞大的演出厅内，是数以百计的座位，我们一拥而上，静待"传奇"的上演。"砰！"一霎间，我们便进入了漆黑的天地，耳畔忽又响起白鹭之啼叫，舞台中央是尽情挥动翅膀的"白鹭"，他们的双手覆盖上了精细的白羽，一收一放之间魅力四溢。接着的每一个小节皆是一场大戏：飞雪一样，是下南洋母子分离的悲痛；火花一样，是行船途中激斗自然、激斗海盗的热血；巨龙一样，是中华儿女与黄河共舞的气概。幕幕扣人心弦，场场惊心动魄。

结束后，我们皆道："不愧是《闽南传奇》啊！"

又有人问："那个……我们明天去哪里啊？"

"哦，我的老地方，鼓浪屿！"

登琴岛探菽庄谜，坐游船观夜厦门

"哇，今天要登鼓浪屿啊！小健子，你要当我的小导游啊！"

"嗯，好的！"

仅仅只是聊了几句，我们对鼓浪屿的期望值便达到了顶峰。当我们踏上这座小岛的那一刻，岛上的清风、林荫、青鸟、老冰棍都浮现于眼前。跟随大部队到达了一串阶梯处，我们就决定在这儿坐下，用一声"咔嚓"将时光封印住。

用完餐，我们便向菽庄花园进发了。刚踏入园内，特别的园林风格便促使我们去探寻这里的秘密。"小健子，走吗？"随着王丹君同学的呼唤，我便跟着她去探索那神奇的"十二洞天"，探索那隐藏在假山中的十二生肖，但找了许久也只零零散散地找到了几个，也许另外的生肖偷偷躲起来了吧。活动时间到了，我们便又向大部队会合，被时间推着来到了傍晚的和平码头。

"哇，我们会坐那个吗？"王丹君同学上午说的话还停留在耳畔。夜色降临，那华丽的大船正如王丹君同学所说——很像《千与千寻》里的"汤屋"的红色大船，四处悬挂着华丽的金灯，似乎一进去就会看见一个妖怪的天堂。我们上到船的三层时，阵阵夜风吹来，清凉无比，我先告别了沉迷于摄影的王丹君同学，独自吹着清凉的风，靠在栏杆上，看着略微无聊的表演和周围拍照的伙伴，感觉刚刚认识他们，还是有些生疏感。

"请潘教授唱歌！"主持人一语惊人，大家都鼓掌鼓励潘老师上来唱歌。伙伴们也自发地聚集在一起听潘老师唱歌，还有些同学打开手机的手电筒在空中摇摆着。我们都开心地听着，为潘老师打着拍子，会唱歌的同学也跟着一起唱。我环顾周围，大家的表情与刚才一样，但我却觉得他们眸中多了些动人的光。

潘老师唱完后，我再回到那个栏杆旁，觉得空气中多了一缕幸福的味道，周遭同学的身上也尽是令我舒服的善意。总之，那一刻，我感觉这个世界可爱得更令人心动了！

行程将尽车中歌，大梦诵读梦终圆

七天的行旅只剩下了两天。走访完厦门、泉州的我们终于来到了最后一站——福州。乘车来到了大梦书屋，书屋内的装潢真的像梦一样，不过紧张的我早已无暇欣赏，因为马上要表演节目了。王丹君同学早已开始准备，我也拉上了一同表演的伙伴，开始一遍又一遍地练习。

"现在开始……"主持人的声音使我更加紧张了。该来的总要来，看着其他同学精彩的表演，我心中的紧张也化为了想要展现最好的自己的暗自激励。跟着老师的步伐来到后台，我们都紧张得将话筒握得紧紧的。将上场时，我们还是不约而同地为自己、为我们这个节目一起加油，鼓劲。

然后我们缓缓地踏上舞台，将几天以来练习的朗诵真诚地演了出来。心中已经一片空白，只剩下想要做好的期望。待最后一个音节收起时，我心中的紧张化作清风飘去，留下的只有对自己的肯定和突破自我的满足。终于，整个展演结束，我们开始合照，彼此之间因此更加靠近。

两岸书缘

坐上巴士，我便瘫在椅子上。"很棒！"王丹君同学坐下便说道。我害羞地回道："谢谢！"心里却想起了更为重要的事情，今天是第六天了，明天我们即将分别。我们听导游说着明日的安排，撒娇又不舍地说道："再玩7天啦！"不知谁出的主意，我们起着哄让导游唱歌，导游推辞不过，就又拉了个台湾同学一起唱，他们唱起了明天要作为"快闪"活动曲目的《送别》，一字一句皆是不舍。

吟送别终道珍重，望未来有缘再见

"啊，最后一天了！"
"好快呀，我想再玩7天。"
伙伴们的不舍之情蕴含于每一句话中。

我们坐着大巴回到厦门，一下车便看见一架架摄像机，我们还要举行一次音乐"快闪"活动。悠扬的笛声响起，《送别》的前奏在笛声中尽显悲凉，但我们依旧带着笑容，手牵着手，唱着这首特别的歌。"天之涯，海之角，知交半零落。"熟悉的歌词到嘴边时，才发现早已饱含着对所有小伙伴的不舍。歌声一收，台湾伙伴们便要提着行李离开了。我和王丹君同学立马拿出昨晚熬夜做的卡片，送给我们的伙伴。再道珍重后，他们便上了电梯。我就这样傻傻地看着他们离去。

"送他们到不能送的地方啊！"杨学长的声音一落，我们便不顾一切地奔了上去。看见我们来送，他们中的哽咽声渐渐多了起来。我们又唱起了《朋友》，将自己最想说的话都倾诉了出来。

"朋友一生一起走！"

"我爱你们！"

"我一定会去台湾看你们！"

缘分让我们相聚于此，正如第一天王丹君同学送我的"三星归一"一般，这三星是：缘分相接时的缘起星，初识交心时的初识星，多少离愁别绪化为再见的不舍星。这三星归一，便会化为我们再见时掩不住的笑意吧！

你好。再见。

两岸书缘

闽台书缘

□ 王丹君（台北市立明伦高级中学）

怀着期待又兴奋的心情抵达了厦门，一进大厅，齐声洪亮的"欢迎台湾同学"热情得让我倒退三步，脸突然就害羞地红了，而闽台书缘的故事就此展开。

第一天，回饭店后我们前往"老院子"。自由活动时，我的小伙伴兼小导游——小健子便带我去看民俗表演，还告诉我水池里的妈祖像在五点半时会升起，周遭还会喷水。晚餐后欣赏的《闽南传奇》秀布景和表演都深深震撼了我。尤其高空跳水，没有电视上跳水选手的炫技，却是毫不犹豫地直接跃下，看得我屏气凝神。光雕与背景的宏伟，让气势更加磅礴，加之灯光及声效，整个表演就令人无法转睛了！前一刻屏幕上白鹭带我们飞翔，后一刻观众席前的台子就升了上来，一只"白鹭"优雅地舞着，一举一动皆展现了力与美。在惊艳的同时，更是赞叹舞者的身姿。而舞台竟然延伸到了观众席，台上一喊杀，观众席突然就亮起灯，紧接着挥舞大旗的士兵们开始狂奔。"台上一分钟，台下十年功"，这句话在所有演员身上表现了出来。最后屏幕映着的莲花，以及红绫在灯光下晃动的波，更是为结尾增添了不少韵味。

第二天，我们在鼓浪屿感受了炙热阳光及满满书香后，终于迎来了鹭江夜游。等船时，看到左边停着一艘早上看到的船，以为那是我们夜游的船，我开始哈哈大笑。因为早上一看到那船的外观，我就和组长说如果上面有美人榻、抱枕、水果，还有人服侍，那简直是古代王公贵族般的享受。没想到我们要搭的是隔一阵子进港的船，看着那艘船，突然就想到了《神隐少女》中的汤屋，也是许多的大红灯笼，古色古香。一上船我便拉着小健子直奔三楼，靠窗吹风。乘着夜色，眺着远方建筑的灯光秀，一下子是黄鹤飞，一下又换成千帆过……不同于早上搭船去鼓浪屿时的浪，晚上的浪看起来格外柔和。彼岸建筑的灯光映在江上，风轻轻地拂过，我将如画般的美景刹那定格在手机中，一切是如此惬意。隔一会儿，下到二楼，热闹极了，有主持人在唱歌、炒热气氛。一开始觉得这表演跟流水席请的主持人一样，无聊且吵，后来才发现，如果不是有主持人，大家可能就只是安静地看景，看久就乏了，所以需要转移注意力。夜游的高潮是潘教授被请上前唱歌，掌声尖叫声如雷贯耳，还有人打开手机的手电筒当荧光棒摇着，就连在三楼的朋友也站在楼梯口捧场。同船别团的人看了无不由一开始的傻愣到后来欢快地一同欣赏，不论熟不熟，大家都一同狂欢。

第三天，最开心的不是看完了《山羌图书馆》，完成了阅读马拉松，而是帮朋友们庆生。一开始星辰姐姐说有人有小秘密，大家还一脸懵，后来一位一位寿星出现，大家才恍然大悟地看着面前的寿星，从一开始满头雾水到讶异再到感动于最后切蛋糕和大家分享喜悦，真是最美好的一刻。如此盛大的庆生会，饱含多人的祝福，想必定会是我一生难忘的回忆。

第四天，我们来到天后宫。一路上那些古色古香的建筑，仿佛使时空岁月正慢慢凝结。天后宫寺庙的外墙把烈日隔绝，一入内清风轻拂，顿感一派庄严肃穆。我教小健子如何拜拜，他说想要抽签，我便带他拿了香，教他点香、插香、抽签、掷杯。这不仅是他第一次拜拜，第一次问事抽签，也是我第一次教拜拜，这件事对我们而言，很是新奇。香烟袅袅升起，裹挟着每个人的愿望。拜拜时的虔诚认真，是寺庙里最美的一景。拜完绕殿时，我才猛然发现，小健子穿着短裤，连忙提醒他以后若是拜拜要记得穿长裤。虽说不知者无罪，但他还是紧张得立马到神像前一一道歉。这份诚心，更是美中之美，诚中之诚。

第五天，有最令人开心的一顿早餐，因为在我下来用餐十七分钟后，组长老大——林公子纾宇就下来啦。他教我吃面线糊要加红醋，或是加高粱酒。因为饭店只有高粱酒，我就半信半疑地加了一点儿，果真好吃！隔了不久，小健子也下来了，一个人还好，两个人陪我不得了，越聊越开心，话匣子一开就关不上，两位仁兄就这样被我拉着聊了一个小时才得以脱身。

不知不觉就来到了展演这天，旅程的第六天。趁着展演尚未开始，我赶紧到外头练习，自己练习还不够，顺便请林公子移驾到外头听一听，避免我紧张朗读错了还不自知。在后台时，我们那组的组员更是给了我大

两岸书缘

大的拥抱及温暖的加油。最后一句话结束，敬礼时的鼓掌声最令我难忘，因为我成功地和大家完成了我第一次的团体朗诵，感谢指导我们的老师，鼓励和帮助我的组员、朋友。我想这次交流的最大收获就是结识了这些朋友，我热切地期盼着过了这七天，我们还能再次相见。

"今年夏天是个充满希望的季节，我们就要说再见。不知何时会相见，曾相处的画面，不停重复上映在眼前……"脑海中循环播放着毕业歌《今年夏天》，也许是因为猛然发现我们就要分离，回到原本的生活轨迹，车上高歌后带给我的伤情。"是风，是雨，是夜晚；你笑了笑，我摆一摆手，一条寂寞的路便展向两头了。"郑愁予的《赋别》也莫名地浮上心头。夜晚在饭店里，我边听歌边写卡片，回忆着六天的点点滴滴，因为第七天就真的要告别。

　　最后一天，第七天，一行人，两辆车，马不停蹄地赶到了码头大厅，摄像头早已就位。一阵混乱过后，音乐响起，是我这次才刚学会的《送别》。"一壶浊酒尽余欢，今宵别梦寒"，好多人都哭了，而我没有，我给朋友们大大的拥抱，说下次再见。集合的声音打破了离别忧伤的凝固气氛，我赶忙拿出前一天准备好的礼物，给这七天一路相随的最佳伙伴兼小导游——小健子，给伴我每晚且处处照顾我的星辰姐姐，给带我一起逛街游玩品尝小吃的祎辰姐姐。走到关口，原以为闽台书缘的故事已走到尽头，意外的惊喜出现了。我们的伙伴们跑来，唱起了《千里之外》。"我送你离开天涯之外，你是否还在？"原本说好不落的泪，溢出眼眶缓缓淌落。最后的最后我转身，向我的小伙伴道别。

　　一上船，我就将那超大的便当放在一旁，翻起了小健子给我的礼物。"征服逆风的阻挡，用你逆风的翅膀。"我给他听过台湾经典毕业歌《风筝》，他听了一遍就改了歌词，写了这句话，一句让人纵然面对挫折也能继续坚持前行的话。他写："初见时，你送给我一个鲁班锁，似已注定友谊锁在了这奇妙的七天和未来。"是啊，一个"三星归一"（鲁班锁的名称），缘起为闽台书缘，而经七日相随，留下永恒回忆。两岸，一次旅程，合为友情，是为三星。三星，归为一份情缘，三星归一。

　　蒋捷《虞美人·听雨》中的"悲欢离合总是情"，不只是展演上的朗诵，也是离别之际突然领悟的话。七天说长也不，说短也不，刚好令人回味无穷。我始终相信缘起不灭，虽说天下无不散的筵席，但有不灭的友谊。当我们踏上各自的前程，我们的回忆会长存。

两岸书缘

以书为缘，情牵两岸

□ 叶燕鑫（同安一中）

臧克家曾经说过："读过一本好书，像交了一个益友。"而我以为，不仅仅好书如益友，一位好友亦似一本经典的书。

他们从风光秀丽的台湾而来，不辞辛劳，乘飞机、坐轮船，渡过那一湾浅浅的海峡，来到栖满爱的鹭岛。那一天，我们在五通码头迎接他们，我的手上紧紧握着行前会上老师交代的材料，目不转睛地盯着码头的出口，心里一遍一遍地过着小伙伴的靓名，脑海里则在想着小伙伴的容貌。每个人都翘首以盼。当看到台湾老师与大陆老师对上"暗号"，我们便开始欢腾，欢呼着迎接我们的小伙伴。闽地青年的热情似火与宝岛青年的拘谨害羞，汇成了一篇属于两岸青年的开卷语。

第一次与台湾小伙伴牵手——白嫩的、柔滑的，我却不知这是一双能弹奏出曼妙乐曲的巧手。平日里，和好友出游都是挽着手臂，或者各自把握着手机，从来没有体会过手拉着手、体温在掌心传送的感觉。相互依偎，交换笑颜，好一幅午日好友牵手图。

而老院子景区便是使我们迅速拉近距离的"月老桥"。我们走过红砖燕尾脊的闽南古厝，也在牡蛎壳筑的惠安民居前吹过海风，而在仿船旅生活的倾斜屋里，我们再一次体会拉手时的温度传输。我们看勤劳贤惠的惠安女劳作，观坚持不懈的师傅倾力打铁，望不畏艰险的青年撑船远渡重洋。我们还走过那一条乘凉的情话廊，一把接着一把的油纸伞，绘制精美，做工精细，伴有一句句土味情话，身处该地，真想将情话一句句送给我的台湾小伙伴，我们之间的那一湾浅浅的海峡，好像已经被渡越。我们观看著名的《闽南传奇》，尽管我是第二次观看，却依然深感震撼，而这场精妙绝伦的演出，也赢得了台湾小伙伴不绝口的赞，使我不禁对于闽南的历史心怀骄傲。

随后几日，我们一起游览了景色优美的菽庄花园，古色古香的钢琴博物馆，欣赏了灯光璀璨、恢宏壮观的鹭江夜景，我们在鳌园瞻仰伟人陈嘉庚，走访开元古寺寻故渊，参观闽台缘博物馆觅根亲。几日的相处，我们小组从伊始最沉默的小组，变成了全场最活跃的小组，我们有说有笑，欢乐的氛围充斥着车厢。每到用餐时间，笑声总拌在饭菜里，甜在心里。

我们共读蒋勋的《生活十讲》，体会他带给我们的生活经验，学习他传授的爱的功课，找回最初的信仰，做自信的人。我们共读连俞涵的《山羌图书馆》，了解她的生活阅历，深入她爱的方式，找寻生活的答案。

我们在书籍之中产生了许多共鸣，也收获了颇多知识，心中不禁慨叹，沉下心来读书真好。如今社会发展迅速，人们都被迫卷入快节奏的生活中，快食品、快时尚，就连学生也难逃此运。而恰恰因为这一次阅读的书籍，我迫切想要回到最初的纯真年代——每日可以轻松、快乐地读书，徜徉于书海之中。

书似益友，而一位知音好友也如一本经典著作，需要用心、用爱去研读。每晚栖于酒店，我们总是促膝长谈到星星已在天上睡去，才都怀着理想进入梦乡。与我结对子的小伙伴是一个灵巧的可爱女生，她有一双会弹奏钢琴的巧手，还会编萌萌的双麻花辫子，还会制作精巧的卡片。她善解人意，笑容总是人间至甜，每次为她拍照，都不禁被她的笑颜俘获，多大的太阳、多累的双腿也止不住为她留存美好瞬间的冲动。还有隔壁组的小姐姐，她能吃能唱，会说会道，她的精致的小脸，使我第一次见到她就沦陷了。

  这一次的七日之旅，从陌生到熟悉，从拘谨到放松，我们用自己的爱去温暖另一个人，而当两人温度一致时，却要被迫分开了。当轮船在30分钟后就要驶出港口时，我们在鹭岛码头放歌。《送别》是李叔同在百年前所作，如今唱与我们的台湾朋友，却异常吻合。当悠扬的笛声响起时，开口第二句就已经哽咽，歌声落下时，已是泪流满面。我们纷纷相拥，一边落泪一边告别。笛声悠扬，回荡着眷恋与不舍；歌声嘹亮，充满着感动与爱意……我们于五通第一次见面，而今仍在五通送别。今日一别，是那一道海峡相隔；今日一别，是那一段情意难绝；今日一别，是那一缕思念萦绕；今日一别，是不知何日能够再会……

  《生活十讲》《山羌图书馆》中的细节还萦荡在心头，与他们在一起时的欢乐时光、美好瞬间依然浮在脑海之中，久久不能散去。如今相隔一湾浅浅的海峡，我在这头，而他们在那头。我依然坚信，我们本是同根生，我们仍是同源人，我们虽然隔着那一湾浅浅的海峡，但我们仍在相同的文化孕育之下，在同一片蓝天之下。

  只愿他们用心中留有的一片皎洁，感知生活中温暖细碎的光。聚是一团火，散作满天星。而我，在大陆等你们。

走进闽地，两岸情缘

□ 余偲绮（台东女子高级中学）

"嘟——嘟——嘟"，船划破江面，疾驶而过，最终停泊在厦门五通码头，我的福建之行即将展开，两岸友情将在此萌发，兴奋与欢喜也占据了我的心头。

一到码头大厅，看见大陆学生井然有序地以最热情之姿喊着："欢迎台湾学生！"我内心也不禁沸腾起来。在此，与大陆学生在美好的时空下相遇，共度七天的多彩多姿的文化交流之旅。

第一天来到厦门，立刻对厦门有了不一样的认识，它不但拥有华丽的外在形象，还有深邃的灵魂。美丽的自然风景，深沉的人文底蕴，四通八达的交通网络，厦门真可称得上海上花园呢！钢琴之岛——鼓浪屿，更是让我着迷，在蓝天白云之下，漫步其中，尽情享受悠闲浪漫的时光。在这座古色古香的岛屿上，除了电瓶车外，没有任何其他车辆行驶其中。行走在具有浓厚欧洲风格的建筑中，我简直无法相信有如诗画般的美景竟在眼前，鼓浪屿悠闲的氛围和多样的文化，使人就像身处人间的桃花源般幸福。在鼓浪屿留下的脚印和回忆，使我深感不虚此行啊！夜晚乘坐最后一班豪华游船，首次体验鹭江夜游，沿岸高楼林立，灯光闪烁，徐徐微风吹拂，音乐弥漫四周，美丽的景色尽收眼底，我们惬意地品味厦门绚丽多姿的夜色，以海上视角欣赏壮丽的夜景和梦幻的鼓浪屿。无论是白昼抑或黑夜的厦门，华美而壮丽的景色总让我不停歇地按下快门，驻足多拍几张照片。

这一次活动真可说是包罗万象，不但有参访名胜古迹、乘船夜游、书本讨论和两岸学生的诗词朗诵表演，还有阅读马拉松。还没出发前，我对阅读马拉松这个活动有许多猜测，但万万没想到是在如此隆重的场合下举办，并采用了共读一本书然后回答问题的形式。我觉得在营队中安排这个

两岸书缘

活动非常有意义，对我来说也十分新鲜。我们两岸学生以书为媒，以文会友，在短短150分钟内聚精会神，沉浸在书香中，共结一段书缘。在进入中西建筑风格兼容的厦门市图书馆时，我更加折服了。进入前要安检，进入后，中庭气势磅礴、雄伟壮丽的半球形玻璃穹顶映入眼帘，两座楼梯逐层盘旋而上，空气中弥漫着书香，环境宽敞舒适，藏书多样丰富，设备齐全先进，真是一个享受片刻静谧的好地方。

让我最为期待的重头戏在最后一个晚上展开，台湾和大陆学生精心准备了经典诵读展演。在台下欣赏大陆学生的表演，可真是一大享受啊！台上的演出者每一个都台风稳健，咬字清晰，甚至把肢体语言和舞蹈加入表演中。

每一次在游览车中唱起《送别》时，心情都是放松和喜悦的，而今在码头正式唱起《送别》时，感伤的情绪却涌入心头。当音乐一播放，脑海中就不停歇地浮现七天林林总总的经历，仿佛再次融入难忘的旅程中，不舍的心情油然而生。还记得第一天到五通码头的那一刻，心情激动不已，对这片土地充满了好奇心，这一切的一切依然如此鲜明。最后与大陆伙伴们相拥而泣，这眼泪来自于我们七天一起共创的美好回忆，我们的手紧握着彼此，直到最后一分钟。我很珍惜这七天的相处时光，在谈话中深入了解了彼此的不同，发现共通点进而产生共鸣，在娱乐中分享快乐。能和大陆伙伴们互相学习是个千载难逢的机会，期盼有朝一日，我们能再相逢，述说当年我们共处的点点滴滴。

"嘟——嘟——嘟"，七天六夜的福建之旅即将结束，我乘着满载记忆的船只，航向无边无际的大海。船缓缓行驶在前往金门的海面上，我的心仍留恋着大陆，我望着渐行渐远的厦门，感觉一切如同梦境般，是那么不真实，却又那么难忘。这一次在福建交流的所见所闻和与大陆伙伴们的情谊，都将成为我一生中最美好深刻的回忆，这甜美与快乐的记忆，我将永远收藏在心底的宝盒中。

因为我们没有什么不同

□ 郑莹莹（同安一中）

塞满了衣物的行李箱，只能让妹妹坐在上头才勉强关上，拿着来不及吃的早餐，便匆匆出发了。本以为会迟到，却足足早到了一个小时，这才放下心来，不会给台湾小伙伴留下迟到的坏印象。

看着手中一会儿要给小伙伴的胸牌，林昱君，是个什么样的人呢？

时间一到，我们排好了队，拉起了横幅，甚至想好了口号。一双双殷切的眼睛，盯着安检处。不相关的游客经过，都会让我们心中一喜，然后变为失落。

他们终于来了，可作为搭档的小伙伴却不知是哪一个，六十几个人的队伍，"相认"实在太难。就这样，寻找小伙伴的过程一直延续到了吃午饭的时候。

可能是相识不久，两人之间总是谦让过了头，连先看什么，要坐哪里，甚至是谁先洗澡，都成了我们谦让的热点话题。

真正开始熟悉对方大概是在第三天参观鳌园的时候，先是两个人在烈日下不堪暴晒，偷偷跑去买了两瓶"肥宅快乐水"，然后在展览馆里闲逛，突然脑子一抽，以为马上要在景区出口集合，急匆匆跑下去却发现空无一人，然后两个人在太阳底下苦中作乐，用各式各样的奇怪理由说服对方跑到景区门口在太阳底下白等半小时是一件好事。感情似乎从不是在过分的谦让中产生，而是在独特的遭遇中升温。

遗憾的是，我对厦门岛内的地形实在不熟悉，连着三天从未带她去吃正宗的沙茶面。

在泉州的那两天，我们同其他小伙伴一起去了泉州万达。购物，是女孩子永远离不开的话题，几家服装店让我们足足逛了一个晚上。昱君提了整整两手的购物袋，其中百分之八十是带给家人朋友的礼物。回想这几

两岸书缘

天，她似乎总在留意那些精品店、伴手礼店，即使那些店铺里的商品总是千篇一律。

到了福州，昱君那买买买的坏习惯还是没有改掉，也是因为如此，她迷路了。车上的人数点了又点，总是缺了两个人。好不容易联系上她和另一位同学，用了微信位置共享的功能，却发现她们不会看地图。一时间，大巴车上的人都紧张了起来。幸好她们走到了林则徐纪念馆的旁边，老师这才通过这一地标建筑找到了她们。一见到我，昱君就开始自责，怪自己没有好好跟着队伍。可我更加愧疚，如果我没有停下来休息，而是一直跟着她，那她又哪里会迷路呢？两个身处异乡的女孩子，独自走在陌生的地方，该是多么无助。

我们暴露本性的时间，也就是在这一天晚上。关于诵读展演，昱君告诉我，她的戏份不多，节目排在我的前一个。在后台准备时，透过玻璃，我看到她站得笔直，即使不是主角，但也在自己的位置发着光。轮到我们走上舞台，我看见她急匆匆跑进观众席，举起手机，生怕错过任何一幕。六分多钟的节目，她全程没有放下手休息，时不时还为我们加油。回去的路上，大巴车上的起哄声多是由我们提供，原本两个安安静静的女孩子，一夜之间变得像两个撒欢的疯婆子。这是最后一个晚上了，我们用狂欢掩盖离别。

依旧是同一天晚上，带着展演的书屋提供的水果、在服务站买的小蛋糕，以及不知从哪里顺来的一盒火柴，几个女孩子聚在一起，说是要给大家过一次生日。无厘头的派对，在一个不是任何人生日的晚上，过着所有人的生日。一直闹到了凌晨两点钟，说是要通宵，但不争气的我却先倒下了。昱君明明是一个很早睡的人，但一直到我睡着，都没有看到她入睡的画面。原来那一天夜里，她为了给我写信，在我睡后还开灯一直写到凌晨三点多。

在送别之际，歌唱《送别》，应情应景，让人直流泪，却也止不住。时间催人，汽笛声在耳畔响起，老师拿着船票催促着台湾同学上船。一长串台湾同学队伍后，是大陆的同学。没有事先彩排，没有提前商量，同学们自发唱起了《朋友》。一声朋友，便是一辈子。嘴角下压却在和我合照时努力微笑的昱君，一边说着"丑死了"一边又忍不住落下了眼泪。直到她们都过了安检，渐渐消失在了视线里，一直貌似平静的我却酸了鼻子。

回想这一切，仿佛就在昨天。即使被台湾海峡相隔，可两岸的青年却是一样的心意相通。在一起时，没有隔阂，没有偏见，我们有相同的话题；离别后也别让"来自台湾"这一前缀阻碍了两岸的交流，因为——我们都是一样的心意相通。

闽台书缘

□ 林昱君（新竹市私立磐石高级中学）

凌晨三点的高速公路很安静，建筑中的灯光与路灯交织成一片暖色调，城市安静地睡了，一颗心却是那么躁动，因未知的旅程而期待着。

即将升入大学的暑假，我报名了为期七天、由海峡两岸交流协会举办的活动。能认识同样喜爱阅读的人，我一想便觉得欣喜。主办单位安排台湾学生与大陆学生同住，每个人都有属于自己的"小伙伴"，除了不容易脱队走丢，也能让我们以较深入的方式了解彼此不同的民情文化。

刚下飞机的第一顿午餐，熟悉的圆桌转盘，中式餐馆的家常菜，同桌的一个短发女孩喊了我的名字。

"原来是你啊，长得好漂亮。"但这样的赞美放她身上恐怕比较恰当，清纯无害的小脸，一米七六的模特身高和白皙的大长腿。

她是来自厦门同安的女孩，年纪比我小一些，可不缺乏文化与知识，脾气和个性也很温柔。早睡的她，包容着每晚就寝时间不定的我；点美食外卖的时候，总不忘我那一份；偷偷打包了酒店的馒头，让我在赖床又来不及吃早餐的时候，还能在游览车上享用；一路上介绍景点的特色，美食到哪里吃才正宗；无论唱歌或念文章，声线优美可媲美广播电台主持人。忍不住偷偷开心着，这么优秀的小伙伴可不是人人都有啊。

相较台湾，大陆的面积实在大得惊人。虽说是坐着车，但景点与景点的车程实在称不上近。

因大学科系与图书相关，自然期待着参访厦门市图书馆。映入眼帘的是一片干净的白色，挑高的玻璃圆弧天花板让自然光温暖地洒落。以圆形沙发为中心，四周是木制书架，陈列着各式文学作品。楼梯也以白色为基底，一路延伸至三楼，可见馆藏的丰富。这个图书馆以"人"为导向，提供兼具舒适与设计美感的桌椅、视听空间，还会不定期举办展览。我如同

·第一辑 2019海峡两岸青少年悦读节作品·

发现幸福天地一般,若身为当地居民,肯定假日都往这个图书馆跑。

在明亮宽敞的空间里,我们参加了阅读马拉松活动。一本小巧的精装书,是作家连俞涵的《山羌图书馆》。虽说是一场比赛,但大家都徜徉在阅读的时光里,在同一个时间轴一起品味午后的宁静。文字带来某种神奇的力量,让浮躁的心沉静,让人得以从中找寻归属感,获得新的能量,得以跨越生活的难关,也跨越悲伤。此刻是安静的,大家却能在同一本书中感受彼此无形的连接,享受文字带来的幸福与感动。

因为很多台湾人的祖先都来自福建广东一带,与小伙伴交谈时我意外发现,闽南话竟是我们的共通语言之一。虽然各地口音不尽相同,但总会懂得对方表达的意思。一天晚上,我们到老院子景区,观赏《闽南传奇》秀。这场演出是科技与闽南历史文化经典的结合,带给我前所未有的视觉震撼。至今依然无法忘记当时的感动,尤其那幕"岛城大战",数匹马奔驰在台上,演员的肢体动作与表情都恰到好处,我仿佛和"士兵们"一起亲临一场战争,经历历史中的血泪与辛酸。

一路上我们走访了博物馆、寺庙及名人故居。旅游前看着行程表就十分兴奋,何况亲临现场。放慢步伐,感受古色古香的建筑、相同又相异的文化以及震撼视野的美景。户外活动让我们大汗淋漓,索性放开形象,感受夏日,感受火热的太阳的味道,什么也不想。

活动结束的前一晚,我们在装饰雅致的书店举办经典诵读活动,也邀请了不少来自两岸的嘉宾共同聆赏。带着五天准备的成果,身为台湾高中组的我们，结合了《虞美人》与《丢丢铜仔》，用有趣的说唱方式，带给观众不一样的中国词曲。每一组的表演都十分精彩，虽是学生，但表演质量与用心程度都令人十分称赞。经过这几天，大家累积了深厚的情谊，因阅读而相识，因相处而相知。在往后的日子里，也许见面不易，但这份珍贵的感情与经验必会为彼此的生活带来滋养。学习尊重、学习不同的文化，也知道无论文化价值的异同，人与人的温度都是那么贴近；无论距离是近是远，都能创造深厚的情谊。

活动的最后一天，大家在码头高唱《送别》一曲，为这次活动画下句点。为了应对到场采访的媒体，小伙伴化了精致的妆容，却低估了别离的感伤，泪水混杂着粉底眼影，在拥抱时脸上变得一塌糊涂。见面时开心，离别时难过，过后大概会嘲笑自己如此不受控，情绪毫无保留地印在活动照片上吧，但这便是感情里最珍贵的样子啊。

有岁月可以回顾，有未来可以相约，就是最幸福的事吧。往后我会继续在文字的世界中，翻越每一座山，徘徊每一条路，再经历一段段旅程，遇见或深或浅的缘分。各自努力生活，期待未来以最好的样子再相遇。

两岸书缘

□ 陈玮杰（厦门十一中）

　　人的一生总会有各种各样的回忆，它们如同浩瀚银河中璀璨的星星，令你时不时想将其摘下，细细观赏，慢慢品味。而这一段难忘的时光，则犹如那银河中最亮的星，我将它捧在手里生怕它融化，又怕它从指缝中溜走。

　　那一天早晨，五通码头迎来了令我朝思暮想的台湾同学。接下来的七天里，他们会与大陆同学一同写下令大家终生难忘的心灵篇章。

　　我们首先拜访的是老院子景区。这个带有厦门民俗文化风情的旅游胜地我已经多次光临，但也正是因为如此，那部《闽南传奇》秀给我带来的震撼也逐渐淡化。虽然这并不妨碍我与海峡两岸的同胞们一同品味其中的乐趣，但那种一切都早已悉知的感觉应该对我的心情还是有些许影响。带着这样的情愫，我又一次走进了老院子景区的大门，与大家一起坐上了《闽南传奇》秀的观众席。表演开始，依旧是那熟悉的场景。当上眼皮慢慢开始下坠时，眼前的场景竟令我忍不住惊呼出声：在硝烟弥漫的战场上，郑成功带领着袍泽一同为了夺回台湾的领土而抛头颅、洒热血。他们不顾一切地冲进刀光剑影、枪林弹雨中，为了保卫祖国不断地倒下又站起。最后，外来侵略者的防守在中国人民的滔天气势中渐渐被瓦解，台湾终于回归祖国的怀抱……郑成功在尸横遍野的沙场上用沾满了鲜血的战刀撑起了自己那遍体鳞伤的身躯，用尽全身的力气吹响了和平的号角。他们与侵略者厮杀的场景、他们百折不挠的精神令我的拳头在不知不觉中紧握，指甲嵌进肉里也全然不知。这种令人热血澎湃的感觉是我以往从未体验过的，这次却因为与台湾同胞一同观赏而变得意义非凡。

　　鼓浪屿与"老院子"类似，都是我已经探访过很多次的地方。但以往因为时间等问题没有进入一些景区，无法彻底体悟鼓浪屿的风情。这次，在老师的带领下，我深刻地领会到了这座面积虽小但名声却大的岛屿有多么的美好。鼓浪屿在十八世纪时曾被外国侵略者占领，所以岛上有许多不同风格的建筑。古希腊的三大柱式各展其姿，罗马式的圆柱，哥特式的尖顶，伊斯兰式的圆顶，巴洛克式的浮雕洋溢着古典主义和浪漫主义的色彩。还有那象征着浪漫优雅高贵的钢琴博物馆，从馆外就能听见自动钢琴传出的宛转悠扬的琴声，里面各式各样的钢琴也令人叹为观止。郑成功的石像屹立在山峰上，他紧握闪着锋芒的宝剑，镇守祖国的安宁。

前面两个景点虽美，但我最喜欢的还得属福州的三坊七巷。虽然眼前的只是拆迁改建后仅存下来的一部分，但古香古色的街道、琳琅满目的店铺依旧令大家无比激动。我们参观了林则徐纪念馆，没错，就是大家都不陌生的那位虎门销烟的英雄。刚进入林则徐纪念馆，并没有看到什么出奇的地方，只有几间再平凡不过的屋宇。而当我们跨过第二扇门时，一片世外桃源映入眼帘。青葱的树木将群花衬得妖艳多娇，阳光穿透云层与枝叶，如同一根根光柱与地相接，光柱中可以清晰地看见点点尘埃与淡淡云雾。进入展厅，一件件古时的兵器整齐地陈列在展示柜中。它们虽然已历经沧桑，但依旧象征着胜利与荣耀。青苔与尘土并没有遮盖它们的锋芒，它们如同一个个战士，随时愿意为了保护祖国领土而染上殷红。

除了风景之美，人情之美也是这七天篇章里重要的组成部分。刚开始，我认为大家会因为陌生而使气氛尴尬，但后来，事实消除了我的顾虑。所有人都其乐融融，品着同一桌美味佳肴，如同亲人团聚般热闹。夜晚，海峡两岸的朋友们也没有平复兴奋的心情，有的出去逛大街小巷，吃遍当地的特色小吃；有的聚在房间里聊天、玩游戏。虽然每晚都重复着这样的操作，但没有一个人感到厌烦，因为大家都能感觉到我们之间的友情正在逐渐升温，并且已经达到了一个前所未有的高度。年龄较小的我也顺利地融入了这个温馨的大家庭，成了里面不可缺少的一分子。

七天时间转瞬即逝，眨眼间就到了分别的时刻。大家都依依不舍，许多人痛哭流涕，我也强忍着在眼眶打转的泪水。在分别时，海峡两岸的朋友们放声齐唱《送别》，但那宛转悠扬的旋律并没有安抚大家的心情，反而使离别的场景更加悲伤。看着血脉同源的台湾朋友逐渐消失在视野中，大陆的同学将一首《朋友》作为最后的礼物相送……

"漂泊游子离愁苦，深深乡愁隔海峡。"在这次活动中，大陆与台湾的朋友们一同写下了一段美丽的篇章，它描写了福建省各个旅游景点的风情，也叙述着台湾青年与大陆青年的情感之深。那一望无际的台湾海峡虽隔断了台湾与大陆的土地，却没有隔断台湾青年与大陆青年的感情。今天，我们虽然要就此分别，但我相信，离别，是为了更好的重逢。希望下一次见面时，我们都已成长为更好的自己，也希望那个时候，台湾与大陆能亲密无间。

第一次

□ 杨博涵（厦门一中）

"亲爱的乘客，您好！您乘坐的xxx马上就要开船啦！"候船厅内，播报员的声音冲出音响，快速地飞向墙壁，而后又以迅雷之势反弹回来。刚下船的男人，左手拉着行李箱，右肩挂着尼龙包，左顾右盼，见到她，便激动地小跑过去，相拥而泣。此刻，我们，来自大陆各方的青少年，手上举着"欢迎台湾同学"等字样的横幅，不时张望着深深的出港口，期待着见到那些富有活力的身影。不久，你们来了，眼睛炯炯有神，姿态潇潇洒洒，谈笑风生。就像发现了新物种，我好奇地打量着你们。

所有人都很欢迎台湾同学的到来，太阳也不例外。经历了几天阵雨，太阳终于展露它最热情的一面。它过分热烈的拥抱让我们备感不适，一瓶又一瓶的水落肚，全化作汗，渗透每一个毛孔，风扇无力地转动着，鞋底将要融化，鸟儿也不敢飞在空中。我们前往目的地，第一次，我们一起在骄阳下行走。

餐桌上，各色佳肴摆得满满当当，我们不安地站在椅背后，谁也不敢先坐。组长先？有人提议。终于，我们在腼腆的组长的带领下入座。又是沉默。饭菜的蒸汽袅袅上升，我们在迷蒙中对视，谁也没有勇气第一个拿起筷子。仿佛过了一个世纪，一个人拿起了汤匙，饭局这才开始。这是第一次，我们共进晚餐。

7月20日，阅读马拉松。所在图书馆就像一个大胶囊，仰头看去，天花板上的花纹像烟火，自中心四散开来。一张书桌，四把椅子，这样的配置，一字纵深排去。书桌上端正地放着《山羌图书馆》，台湾伙伴推推我的肩膀："一起'跑'如何？我读1、2，你读3、4！"他期待地看看我，我狡黠地笑了，兴奋地点点头，开"跑"前的静谧像苍蝇，在耳边嗡嗡直响。"阅读马拉松，正式开始！"主持人的声音在静谧中炸开来，台

·第一辑　2019海峡两岸青少年悦读节作品·

湾伙伴向我挑了挑眉毛——然后我们默契地从头读到尾，一直到比赛结束，也没能对上一句话。是啊，书好看，又何必把阅读当作任务呢？全身心沉浸在书中，你就是比赛的赢家。第一次，我们在阅读中一起度过了一个美好的下午。

7月22日，诵读展演。行前会的时候，主办方的本意是队员自愿参加，不知怎的，到了后来，全员都组了队，变成了全员参加，为了在所有人面前大展厦门一中学子的风采，我们全身心投入到节目的准备工作中。一切就绪，舞台上，我们信心满满，尽管仍有瑕疵，但节目整体是极成功的，而这一切的动力，源于来自同一母校所带来的强大凝聚力。第一次，我感觉到了什么叫"独行快，众行远"。

7月23日，最后的时刻。我们打破前几届悦读节的老规矩，创新地举办"快闪"来表达大陆同学与台湾同学的亲密友谊。旅客来来往往，熟悉的地方。队伍列在中央大厅的一侧，排练不足所带来的不安充斥在凝重的空气中。行程紧，我们也确实没有时间排练，我这样想着。菁，亭亭立于大厅中央，静静等待着后台的示意。良久，她轻握长笛，笛靠唇边，悠扬的笛声回荡在空旷的大厅上空。伴奏响起，我们手牵着手，缓缓走向大厅中央，"长亭外，古道边，芳草碧连天……"歌声伴着抽泣声流淌着，那一刻，全世界化作灰色，我们的视线被拉得好长好长，时钟貌似都停止了走动，心跳就在耳边，惆怅涨满胸膛，像要爆炸一样。一切都像梦，倏尔惊醒过来，相处了七天的朋友已立在扶梯上渐渐远去。怎么能？心意还没有传达到！远去的身影在心头戳了个口，一瞬间，积压在心底的感情火山一般喷发出来，让我几乎不自觉，便声嘶力竭地喊了出来："朋友一生一起走，那些日子不再有。一句话，一辈子，一生情，一杯酒……"相互安慰的泣不成声的少年们，仿佛受到了召唤，也加入到演唱的行列中来，为远去的朋友献上最后一个礼物："朋友不曾孤单过，一生朋友你会懂，还有伤，还有痛，还要走，还有我……"就这样重复了一遍又一遍，嗓子哑了，仍尽全力唱着，直到最后一人消失在安检口，我一阵眩晕，努力忍住的眼泪终于奔涌而下……

我们都是青春少年，彼此间的距离不过一个台湾海峡，因此，"我们还会见面"这一铁定的事实我从未怀疑过，但有相遇，就必有离别，上天这么做，是为了让我们变成更完善的自己，是为了我们更好的相遇。这是第一次，但绝不会是最后一次。朋友们，我们在大陆等你！

缘牵两岸情，书香永流传

□ 龙昌璇（厦门一中）

为期七天的悦读节活动结束了，七天的朝夕相处的场景还历历在目，提笔却不知从何说起。台湾伙伴们的音容笑貌还盘旋在我的脑海中，令我十分感怀。

还记得在外的几天，一切都由自己操持，还需及时关注自己的伙伴，的确有些疲惫，但这一点点的疲惫也被伙伴们的开朗、出游的欢乐所冲淡了。

第一天，我们在五通码头欢迎来自台湾的诸位朋友，因是第一次见面大家还有点害羞，并未表露出真实的自己，大多拘谨得像个小孩。然而，在参观完第一个景点之后，大家就像炸开了锅，每个人都找到了兴趣相投的好伙伴，接着，大家也放开了，开心地游玩起来。

第二天，我们去鼓浪屿。台湾伙伴们大多是第一次来厦门，所以显得很兴奋，大家都欢呼雀跃地上了船，到达鼓浪屿之后，跟随着导游四处观赏美丽的景致。接着，我们在一家餐馆就餐之后，又去鹭江夜游，海风拂过我的面庞，腥咸的空气不断灌入我的鼻子，我欣赏着美丽的风景，不禁陷入沉思，我究竟有多久没有这样好好看过这里的风景了。在一天的游玩之后，大家都十分疲惫了。回到酒店后，我很快就进入了梦乡。

第三天，我们参观了陈嘉庚先生的陵墓的所在处，也就是鳌园。鳌园是一个很小的地方，但是这里的景物却体现了陈嘉庚先生对家乡的热爱，台湾同胞们也感同身受。陈嘉庚先生不仅是中华民族的骄傲，更是全亚洲的骄傲。下午我们进行了阅读马拉松比赛，简单来说就是在限定时间内完成对一本书的阅读。这场比赛不仅考验了我们的阅读速度，同时也考验了我们对内容的理解。因为我本身就爱好阅读，而且有较好的阅读方法，因此拿到了不错的名次。

两岸书缘

　　第四天，我们动身前往泉州，泉州是福建历史文物保存较好的一座城市，来到这里，就是为了让台湾同胞们体验古城的历史韵味。我们首先参观了天后宫，我在那里的水池中发现了几只小乌龟正在晒太阳。接着我们又拜访了关帝庙，然后又去了清净寺，清净寺是一座伊斯兰教清真寺，圆顶的建筑风格令人眼前一亮。下午我们进行了《生活十讲》的阅读分享会，讲解的老师风趣幽默，她从书中挑选出几章为我们讲解作者的观点，同时还有她自己的见解，令我受益匪浅。

　　第五天，我们参观了开元寺。这是一座古老的寺庙，导游为我们讲解了许多关于佛教的文化。下午，我们参观了闽台缘博物馆，这个博物馆记载着两岸人民的缘分，是"两岸一家亲"的体现。接着我们又去了泉州

博物馆，这是泉州最大的博物馆，这里拥有丰富的藏品以及详细的藏品介绍。

  第六天，我们出发前往福州，这是旅行的最后一站。我们花了将近一个上午的时间来到福州，简单用过午饭后，就来到了三坊七巷。这是福州的名胜景点，但人却意外地很少。在这古色古香的街道上我不禁思绪万千：旅程很快就要结束了，我们也要回归正常生活，但是这份友谊永不会变。晚上，要举行行程中的最后一个活动——经典诵读展演，这是我和我的队友们一起努力了很久才排练出的节目，虽然现场有种种失误，但是表演基本达到我的预期。

  离别之时终究还是到来了，最后一天我们一大早就出发去厦门，因为马上就要离别，前一天夜里大家都玩得很疯，车上很安静，都是大家熟睡的鼾声。而我久久不能入睡，回想七天以来的酸甜苦辣，我不禁长叹一口气。五通码头还是到了，即便再怎么不舍，我们也要在此刻分离。老师组织我们齐声唱响《送别》，欢送各位台湾同学，大家努力地唱着唱着，仿佛要把自己所有的心声唱给对方听。曲终人散，然而我们不愿散，至少让我们送到最后一刻。所有的大陆学生随着台湾同胞一起走到检票口，目送他们到最后，相约再次见面，此时我的泪不争气地落了下来。我们的展演中有一句诗"华夏儿女炎黄孙，两岸人民是一家"，这句诗凝结了我此刻的全部感受。

悦读青春，同沐书香

□ 邹婷婷（同安一中）

在经久不息的掌声中，我们迎来了台湾的小伙伴们。不仅两岸青年与领队老师们欢腾雀跃，连鹭岛的太阳都欣喜地展露笑脸，热浪一股一股迎面扑来，犹如热情一阵一阵涌上我们的心头，溢于言表。

心中暗暗紧张着，想要询问哪位是我的小伙伴的话憋在嗓子眼里欲言又止，直到登上大巴车该和小伙伴同座的时候，我才鼓起勇气举起胸牌问出那句"哪位是蔡瑜轩"。"这里这里……"她高高举起了右手，笑容甜甜的，眼睛眯起来，像月牙一样弯弯的，这便是她留给我的第一印象。

第一夜，我们逐渐放下彼此心中隐隐的担忧，脑海中设想的种种问题一个个被抛到九霄云外。没有任何尴尬与不适，我们很自然地成了彼此信赖的绝配学伴。

作为在厦门生活了近十年的人，第一次鹭江夜游，没想到是与台湾的同胞一起。华灯初上，两岸拔地的大楼华丽得让人挪不开眼，墙体上的巨幕动画更是让人忍不住啧啧称赞。清凉的夜风轻柔地吹过，使发梢在风中飘起，安抚着人们燥热的心。江面上泛起一层层涟漪，跃动着粼粼波光。古色古香的游船徐行着，乐队演奏着传统经典的闽南歌曲，让我们第一次感到同祖同根同源，相近的语言裹挟着一层层归属感，那是乡音在彼此的心中激起了微微波澜。我们在游船的一角拍下了无数张照片，记录下了我们赠予彼此的笑颜。

接下来是鼓浪屿之游。时隔多年，又踏上鼓浪屿这片土地，儿时的记忆早就忘却了，如今最触动我的，是这座岛屿的慢。在厦门这样一座高速发展的快节奏的城市里，竟还有这样一片不允许机动车通行、全靠一双腿行动之地。在这里，即使游客络绎不绝，也依旧是那么的宁静祥和。我们陪伴着台湾小伙伴们穿行在鼓浪屿的古巷中，踏在刻着岁月痕迹的石板路上,一起享受着这独特的令人惬意的古朴韵味。

　　游学之"游",已让人心醉神迷于各色美景之中,而"学"的部分,其一是海峡两岸青少年悦读节系列活动中的阅读马拉松比赛——限时阅读完《山羌图书馆》并答题。作者连俞涵在书中记录的是自己在记忆的图书馆里悉心收藏的日常心绪,其中含有对细微波动的生命的感动。整本书读下来,仿佛是在跟一位年轻的热爱生活的姐姐对话一样,有一种温柔恬淡的感觉。即使我与学伴都未赢得比赛的奖次,但我们都再次找回曾经心无旁骛捧起一本书、栽进书海里的状态了。这便是比赛的意义所在吧。其二是台湾师范大学国文学系的潘丽珠教授为我们所做的阅读交流分享会。她围绕蒋勋的《生活十讲》,一本风靡台湾、作者历经十年所著的金钟奖获奖作品展开讨论,让我们对书中的内容有了更深入的理解。

一千个人心中有一千个哈姆雷特，但始终有种神秘的共鸣，萦绕在每一位用心的读者之间。我和台湾学伴也是，互相分享彼此对这两本书籍的看法，有同有异，趣味横生。我们惊讶着，在彼此身上又找到了宝贵的契合点。

　　知音难觅，知己难求。不论是个人生活习惯还是对待事物的态度、看法，我和台湾学伴都极其相似，我们由衷感慨，从未遇上与自己如此相近的朋友，颇有相见恨晚的意味。然而美好的时光总是短暂的，短短七天我们建立起了深厚的友谊，但华筵终将散场，我们不得不面对现实的别离，唯一庆幸的是我们生活在一个信息时代。与别的营员截然不同，我淡然地面对眼前的一片呜咽声，只是拍了拍学伴的肩膀，保留了彼此的联系方式，允诺我一定会去台湾与她重聚，不必担心此刻别离便是永生难见。

　　一曲《送别》响彻五通码头，我们的双手与台湾学伴紧紧相牵，想保有彼此手中这一份温热，作为最后的铭记。我们冲上二楼候船厅，奔向他们，自发唱起了《朋友》，眼泪也不由夺眶而出。天气也如我们的心情一般，与相遇时的烈日相反，阴沉沉的，衬着我们的不舍与感伤。

　　再见了，朋友。是的，请相信我，我们会再见。

闽台书缘

□ 蔡瑜轩（台中市私立立人高中）

出发的那一天，天气晴。清晨的班机，睡眼惺忪的我拖着简便的行囊，只身前往台北松山机场。老实说，我曾多次怀疑自己参加这个活动的决定，因为这是我第一次自己搭飞机，第一次自己一个人到那么远的地方，不知道会不会吃得不习惯，不知道我的大陆伙伴好不好相处，种种烦恼在临行前如雨后春笋般出现，不安的情绪化作黑眼圈使我有些憔悴。

望向镜子里的自己，是忧喜参半的神情。不过我深信，经过这一次旅行的淬炼，我将有机会接触来自各个地方的优秀的同学，有机会与他们结交为朋友，使我更臻理想中的自己。庆幸的是，在抵达大陆之前，我与一位同是来自台中的同学成为伙伴，一路上彼此照应着。抵达厦门，一下船，便感受到热气自地面蒸上来，一时间令我难以适应。

在厦门的第一个晚上，我们体验了鹭江夜游活动。我在古色古香的游船上，同船上的灯笼一齐随着波浪摇曳，在这繁忙的都市里享受着让人惬意的一刻，欣赏着刻画在船身上的祝贺语句与厦门内岛特有的夜景。点点灯光在暮色的映衬下显得柔和婉约，横躺于鹭江之上的海沧大桥，静静地欢迎着一条条船只的到来，悄悄地目送着一艘艘船只的离去。我与两岸的朋友们一起品茶，并沉浸在细细品味传统经典闽南语歌曲的快乐之中。

第二天，我们搭船前往鼓浪屿，鼓浪屿是中国唯一一个不允许任何机动车进入的岛。我觉得这项政策意义非凡，这是全民共同迈向环保之路相当重要的一个里程碑。也因为没有机动车的辅助，往来的游客必须靠自己的双脚一步步前进，这也促使了凡事追求快速与效率的现代人放慢他们的步伐，好好地感受身旁的一草一木，写下专属于他们与鼓浪屿之间的情缘。有钢琴之岛之美名的鼓浪屿，名如其实，在我们漫步于鼓浪屿上时，仔细聆听的话会发现有音符连绵地流淌于小路间，伴我们前行。在鼓浪屿的街边、墙角、房前屋后乃至是岩壁，处处都能发现绿色的生机。一路上，我欣赏三角梅、小叶榕、猫爪藤与酢浆草等，于我而言无一不是视觉上的飨宴。

　　有关阅读交流，主办单位特别为我们安排了一个下午，限时让我们阅读《山羌图书馆》一书，并在阅读完后上网回答题目。一本好书可以是精神上的食粮，能够使你在细细咀嚼每一字句之时，深切地感受到心灵的某些缺口被填补了，引领你走入自己的图书馆，在那里，你可以暂时地喘口气，好好地与自己进行深入的对话，找寻自己的下一个方向；也能够进入作者的图书馆中，试着在书本的字里行间，找到作者所想传达给读者的境界，并且透过与作者的对话进行思考，进而得到启示。这次特别的活动也让我反思，我有多久没有像这个样子，空出完整的一段时间好好阅读一本书，好好与内心最深处的自己进行一场对话了呢？

在这次旅程中，我们一共走访了三个城市，但我的印象就这么长久地停留在了厦门。难忘绿荫覆盖的厦门，夏日里来得快去得也快的暴雨，夜晚偶然转进的灯火通明的夜市，热情的叫卖声、应有尽有的杂货摊、不时飘来的阵阵诱人的香味，让我感觉这儿的夜市与台湾的街边夜市非常相似，到处是熟悉却又有一点生疏的闽南话，让我仿佛置身家乡。

我真的很幸运能够拥有和我如此投合的大陆同学作为我的小伙伴，她领着我一起行动，一起经历旅途中遇到的大小事情。因着闽台书缘而牵起的友情，在我们相处的日日夜夜中，在我们甚至不曾发觉之中，悄悄地茁壮起来。在离别的港口，我们深切地感受到内心对于这一切人事物的情愫因这友谊而高亢着、澎湃着。

回到厦门，阳光下的汗水、吃食前的笑靥与三角梅下的眼泪，都成了我们两岸青年共同拥有的最美、最难忘的记忆。最后两岸青年齐声歌唱《送别》，更是使得离别忉怛的情绪满溢，令人悲伤的氛围倏地感染了所有人，呜咽声充斥整个五通码头。因为我们知道，这一别将有可能是永别了。在大家都哭得泣不成声之时，我的大陆小伙伴明显与其他人有别。她格外淡定，向我保证她一定会到台湾来找我的，要我不要太难过了。我的小伙伴，你可一定要来找我呀。

离开的那一天，天下着雨。坐在船上，我隔着密闭的窗，凝视着点点细雨，我的脸也被泪淋湿了。

两岸书缘

□ 陈志彬（德化一中）

在与他结下缘分的前一天，一个午后，我看完蒋勋的《生活十讲》的最后一字，心想，跨越海峡的交流，重要的"缘"是要在理解与包容中联系起来的。而连接两岸青少年不是什么困难的事，仅仅需要一本书罢了。不知还在对岸的那个他，阅读此书后是否也如此思考。

终于到了翻开"书"的第一页的时刻，很多人同我一样，在众多初见的陌生人中寻找着属于自己的伙伴。现在，主人公们已经登场，舞台就在厦门拉开了序幕。

我和他同是受闽南文化影响的人，在走走停停的几个闽南历史文化参观点，我们仅有短短几句交流，因为我们的思绪都进入了名为"闽南文化"的这一本"大书"中。"书"作为一个载体，可以有多种不同的具体内涵。短短几天中经过的地方，就是我与他阅读的这本"大书"的内容。

阅读总会有收获，两岸青年收获的不仅仅是对彼此生活各种方面的了解，更收获了一种精神上的互感。当我们齐聚在厦门市图书馆阅读时，是一种暂停的憩息，是对几天以来各种情绪和许多知识的吸收、思考、总结。在限时阅读后有令我感觉十分简单的问答题，但这时大家已醉翁之意不在酒。这150分钟里，我感受到的不是单纯为了答题赢得奖励而阅读，我享受的是与台湾小伙伴精神上的交流，实际上，我们时常在同一时刻忍俊不禁，想必是阅读到了同一个有趣的段落吧。

稍作休息便扬帆起航，一路北上继续感受闽地的风土人情，感受两岸的同与不同，体会闽台关系的历史风雨，了解闽地历史伟人的事迹风采。足迹在延伸，我们的故事越写越精彩。我们的情缘从当初种子初播，到如今已是参天大树，深深地扎入文化的土壤之中。在这棵参天大树下，我们心连心，共同前行。

故事终会结束，帆船终要回港。回望点点滴滴的足迹，尽是些充满感动的回忆。还记得参访林则徐纪念馆时的肃穆，走访福州三坊七巷时的兴奋，信步于泉州天后宫时的安然。离别之际我并未觉悲感，那是因为我们曾经坦诚相见。

　　同样的书，你我各有一本留在身边，书是连接你我的桥梁，每每看到曾经在同一场所、同一时间读过的同一本书，就会想起这段短暂但充实的回忆。书让我们的缘分联结在一起，像这样千千万万个通过文化之书联系起来的两岸青少年促进了两岸密不可分的未来。

　　现在大家都回到各自的生活当中去了，但你我的"书"还远远未完成，因为你还在海峡的那头，我还在海峡的这头。提起笔，翻开崭新的白页，继续书写我们两岸的情谊。

行 李

□ 林琨育（台南市私立长荣高级中学）

　　记得出发那天天气晴朗，万里无云。然而我的心情是紧张的，X光、登机门、涡轮发动机，对没出过远门的我而言，一切都那么新鲜而陌生。行李箱晃动着，脚步些许迟疑着，我将危惴不安的心情托运，试着只将兴奋带上飞机。

　　装着杂陈的五味，我的行李。

　　经过了数小时的交通时间，换乘飞机、巴士和没有窗户的轮船，抵达厦门时就像遮挡惊喜的蒙眼布被突然掀开，映入眼帘的现代化建筑着实让我一惊。此刻心中不禁比较了起来，相比金门水头码头，厦门五通码头的气势硬是把对方压了下去，挑高的大堂、崭新的玻璃帷幕、设计精妙的几何建筑结构，让我的赞叹如港湾中的浪花一波接着一波。此刻，行李箱的四个轮子在明亮的大理石地板上顺畅地转动着，似乎向我预告此次的大陆之行将会非常顺利。

　　正如每座花园都有最艳丽出众的一朵花，在我眼中，每座都市也都有最令人印象深刻的一栋大楼，在喧嚣的水泥丛林中担当地理上或是心灵上的地标。厦门的双子塔、泉州的万达商场、福州的希尔顿酒店，它们也许不是这几座城中最高或是最华丽的大楼，却足以在我心中象征这几座城市的繁华：厦门双子塔有如两把宝剑守护着厦门的港湾，白天从往来鼓浪屿的交通船上视之，就对其威武的形象深深着迷，到了夜晚它们则化身为灯塔，与隔海相望的郑成功像共同照亮了厦门的港湾；泉州的万达商场，则是以大面积的LED灯墙点亮了整个街区，也点亮了人群的笑颜，一幅国泰民安的景象便在眼前展开；而福州的希尔顿酒店大楼，则有如一个精致的珠宝盒，将我们最后一夜的促膝长谈妥适地安放。当透进大面落地玻璃窗的夜色缓缓转为晨曦时，行李箱的四个轮子在酒店的高级地毯上无声而温柔地转动着，生怕打扰一个不愿醒来的美梦。

装着对繁荣的赞叹，我的行李。

时间倒回几个礼拜前，从邮差手上接过一个包裹，掂了掂重量再测度一下形状，我知道我的钥匙已然来到，一把开启这趟旅行的钥匙——蒋勋老师的《生活十讲》。事实上，生活的规模之大、牵涉的层面之广、影响的元素之多，都不是一本书所能概括，然而，蒋勋老师标出了几个点，提供了很好的切入口，让我能够有方向来处理如此深不可测的议题。也因此，行李箱中摆放着这一本书，就好像带着打开议题讨论之门的钥匙，而那扇门则是潘丽珠教授的讲座。记得潘教授在讲座中讨论过书中的一句话："有自信的人，充满富足的感觉，总是很安分地——做自己。"而对于"安分地做自己"这段文字，潘教授提出了深得我心的一个备注，她说我们都应该保持本心，尽可能地做自己，至于安不安分却未必。我认为对年轻人而言，什么都想尝试的企图心至关重要，因为这样的冲劲是时代进步的原动力，若是能认知自己的方向，不安分地坚持做自己，相信一定能给未来带来正面的冲击。

朋友的诗曾写道："一卡皮箱，于1949年缓缓驶入高雄港……"而如今我背着行囊，缓缓于厦门港靠岸。海洋，一直是两岸相聚的障碍，也是相聚的桥梁。这次大陆行我也时常注目于两位与海洋有关的历史名人，他们分别是郑成功与天后妈祖。观看《闽南传奇》秀时，在大成本大制作的展演中我见到这些历史人物活生生地浮现在我眼前，演绎着课本中的历史故事，其所带来的感官刺激让我时而高声惊叹，时而拍手叫好，在散场后仍久久不能自己。接下来几天的行程，我们参观了鼓浪屿的郑成功像、泉州的天后宫，最后在气派的闽台缘博物馆中学习了有关两位历史名人的事迹。在离家千里远的地方体验到共通的文化，这种感觉对我而言是十分新鲜的，以"他乡遇故知"来形容也无不可；而与大陆同学讨论文化中的异同之处更是令我兴奋，无论是在庙宇祭祀上一些细节，抑或对历史文本的解读，甚至是在博物馆中为学伴补充展览未提到的台湾历史小故事，都让我体会到了中华传统文化的博大精深，也感受到了这趟旅程不可言传的况味。

装着文化相连的感动，我的行李。

美景因有人记录而天下皆知，故事因有人歌颂而流传千古，旅行也因

两岸书缘

为有人相伴而刻骨铭心。这次的大陆行,每个台湾同学都被分配到一个大陆学伴,而我的学伴刚好是个与我个性互补的人,他一直是个很好的陪伴者,在自由活动的时候陪我到处跑,不忘提醒我注意集合时间,平时安静地听我讲台湾这边的故事,分享我第一次出远门的紧张与兴奋,也在后段行程到达他家乡泉州时,充当专业的"地陪"角色,为我介绍当地的风俗及特色。其实我的个性慢热,一开始就遇到太热情的人可能会害怕,但感谢我的学伴给我发挥的空间,让我在大陆的这几天可以玩得尽兴愉快。

分配在第五组的我,与同行的另外九位大陆及台湾同学共度了美好的一周,大家都很放得开,也因此并没有花太多时间在"破冰"上。在七天的行程中,我们共同游历了许多世界级景区,品尝了各地的特色美食,也一起受到毒辣的太阳的摧残,在这样的过程之中,我们沉淀了许多难忘的回忆。也多亏了深藏不露的组员们以及组长用心负责的引导,我们才得以在最后一晚的诵读展演中有亮眼的表现。最重要的是,通过这次活动,我不但认识了来自两岸的好朋友,也在与朋友们的对话、与书籍的对话之中,对自己有了更深的认识与体悟。

第七天清晨，我从行囊中将准备多时的马克杯缓缓取出，附上一张台湾风景明信片给我的室友兼学伴，希望盛满了一周分量欢笑声的这个杯子，能够让他在往后的时光里静静啜饮这段得来不易的友谊。记得仿佛是昨夜，我们小组如常地在房内通宵嬉笑着、游戏着、吃喝着，也分享着日常生活中的一些甘苦，这些吉光片羽如一颗颗饱满圆润的珍珠，镶嵌在月光下的黑毯中，成了回忆中最耀眼的银河，我将之缓缓收入行李箱里，天也就这么无情地亮了。

早上前往码头的车程，气氛其实是十分微妙的，有一缕蚕丝般的怅惘夹杂在车上的鼾声与欢唱声中。到了码头，离别前的最后一个节目是"快闪"表演，所有的同学要共同演唱《送别》这首歌，有别于当初练习时的笑闹与不在乎，当长笛声悠扬回荡，大家牵起了彼此的手，还来不及开口，一股别离的酸楚猝不及防地涌上眼眶。直至此刻，不舍的情怀才真正爆发，不忍分别的离愁无情地直击心脏。无奈舟船终须离港，宴席终要散场，还记得大陆同学一路追着我们的脚步直到海关的阻挡，挥着手、唱着歌，发誓永不遗忘，我们则投以眼角的点点泪光，叮嘱要保持联络，勿忘生命交会时互放的光亮。

装着暖心的人情、文化相连的感动，我的行李。

从松山机场的转盘上，我领回自己的行李，也许是因为一场大梦初醒的茫茫然，我突然觉得我的行李较出发时重了许多。自认为不是个善于整理行李的人，总试图将体积过大的回忆挟带回家，然后在凌乱的情绪之中手足无措。于是在时间与空间的轴线里，我将那些无处安放的种种，小心翼翼地从行囊中取出，期待光阴的爬梳，岁月的整理，也期待下一次的相遇。

三地行游记

□ 谢婉冰（厦门二中）

2019年7月17号，五通码头，怀着期盼的心接到来自台湾的朋友，我和我的台湾伙伴庄紫婕开始了为期七天的2019年海峡两岸青少年悦读节之行。

当天下午，我们参观厦门老院子民俗文化风情园，了解了渔村文化、妈祖文化、南洋文化、闽南文化、始姐文化、建筑文化。紫婕说，台湾有500多座妈祖庙，看来真是"有海水处就有华人，有华人处就有妈祖"呀！夜幕降临，我们观看了令人震撼的《闽南传奇》秀，高科技的展示手法如梦如幻，让人惊喜连连，目不暇接，直呼过瘾。

在一晚甜梦之后，太阳伸伸懒腰，露出了灿烂的笑容。

我们一行六十几人从和平码头登上了鼓浪屿，我的心里满是激动和自豪，因为从小学一年级到初中二年级，我已在这个小岛上生活过八年，这里的一草一木都带着熟悉的气味，一街一巷都有着熟悉的身影。我兴奋地向紫婕一一介绍，后来她形容我就像一只打了鸡血的袋鼠，但是，她停顿了一下又说："我觉得很可爱呀！"我扭过头不好意思地笑笑，心底淌过阵阵暖流。

转眼来到菽庄花园的门前，菽庄花园是台湾名绅林尔嘉为纪念他幼时生活的台北板桥别墅而建造的。其实在此之前我已参观多次，但这次与台湾伙伴一起同行，却是怀着不一样的感受。从前是感叹于它的景色壮丽、构造精巧，而如今更多是为林尔嘉的思乡情怀所感动。一路参观着"十二洞天""壬秋阁""四十四桥"，遥想当年，林尔嘉就是在这里隔着海苦苦地思念他的家乡和亲人吧！再遥远的距离、再冰冷的海水、再漫长的时间也阻隔不了那一颗思念故土的赤诚之心！我的脑海不禁浮现了张九龄的一句诗"海上生明月，天涯共此时"。

·第一辑　2019海峡两岸青少年悦读节作品·

　　华灯初上，霓虹闪耀，我们夜游鹭江，船上装饰的灯笼散发出点点红光，映照在我们的脸上。我看着紫婕，她在看风景。突然眼波流转，我们的眼神对视，仿佛在说道不完的故事、叙不尽的话。微风轻拂，她的发丝随风飘扬，谱成一支舞曲。我把头转向海面，在灯光的照耀下海面波光粼粼，在我心中洒下了点点浪花。

　　随着游船的航行路线，夜幕下的厦门在千变万化的夜景灯映衬下显示出梦境一样的绚丽，使人仿佛醉倒在这温柔乡，再也想不起那世俗烦恼。

　　经过了一晚的休憩，第二天我们来到颜值逆天的厦门市图书馆，仿若在书的海洋中尽情遨游，心中的污秽都被一一洗涤，深吸一口气，满是说不清道不明的味道。抬头仰望，透明的屋顶以蓝天作为背景，置身于此，时时刻刻都有拿起书本钻进去的冲动。在三楼，我们举行了100个人，150分钟，同读一本书的阅读马拉松活动，阅读书目为连俞涵的《山羌图书馆》，她的笔触温柔细腻，娓娓道来，不经意间撩动了我的心弦……

　　20号，我们踏上了去泉州的行程。在泉州的两天，我们主要参观了闽台缘博物馆，这是一家反映大陆与台湾历史关系的专题博物馆，我感受

-151-

到了台湾人与大陆人本是同根生的密切关系，难怪我跟紫婕这么快就处得这么融洽，原来500年前我们是一家人呀！泉州是世界宗教博物馆，佛教、伊斯兰教、基督教、天主教、印度教、喇嘛教等，都先后在泉州出现、扎根、传播，和谐地融合在一起，看来闽南文化还真是很包容啊！

傍晚，潘教授与我们一起分享了蒋勋先生的《生活十讲》，我心中的蒋先生就像菩萨一样有一颗悲悯之心，他虽然讲的是台湾，但是提到的问题在大陆也十分常见，尤其是他讲的有关教育的话题。"我不知道为什么我们的社会会忙成这样子，没有时间停下来听听孩子的心事，没有时间揉揉孩子的肩膀。""很多父母和教师真的忽略了一件事，他们所教育的对象不是一个物品，是一个人，你的任何举动都可能对孩子的一生产生极大的影响，你的一点点关心都会改变孩子的一生。"这些话语也正讲出了我们的心声啊！

时光流逝，我们兜兜转转来到福州，参观了历史悠久的三坊七巷。行走在曲折幽静的小巷，廊上朴实无华的青瓦，被夕阳蒙上了一层淡淡的金边，透过树叶的缝隙洒下的光影，斑斑点点使人迷失在其中。大街上各式各样的小吃、琳琅满目的手工艺术品和流芳百年的老字号都吸引着四面八方的游客。

23日，我们匆匆踏上了返回厦门的行程。在这一周的同吃同住同游同看一本书的探寻两岸文化同根同源之旅中，我和紫婕的姐妹情谊逐日加深。一首"长亭外，古道边……"的离别之歌提醒我分手之日要来了，紫婕要回台湾了。我看着川流不息的人群，她渐渐隐没在人群中，我的鼻子酸酸的，眼泪似乎要夺眶而出，却强忍着硬是没流下来，笑着招招手，转身暗自思忖：以后一定要去台湾看望紫婕！

走出这我们初识的地方，灰暗的天空泛着微微的蓝色，白云也孤单地各不相连，眼角一瞥路边蓝色的野花丛，我想起了勿忘我的花语：永恒的爱，永远的回忆。噫，思念大概也是蓝色的吧？

远在台湾的朋友啊，勿忘我！勿忘我们！也勿忘了祖国……只要你们回来，我们永远都在，永远都在啊……

福建行

□ 庄紫婕（罗东高级中学）

　　如果说生活中的苦难是一片汪洋大海，那么闽南人的刻苦耐劳便是这茫茫大海中指引方向的指北针；如果说人生是一座高山，那么在福建旅行的所见所闻，便是帮助我爬上顶峰的登山杖。

　　一早，我们搭乘飞机来到了金门，往海边一望，便能看见不远处的厦门在与我们招手。接着，我们搭乘轮船前往厦门，准备展开为期七日的共享阅读之旅。才下船，就感受到阵阵海风轻拂我的面颊，是海，是风，是厦门的气息。可惜的是，并没有多余的时间让我享受与厦门的初见，谛听大海那曼妙的歌声。踏出码头的那刻，映入眼帘的一切俄顷间颠覆了我对厦门的认知，"繁华"是首先出现于我脑海中的词，但渐渐地，我却感受到它的纯朴。我想，厦门就像一朵双生花，既有玫瑰的艳丽，又不失兰花的质朴。

　　那晚，我欣赏了一出使我终生难忘的表演——《闽南传奇》。听它娓娓道出华夏儿女的悲欢离合，看它惟妙惟肖重现郑氏的气宇轩昂，观它别具匠心展现炎黄子孙的荣辱与共，感受它每一幕的精彩剧情。在六场表演中，令我印象最深刻的便是南洋历险这一幕了！那触动人心的歌声从岸上传来、那依依不舍的最后拥抱、那满怀担忧的一句"儿啊"、那撕心裂肺的一声"娘"、那步履蹒跚却不敢回头的背影、那一步三回头想将家乡的一切烙印于心中的样貌、那踏上旅程勇往直前的面孔，以及那历经千辛万苦后撼动人心的一句"娘，我活下来了"，这一幅幅画面至今仍回放在我心中。他们用血汗谱出的历史，我虽不曾参与，但我的心却仿佛和他们一同经历了一切感受。那一声声慈母的呼唤与游子的应答，更使我心中感慨万分、百感交集，庆幸自己所处年代丰衣足食，同时，也为他们的分离感到难过。同时，这场演出也使我看见了闽南人的无所畏惧、闽南人的敢拼

两岸书缘

敢闯。

　　谈到厦门，大家首先想到的必定是那有"钢琴之岛"之美名的鼓浪屿了。漫步于鼓浪屿，望向身旁那一栋栋古色古香的屋舍，悠扬的琴声萦绕耳畔，抚慰了我的每个细胞，身边虽游人如织，但我心却异样宁静。钢琴博物馆富丽堂皇，在踏入的那刻，我不禁张大了双眼，满屋的琴、典雅的装饰以及那令我如痴如醉的音符，我所热爱的一切，全在面前。音乐大师贝多芬即使遭遇再多苦难，但坎坷的际遇未曾使他叹息和屈服，反而使他搏击与奋斗，我想，这是对音乐的热爱，对钢琴的执着。也正是因为热爱和执着，这座岛才能孕育出多位优秀的钢琴家吧！是鼓浪屿孕育了琴，也是琴造就了鼓浪屿。

　　紧接而来的阅读马拉松活动更是让我找回了曾经的自己。依稀记得，小时候的自己是多么享受那徜徉在书香中的时光啊，更甚至能花上一日的时间，埋首于书丛中，但究竟何时书桌被教科书给占据了，又是何时阅读到一半便会忍不住想起那未完成的课业，有多久未曾心无旁骛地去读一本书了？一开始听见阅读马拉松的任务时，我一直觉得自己肯定完成不了，翻开书本的那刻，心情还有些浮躁，担心时间不够，但出乎意料的是，随着页数的渐增、故事的推进，我的心也跟着平静下来，将比赛的压力抛至九霄云外。我，回来了！那曾经的我回来了！那沉迷于阅读的我回来了！最终，我顺利完成比赛。我想，正是因为能静下心来去咀嚼、品味，不在乎时间压力的关系，我才能顺利完成。就好比有些事，急躁是没有用处的，唯有冷静下来，一切才能迎刃而解。

最后一日，我们来到林则徐纪念馆参访，看着院中、屋中的一切，我似乎看见了他那正气凛然的禁烟模样，以及他曾经在越华书院写下的一副对联："海纳百川，有容乃大；壁立千仞，无欲则刚。"日月的更迭虽带走了他曾经的威武，可却带不走他那印记在人们心中的英勇事迹。展览室中的官袍、军袍，这是他的过往，是他的曾经，更是那永镌于世的历史。

那日的晚会更颠覆了我对所有人的看法，登上台后，收起以往的嬉闹，人人皆成了那夜的舞台王者，每场表演、每一幕场景皆别有一番风味。而那夜，也注定是个不眠之夜。

黎明的来临，象征着离别的到来。我怀念福建的美，我眷恋福建的风物，我更不舍这七日来与我一同玩耍、一同经历旅程中点点滴滴的朋友们。记得初次见面时彼此脸上腼腆的笑容，记得终于玩在一块儿的那晚，记得给组员取绰号的那刻，记得模仿彼此口头禅的样貌，记得一起奔跑的时光，记得每晚紧张、刺激又有趣的游戏，更记得大家脸上灿烂的笑容。多么希望时光停留在最美好的那刻，可惜恍若白驹过隙，七日旅程终将画下句点，纵使心中有再多不舍，离别终究会到来。

这七日的一切，对我来说宛若一幅平淡却难以忘怀的画作，好似一首幽静却余音绕梁的歌曲，萦绕于我心头，久久不散。

正所谓"天下无不散的筵席"，而我也始终相信，此次的分离，预告了未来的相遇。愿彼此历尽千帆，归来仍是少年；愿此去前程似锦，再相逢情谊如故。

两岸书缘

不受阻隔，终会相见

□ 邱齐婷（厦门二中）

　　晚风吹拂，树叶沙沙作响，我忆起与她初见时的那个阳光普照的清晨。

　　路边草丛里露珠清圆温润，撷取了泥土的芬芳，迎着青涩的晨光，我的台湾伙伴轻快地走来，纤瘦的瓜子脸，未语笑先闻。同学们相互认识之后，一行人笑语相伴，向着首个目的地——"老院子"出发。

　　"老院子"是极具地域特色的闽南文化景区，此时正值午后，烈日为大地涂上了一层炫目的光彩，一扭头，我的台湾伙伴这会儿正倚在院子门口的财神爷身旁。财神爷身着红袍，喜气洋洋。她朝我咧嘴一笑，眼眸里闪烁着夏日般的炽热。她摆摆手，示意我为她拍照，"咔嚓"一声，她的美定格在相机里。

　　买完票，我们就进入闽南文化区中的老渔村。老渔村展示了众多雕塑艺术，有穿针引线的妇人、嬉戏玩耍的孩童、编织竹篾的工艺人、穿街走巷的商贩，展现了闽南生活的一幕幕。再往前，是东南沿海特有的蚵壳厝。竹窗石墙，大小不一的蚵壳相互依偎在墙内，很有几分古朴的韵味。

　　走过老渔村的一条条街道，在《闽南传奇》秀的台下得一歇脚，但我们的心情却更为澎湃了。寸土不让的激战、华侨游子的思乡、巨浪天降的雄伟无不牵动我的心。最难忘的是闽南人为了生计背井离乡下南洋，在通信设备很不发达的年代，浓浓的亲情只能被一湾浅浅的海峡阻断，父母在梦中都在祈求儿女的平安。看到这儿，我的鼻中泛起一阵酸楚……而现在，发达的科技打破了距离的限制，相隔两岸的我们可以牵着手一同坐在台下回望这段浓情满满的历史。

　　回到酒店已是半夜，洗去一身疲惫，我和台湾伙伴坐在床头聊起天。《闽南传奇》秀勾起了她对闽南文化的兴趣，我便向她细细介绍我所知道的知识。夜深了，两人怀着对第二日鼓浪屿之行的期待沉沉睡去。

清早的阳光透过窗帘缝隙钻进来，俏皮地拨开我惺忪的睡眼，鼓浪屿之行就要开始了。我们一起登上船，是一番"潮平两岸阔，风正一帆悬"的美景。我居住在厦门，鼓浪屿自然是常来的地方，我的台湾伙伴不住地问我岛上的风光，两个人一路说说笑笑，船不知不觉靠了岸。

岛上三角梅怒放，朵朵红花藏匿于绿叶之中。道路两旁是高大的凤凰花木，浓密的树叶间传出鸟儿婉转的啁啾，好一番"千里莺啼绿映红"之景。途经体育场，足球小将们在那绿茵场上驰骋，一件件亮眼的红色运动衫随风鼓动。转角处，有坐在咖啡馆前低声细谈的人，有半蹲着喂饲小猫的人，有倚在红砖墙边等着伙伴按下快门的人……一切亲切而又安详。我的台湾伙伴也唯恐错过美景似的，一边赞叹，一边用相机记录着。

最令我难以忘怀的，是菽庄花园上的"四十四桥"。

四十四桥依水而建，独具匠心。这座桥是菽庄花园主人在四十四岁时修建而成的，故得其名。海水被枕流石劈开又汇合，最终被四十四桥圈进院中，别有风趣。走到渡月亭上观赏海景，海波轻摇，呼吸间混杂着海风的咸湿和醉人的花香，是何等的惬意！再往前走是招凉亭，亭子本身设计成折扇的形状，更具"招凉"之意。亭上刻有"举手此邀月，飞花正舞春"的楹联，透露出有别于现代建筑的古色古香。走尽这座九曲长桥，我们一行人稍作休整，准备鹭江夜游。

一轮明月已挂在空中，从船上往外看，是一番"灯火万家城四畔，星河一道水中央"的景色。船缓缓向前驶去，可以看到郑成功雕像伫立在日光岩上，旁边的灯火为它镀上了一层金边，更显威严。

伙伴对我说，她在台湾长大，郑成功这位民族英雄的故事从小听到大，对他有着深深的敬仰之情。

我向前望去，郑成功雕像仿佛正庄重地注视这片海域，让我想到他收复台湾时"黄沙百战穿金甲，不破楼兰终不还"的气势。

千百年来，鼓浪屿这座小岛更是人才辈出。闭上眼，我的脑海中浮现出林巧稚医生救人心切的样子；我仿佛看到舒婷坐在窗边轻吟："我如果爱你——绝不像攀援的凌霄花，借你的高枝炫耀自己……"；我仿佛看到林语堂先生正执笔译注《浮生六记》。

一路走来，我们看到的，是这座城市的一段段历史，经历的一次次磨难一次次成长，孕育出的一辈辈人才。这些历史，似一路上迎风绽放的三角梅，唯用心细嗅，方能悟其花香。

  雨后的城市，尘埃洗净，空气中散发的清香令人心醉。第三日来到泉州，恰好碰上了这样的好天气。

  泉州的第一站是天后宫。因泉州临海，人们便常祈求海上之神妈祖的庇护，天后宫正是一座大规模、高规格的妈祖庙。寺庙的红墙透出一股淡淡的禅意，屋檐向上卷曲，上面的青龙雕刻得栩栩如生，我和台湾伙伴都不禁赞叹雕刻工艺之精美。

  走进天后宫正殿，看见手执蒲扇乘凉闲谈的人，还有烧香拜佛祈求平安的人。我和台湾伙伴一起绕到后院，院中有一方水池，金鱼在其中自在游弋。池子底部是人们为了祈求平安而扔下的硬币，经过水波折射，泛着粼粼银光。

  殿外刻着楹联的柱子外层已斑驳脱落，我走进正殿，妈祖的佛像端坐在中央，殿内萦绕着一股古老而厚重的香气。台湾伙伴说："我喜欢你们大陆的寺庙，有一种亲切的感觉。人们来寺庙不全是为了烧香拜佛，而是感受生活的惬意。"我心下赞成，回以一笑。

  离开天后宫，到达闽台缘博物馆，太阳已遮住了半边脸。我们站在博物馆前的倒影池边，黄昏的柔风轻轻踏进池里乘凉，惹得水波荡漾。导游引我们细细看那池水，说这倒影池的水不断向外流动，象征海峡两岸关系源远流长。我的台湾伙伴灵动的眼睛一眨，对着我笑道："我和你的关系也是源远流长。""朋友间的关系怎么能用源远流长呢？"我正想打趣她，不料她冲我脑门一敲，"是你语文没学好啦！"说完便一溜烟跑进博物馆，我笑着无可奈何地跟上。

  馆内一楼陈列了许多闽台风俗和宗教展品，二楼是闽台缘主题馆，讲述闽台历史与两地的民间工艺、风俗的异同点。我的台湾伙伴此时正经极了，认真端详着馆内的一件件展品，又努力凑近导游听着解说。我不禁跟着她，放慢了观赏的脚步。当看到身旁摆放的竹篾、陶壶时，她对我说，闽台缘博物馆像是家乡的缩影，似曾相识又不尽相同。

  泉州是一座历史悠久的文化古城，来到这里，就像进行了一次心灵旅行，受到各方文化的熏陶。

  继续向北，我们看着车窗外斜织的雨丝，嫩绿的稻田和忙碌的农人，遐想着福州三坊七巷的模样。

　　走进古街区，便走进了一段古老记忆。这里的房屋相互紧挨，错落有致，最高不过三两层。雕花的门窗，铺着青石的街道，撑着油纸伞的姑娘，城市的忙碌在这里放缓，到处是一派宁静与自在。慢悠悠地，我们随着导游的步子踏进南后街。这里逼真地还原了古老的巷坊格局，是"里坊制度活化石"。街道两旁挂满红灯笼，街道上偶尔有黄包车驶过，让人眼前一亮。

　　等到自由活动时间，我和台湾伙伴一同拐进黄巷。巷子里的白墙底部已爬满青苔，散发出历史的味道。一排燕尾脊凌空入云霄，几间古屋，木门石阶，幽雅淳朴。我的台湾伙伴又陶醉在这美景里了，趁着她还在自顾自地傻笑，我忙按下快门，保存下这一幕温馨。向右拐，道路逐渐狭窄。树枝苍翠，随风摇曳，鲜花盛开，香气四溢，把古街区装扮得有声有色。

不知不觉，脚已泛起了阵阵酸痛，我们只得在一间古屋围栏前坐下。门半掩着，两侧的对联泛白了，微风挑逗着旧门，发出"咿咿呀呀"的声响。

集合的时间到了，我们只能不舍地走出这片桃花源。我们像是无意闯入的武陵人，对它的遐想还未停止。

几天来，游历过许多风景，马上就到了分别之时。坐在大巴车上，老师教大家唱起了《送别》，悠悠的歌声飘出了窗。我的台湾伙伴轻靠着我，感慨着下次回大陆不知是何时。"随时，随时欢迎您——回来。"我一脸真诚地回答，两人又忍不住笑起来。

旅程的最后是码头的送别。我们把台湾友人送到安检处，依依不舍地看着他们的背影。"大陆的同学们，大家都把手机拿出来，放《朋友》这首歌，送给我们可爱的台湾朋友。"一个同学组织着。"朋友一生一起走，那些日子不再有，一句话，一辈子……"在歌声中我们结束了旅程，轮船载着我们的祝福向海峡的另一端驶去。

我知道，我们会不受阻隔，我们终会相见。

两岸情缘永不散

□ 李紫娴（台北市立中山女子高级中学）

　　似乎刚赴了一场盛会，一转瞬却已带着依依离情，强忍着情绪含泪挥别厦门的伙伴们，收拾起满满的行囊，扬帆返航。看看船尾泛出的一团团泡沫，一如我们两岸青年们的短暂聚集，晶透无瑕的曲面折射出的耀目的光是我们的交会，却很快又被海浪冲散，飘散如烟。我慌忙寻找，与小伙伴交会时留下的美丽光影，却在转眼间不知所踪，亦无从追溯。然而望着眼前不停消逝的光，我的内心涨满着一种浓浓的情怀，一种共同血缘、相同文化交融所迸射出的历史文化情感。

　　彼时，炽烈的阳光与白璨璨的浪花将我们送达那历史课本中相近又遥远的彼岸——厦门。满怀期待的我甫一下船，便看见厦门的小伙伴们举着布幅频频望向码头，等待我们的到来，我们皆带着一脸兴奋、一丝忐忑和一缕羞涩。那个上午，金色的阳光把人照得暖烘烘的，同时也将我的心绪熨烫得平坦又妥帖。啊！厦门的金阳，把我的内心照得开出了一片花海。夜晚时分，精彩的《闽南传奇》秀在两岸相同的文化背景下，毫无障碍地立刻抓住了我的眼球。五彩缤纷的令人眼花缭乱的服装，专业而毫不马虎的特技动作，加上总是出人意表的舞台走位与令人目不暇给的布景和道具，都令我感受到演出的盛大和饱满。不过最令我惊讶的还是那再熟悉不过的曲调和文化，演员们所展演的内容，从郑成功在荷兰人手中收复台湾，到南洋移民的不忘故土，再到中华文化的永续与传承，原来两岸人民并非迥异，在相同的文化根源下，我们就像是许久未见的朋友，既生疏又熟悉。

　　隔天一早，我们便前往鼓浪屿参观。静谧的街道，飘扬的棉被，古朴的外图书店，彰显了岛民安于自然的平和与当地人的生活哲学。还来不及捕捉此刻的美好，导游便已径自向前，我匆匆拍下眼前景致，心想着等会

两岸书缘

儿一定回来，却没想到许多事是不能亦不会回头的，只能努力将朦胧的光影刻画在脑海中。中午，不知道哪个小伙伴开始在厕所门口敲起《冰雪奇缘》的节拍，不久后大家竟一同跟着拍打起属于自己的节奏。青春昂扬的我们敲着敲着，便敲开了话匣子，敲开了心扉。晚上，逐渐熟悉的我们在游船上纵情歌舞，唱出舞出此刻的欢愉，酣畅淋漓地畅述当下的情怀。我们共享好时光，一起观赏鹭岛夜景，繁华的光影交相辉映在一张张青春的脸庞上，柔和得令人沉醉，甜得我一夜好梦。

两岸阅读交流是此次活动的重头戏，主办单位安排了多元的活动。刺激的阅读马拉松比赛，不仅旨在锻炼两岸学子的阅读能力和耐心，更重要的是提供机会让我们在同一个空间下，共同感受读书的氛围，同时达到心灵上的交流与激荡。《生活十讲》分享会，激发我们去思考平时的处事逻辑，进一步将大道理运用在日常生活中，也悄悄在两岸学子们的心田埋下了一颗叫"善念"的种子，更待彼日萌芽成长。灿烂无比的阳光衬着与天气同样的心情，我们再度出发了！阳光洒落街道，渲染着大地，为每个人的脸颊镀上了一层欢乐。结束紧张的阅读竞赛环节，我们雀跃不已、忘情歌唱，我们用欢声笑语点缀着中山路。犹记那个亮晃晃的午后，我们在一片阳光中狂奔；为了等一杯饮料，任汗水飞溅，于是湿漉漉的脸庞上闪耀着专属你我的青春。从此只要想起此地，便是清脆响亮的笑声与欢畅的两岸情谊。

同行的大哥哥打趣地说，他躲过家中长辈安排的台湾进香团行程，竟直接被传送到了泉州的天后宫总殿门口。泉州天后宫，有别于我所认知的"第一"，它没有华丽的建筑，没有鼎盛的香火，更没有游客的喧嚣。它仿佛隔绝在尘世之外，素雅的建筑勾勒出内敛不凡的气质，袅袅青烟使它更添仙气。闽台的相同根源，不仅展示于生活文化中，更体现在宗教信仰上。午后，来到闽台缘博物馆，看着先民移垦拓殖的辛勤成果，我不禁升起一份敬畏之情。经过几天交流，连最明显的口音都逐渐交融同化，相似的饮食习惯、相同的语言文化、相同的宗教信仰，原来，我们都是一样的，因为我们拥有共同的文化根源！

最后一晚，诵读展演在琅琅读书声中圆满落幕，中国文学的美感透过语言的诵读，传递到两岸学子们的心田中。展演结束后，我们却谁也不甘心就这样睡去。我们安静地坐在一起，任情感奔涌而出，化为文字。我们一边用一字一句缝成游子临别的衣裳，一边感叹纸短情长；一边伤怀时间流逝，一边庆幸抬眼望去便是彼此的伙伴，我们没有浪费一分一秒。此刻，即使没有言语、没有声响，心灵却已在一笔一画间紧密地依偎在一起，永不分离。我们，不停不停地细数相处的点点滴滴，不断不断地分享原来不曾也不愿提起的生命故事，将自己毫不保留且赤裸裸地摊开来交付对方。我们坦诚相待，一起笑成乐不可支的傻子，一起号啕大哭直到喘不过气，嘶哑的喉咙不停歌唱，直到再也发不出声响。曾经打闹中的产物，今晚成为令人安心的暗号，"排遗姐""尴尬哥"，这些令人莞尔的绰号，正是再熟悉不过的朋友印记，令人既想笑又想哭。想笑水晶球里我们剔透玲珑、纯粹而美好的友情，想哭那些即将结束的美好时光。

为期七天的美丽光影，终将没入生命洪流，然而早已在记忆深处挥洒出了一页斑斓。走的时候，依旧风平浪静，只留下我，兀自跌宕在情绪的狂风暴雨中，颠沛流离。泡沫会散去，但是我们不会。两岸深深的情缘，早已从那头，随着涟漪，一圈圈地传递到这头，流入我的脑海心间……

我要当爷爷的眼

□ 李芝筠（台北市立松山高级商业家事职业学校）

　　现在回想起来仿佛是很久以前的事了，适逢暑假，烈日当空，将人晒得昏昏欲睡，而那封入选的简讯像是洒在干涸土地上的甘霖，令我的四肢百骸重新舒展，脑袋里也注入了生之活力。

　　小的时候，我常常去爷爷家玩，爷爷是以前从大陆来台湾的老兵，他时常向我讲述他的家乡，但具体的内容我早就忘得差不多了。印象中爷爷是很想家的，我亲眼见过姑姑给他办了第一部手机，他颤抖地接过，饱含情感地向许久未见的家人说了一声："喂？"

　　看着他激动得要落泪的眼，我下定决心，若是有机会，我要替爷爷回家乡看看，当他的眼，告诉他，他心心念念的家乡现在到底变成了什么模样。

　　刚到机场时，大家都是一副腼腆羞涩的模样，我也不例外，我想很多人到了一个陌生的环境都会像是刺猬般，用一根根冷漠、沉默的刺，将最真实柔软的自我层层保护起来。

　　一路上跌跌撞撞，揣着惴惴不安的心，谨慎地和身旁的陌生人搭话，生怕自己的一言一行会被识破、被发现开朗外表下的生涩与僵硬。所幸，随着小船出港，所有的一切都海阔天空，靠在窗边看着金门渐渐缩小，变成一张立体版的明信片，而厦门越来越大。我本以为上了岸，会看见全然不一样的风景，但是没有。刚下船，突然一阵海风吹来，吹乱了我那精心梳洗的慌张，我闻到了海风的味道，不，确切来说是家的味道。海风里依旧有我在家乡时能闻到的味道，原来隔了一片海峡，竟没什么太大不同。

　　任由海风吹乱我的发丝，沐浴在日光当中，嗅着空气中略带咸湿的味道，若是心中还有什么不踏实，也在刹那便消弭无踪——我真正踏上这片土地了。

晚上在酒店入住的时候，我和我的小伙伴不约而同地拿出了各自带来的明信片，两个不同地方的人想要亲近、想要表达善意竟然选择了同一种方式，我感到很有趣。而我的小伙伴也很热情，他带着我们去一探他明信片上的厦门，虽然只是广大土地上的一隅，但我们也是逛得不亦乐乎。一路上走走停停，看到什么东西都新奇地想和台湾做比较。恍然间看到路边开着一家水果店，早就耳闻山竹的滋甘味美，只是台湾没有山竹，我百思不得其解为何气候相近，台湾却没有办法种出山竹呢？我的小伙伴和我有一样的疑惑，于是他上网搜索，发现原来两岸虽然气候相近，但台湾的冬天很冷，不像厦门即便冬天也很和煦。我们感到愉悦，不仅仅是因为解开了一道谜，更是因为深入了解了双方在地理环境上的不同并拥有了共同成长的感觉。

过了几天，我们到厦门市图书馆参加阅读马拉松活动，大家共读一本书，在指定的时间内阅读完毕，并迅速答题。

看着大家肃然地捧着一本本书，我感到既兴奋又安定，兴奋的是自己可以在喜欢的事情上一展长才；安定的是，这项活动本来就是以文会友，来参加比赛的人一定皆有一颗爱书的心，能在同样的空间下，和大家一起享受阅读的喜悦以及当下的氛围，是一件非常平静放松的事。

若是要说还有什么比在同一个空间下一起做大家喜欢的事更易拉近关系的，那便是每天晚上的谈心、玩闹吧。

忘记是谁先起的头了，只记得时间越接近离别，越分外不舍，从原本的两三个人，到后头的六七个，每天晚上不接近三点不罢休。

但是每晚的依依不舍还是有到头的时候，我知道，分别的这一天是无可避免的，但是我没想到会这么的刻骨铭心，本以为会是一场润物无声，像小雨般浸透心扉的道别；从有人开始带头唱《朋友》以及《千里之外》后，场面逐渐失控，泪水模糊了众人的眼，我想因为我们勇敢，因为我们年轻，所以才能够在码头高声地唱出彼此的不舍，才敢在这么多人面前宣泄心头的情感。

回到台湾后，只要无意间听到《朋友》《千里之外》，我都会忍不住停下脚步，细细地回想码头送别时的场景。

我曾说想当爷爷的眼，替他看他的故乡，我想跟爷爷说，可能我的眼看得不是那么清楚，但我的心感受到了，感受到了大陆朋友们的热情与活力。我会将爷爷来不及和亲友诉说的那份情感收拢，再用我们年轻一代的方式延续下去。

书缘两岸牵

□ 王菁菁（厦门一中）

  我想用"奇妙"与"欣喜"来描述这段旅程，我想用"可爱"与"灵气"来形容我的台湾小伙伴们。如果可以，我想大笔挥洒诗三百，高吟千种风情；如果可以，我想做一位持扇的说书人，张口便是一段"书缘两岸牵"的妙事。

  记得初见时的羞涩与拘谨，在码头兴奋地翘首以盼，即便脑海中演练了无数次欢迎词，但每一位走出来的旅客还是让我们一次又一次紧张起来，连老师都笑说我们仿佛在等待着接新娘。

  我们一同参观了外图集团在地铁点设立的共享书站，来自台湾的小伙伴立刻联想到他们的地下书街，不禁感叹两岸对文学的重视实在异曲同工。书，是心灵的钥匙；读书，是我们共同的生活态度。

  我们像稚嫩的孩子，满心欢喜地、迫不及待地想要打开这份恩赐。原来，我们的语言都是闽南语，我们的课文在他们的课本中也能找到，我们会背一样的诗，会崇拜一样的作家，会对同一部文学作品赞不绝口。

  一个半小时的阅读马拉松，我们走进了台湾作家连俞涵的《山羌图书馆》，一起完成连续阅读的挑战。一桌，四人，在同一个时间齿轮的转动下，相对而坐，无声。沉浸式阅读，是人与书的交流，是人与人的感应，每一次翻动书页，都仿佛一次心灵的拂尘。不同的教育背景，不同的繁体简体中文，不同的印刷与阅读习惯，却充满魔法似地让我们在一本书中找到了相同的感动——也许一个眼神使一切尽在不言中，也许激动的讨论使观点在碰撞中逐渐成形。漫漫文学路，我们都是初学者，更是同行者。

  潘教授在蒋勋的《生活十讲》阅读分享会上，就"找回生活的信仰""做自己"这两个话题对我们稍做点拨，我着实喜欢这位可爱的老太太——当她声情并茂、连比带划地试图让我们理解"林徽因式儒雅"的时

两岸书缘

候，当她兴奋地描述着她人生中的"自在"与"不安分"的时候，当她略显严肃地谈论着爱与情中的责任与道义的时候，与其说是点拨，不如说是无形中的洗礼与净化。短短的分享会，安静中带着庄重，在会心一笑里，何来地域之分？只有灵魂的共鸣，思想的共舞。由书到人，生活何止"十讲"，爱是一生的功课。

让我印象最深刻的，是海峡两岸中华经典诵读展演，从《水调歌头》到《乡愁》，从《木兰》到《八闽芳华》，吟、唱、诵、读，我们反复歌咏的，我们念念不忘的，是我们共同的文化基因。在苏东坡的明月清风中遥寄思念，酒不醉人人自醉，在余光中的可望而不可即中伤离别。

七天很短，我们一起走过了鼓浪屿、开元寺、三坊七巷，我们一起走进了很多不同的书店。我的台湾小伙伴说，她想带一本书回去，听说大陆的外文类书籍翻译得很棒，拥有一本简体字的书是一件很酷的事情，我不由得嘴角上扬。走着走着我们突然驻足于三毛的专柜前，我说，我很喜欢三毛。回首，眼神交汇的那一刻，我想，她懂了。那是一句没有说完的话，我喜欢三毛，我喜欢她的敢爱，我喜欢她的热烈，我喜欢她的精彩，我喜欢她的世界……那一句没有说出口的话——"我知道"！

也许正如潘教授问我们的那个问题，"选择天长地久还是曾经拥有"，我记得大多数人选择了后者。谈将来似乎是一件很奢侈的事情，但我相信，当我们在苍穹之下呼吸着不同的空气的时候，当我们在为各自的未来一步一步努力的时候，当我们在生活的困境中乘风破浪的时候，我们会感恩曾经相遇，感恩相互了解，感恩共同记忆，感恩一湾海峡也阻挡不了的心的靠近，感恩血浓于水，感恩我们拥有相同的文化气息。

最后的画面，是《送别》中唱不尽的祝福与期许，一曲《朋友》在在客运码头挥手告别时由衷而发。书缘，让我们有同样的默契。两岸的我们已经没有了"乡愁"，属于我们的，是独家的记忆。而这只是我们的开始，未来还在等待着我们开创。我深感吾辈责任重大，这段缘，这份情，这脉传承，从文学到文化，我坚信，我不是独行者，我们一直在路上。

两岸书缘

今宵别梦寒

□ 赖宛妤（土库高级商工职业学校）

我送了菁一首诗，是在我再也写不出像样的诗时。"我知道远方的日光，日夜钻着我，你我共同思念，没有海的岸。"那是一个彼此都觉得见面遥遥无期的夜。

2013年上演了一部剧，剧中女人穿旗袍的模样，让人觉得旗袍真是世间最曼妙的发明，剧中人总在离别时唱起"长亭外，古道边"，深藕色的缠绵搅和着易碎的情感。清醒时悲伤总是格外庞大，庞大得让人张皇失措，无处可逃。

据说人最不容易忘记的是听觉与嗅觉所感受到的事物，而听觉，在死亡时，是最慢离开身体的。

在福州，穿着旗袍与汉服在大街上行走已渐渐成为平常的事，街上被热气熏蒸着的人们，五官因汗水反射显得光亮起来。喇叭声，每个，每个，都会些微不同，但声音都偏扁。几天前，在厦门，那里喇叭声反而较尖，尖到某处天空被戳开一个巨大的洞，雨水倾泻而下。那时，我们一行人待在图书馆，仰望屋顶的透明玻璃，馆内，异常静谧。

在福州，路旁歇着人力车，男人深褐色的皮肤，穿着薄薄浅绛色布衫招揽客人。梁静说，观光胜地人力车通常价格高，叫我别轻易尝试。午后蝉声密集，嘶噪着，两个女人坐上车，拎着刺绣小包，剪裁简单的旗袍让曲线一览无遗，好漂亮。我眼珠死死盯着，阳光渐渐刺眼起来，对街招牌上"花生汤"三字，被我念成了"汤生花"。

长时间熬煮的花生汤绵柔甜润，味道虽不见得上好，可入口即化，冰凉凉的花生汤在炽热的阳光下，可称得上是"消暑圣品"。

我像艾丽斯一样，但我溺水了。艾丽斯与兔子一起跳进洞里，再度回到现实世界时，不知会不会想念待在洞里的日子，会不会有一天记忆如大雨一般淹过艾丽斯的口鼻。回台后，染上了水土不服的怪症，明明台湾才是生长的故乡，却像待在他乡。后来我常像艾丽斯一样迷失在梦里，梦中所有人都成为没有故乡的游子，在名叫鼓浪屿的小岛我定居下来，鼓浪屿靠海，有迷宫一样的路，我爬越石阶。我把梦假戏真做了。菁站在岛屿最高处吹着长笛，她是岛屿上音乐学校的学生。起风了，沙滩上的人们，忽然随着夕阳，慢慢、慢慢消失，菁绑着双马尾的头发散开来。那里的民宅，终年晒着厚重的棉被，天气太好了，好到那里的居民的面孔都刻着幸福的印记。我称羡他们的印记，菁的脸上也有，淡淡的，在码头我与她初遇时，这印记最明显，青春被她的笛声搅扰起，成为岁月的烟，岁月的雾。我想念菁。

　　那是被热气灌满的夏天，橘红的屋顶罩着光影，没有被时间划过的样子，光影停滞了很久。巷坊中的民宅，一个十几岁的孩子蹲踞在门口，蓝色居家衣，那个蓝让我想起一部幼时动画，由比利时漫画家及妻子共同创作的漫画改编，是生活于森林中、戴着白帽的蓝色精灵的故事。我永远记得那个孩子，低着头，左手拿着小麦秸扇把弄着。我忘不了，忘不了那条笔直的长街。

　　其实，一开始，与菁，我们之间的相处并不是那么顺利。我和菁一直是相敬如宾，记得初遇时，她非常贴心地为我挡住炽烈的阳光，她话不多，腼腆如久未使用的淡香水，被搁置于玻璃橱窗，再次使用，气味深入毛孔，让人久久不能遗忘。某几个瞬间，我会极其羡慕别人的小伙伴。小伙伴就是室友，就是陪伴你七天无话不谈的友人，而菁呢，我们都属于同一种人，闷骚，不擅开启话题，热水壶烧水一般，把储存不多的水沸腾殆尽后，我们不再说话。那天早晨，菁把矿泉水倒进热水壶煮沸后，苦笑着说："看来，还是会有矿泉水味呢。"把烫口的水装入保温瓶后，我都为自己的迁就哭笑不得。其他人的小伙伴倒是会说一些稀奇的话，如必须坐船去鼓浪屿上课，流行玩"狼人杀"，这是我在家乡闻所未闻的生活方式。菁整个人散发出一种精巧气息，她早晨会唱着春天的歌，我永远也哼不成调的旋律。七天的末梢时，她问我会不会李叔同那首《送别》，几年前看的那部剧让我熟透了《送别》的旋律，我和菁心中半透明海棠红的隔膜，逐渐，化开来。

　　菁和我一起唱起了《送别》，在她要送我回码头坐船返台时，我们离

两岸书缘

彼此最近，却也离彼此最远。菁拥抱了我，我们双眼湿润，洗涤了一个一个共同经历的日子，时光汇聚成塔，成为梦中的居所。

　　偶尔我会梦见菁，菁在里面没有名字。我记得她的声音，我知道那是菁。

奇 妙

□ 曾小华（厦门二中）

  这是一段奇妙的旅程。亮眼的阳光，冰凉的汽水，爽朗的笑声，悠扬的歌声，滚烫的泪珠，紧握的双手，长久萦绕在身旁的书香，都是奇妙的。

  我们在码头迎接台湾小伙伴。我和同学兴奋地猜测起即将同行的台湾小伙伴的模样，俩人正说到兴头上，突然，人群中蹿出一迭声"来了！来了！他们来了！"，这句话像是块磁铁一般牢牢吸住了众人的关注点。

  初见并没有想象中的尴尬。在去餐厅的大巴上我终于和我的台湾小伙伴碰了面，她披着黑色的长直发，戴着眼镜，脸上挂着灿烂的笑容，笑起来眼睛像月牙似的，眉眼中透露着活泼。其实我不大爱主动与人交流，但她总能讲出巧妙的笑话，并和我分享了许多台湾有趣的人、有趣的事。

  第一顿午饭，饭前，组员们都客客气气地做了自我介绍。午饭之后去了"老院子"，这里细致展现了闽南地区的历史风貌、文化习俗，还原了渔民的日常生活。给人以深刻印象的是《闽南传奇》秀，舞台上灯光绚丽，一声声鼓响牵动人心，还有刺激紧张的杂技表演，台下的我则屏气凝神，觉得十分震撼。我们小组的第一张合影也在这里诞生了。

  我的小伙伴非常好相处，第一晚我们就聊了好久。聊爱看的书、喜欢的作家，聊喜欢的歌手、喜欢的歌曲类型，还聊繁重的课业、不同的学习方法、想去的高中和大学。

  第二天，我们去了鼓浪屿——有着浓厚历史印记的、充满浪漫情怀的琴岛。

  步入菽庄花园的大门，我们感叹的不仅是壮阔的景象，同时也是那如诗如画的风情。白云在天空中跳着轻快的舞步，阳光将自己的热情无私地贡献给这世间，树叶迎风舞蹈，鸟儿唱着夏的赞歌。如果说，这是一场

两岸书缘

旅行，我觉得还不够贴切，因为它是那样的有趣与亲切；如果说，这是一场茶余饭后的散步，我觉得也不够贴切，因为它比散步来得更有意义有内涵。

之后，我们去了岛上的外图书店，我们在书海中遨游了两三个小时，然后依依不舍地离开了。夜晚的风光更不容错过，我们乘着游轮夜游，小伙伴们坐在一起，有说不完的话，耳畔时不时传来闽南语歌曲，更是让人感到无比亲切。

令我印象深刻又新奇的，是在厦门市图书馆举办的阅读马拉松活动。这无疑是一个新的形式，在限定时间内读完一本书然后答题，将阅读时间和答题正确率相结合进行考评，选出优秀选手。现如今，生活节奏越来越快，学校课业日渐加重，看课外书的时间少之又少，这种沉下心来阅读的机会实在难得。一本《山羌图书馆》让大陆同学更加了解了台湾伙伴们的日常生活，大家专注的神情，成了图书馆中最亮的风景。

我们去了泉州的几座寺庙，在菩提树下静心冥想。去了福州的三坊七巷，那里的街道和招牌都是古色古香的，给我一种错觉，好似来到了盛唐

- 174

时繁华的街区。

  最后一晚，我永远记得。

  那天，我们几个小伙伴还有一个带队的姐姐围坐在一个房间里，大家玩着土气的聚会游戏——真心话大冒险。我热衷于出一些奇奇怪怪的题目，我的小伙伴 Joker 就是受害者之一。因此每当我抽到 King 的时候，Joker 都会向我投来哀求的眼神。那晚，我们敞开心扉聊了许多秘密。或许蠢，或许难以启齿，都是些平常不轻易说出的、藏在心底的东西。那晚我们聊到很晚很晚，巴不得在这最后一晚，讲完对方没有参与过的前十几年的全部生活。

  离别之际，我的心情再也高兴不起来了。大巴上展开了小 KTV，冒着粉红泡泡的情歌对唱，带有磁性的男声独唱……最后的两三个小时伴着悠扬的歌声也悄悄地跑走了。在码头，两岸朋友牵起手唱起《送别》，"问君此去几时还"，恳切地唱出了此时心境。

  止不住了，那份不舍在内心一次次撞击，再也止不住了，滚烫的泪水从眼角滑落。

  我们拥抱着，抽泣着。我对小伙伴说："我中考结束就去找你。"他们过安检了，他们被一个横布条隔绝在那边。但隔绝的只是我们的位置，隔绝不了的是那颗颗炽热的心。我们自发唱起了《朋友》，大家挥起了双手，热泪盈眶，纷纷喊起了自己小伙伴的名字，大声喊出了彼此间的约定。就像《朋友》的歌词里说的，"会寂寞，会回首，终有梦，终有你，在心中"。

  此时脑海中回荡起我的台湾小伙伴和我说的那句话："我是因为会写文章才被选上，你说你是因为会朗诵。"正是这一写一诵，将我们彼此联结在一起，才谱写了这奇妙的两岸书缘。

两岸书缘

我的春天树、日暮云

□ 黄珮蓁（台南市立大湾高级中学）

幼时缩在拥挤的小区读经班，曾背过一首诗："渭北春天树，江东日暮云。何时一樽酒，重与细论文。"看着儿童版的《唐诗三百首》略显粗糙的插画，和着其他孩子稚嫩的读经声，那时的我已勾勒出长大后最美友谊的样子：有斟满的酒杯，有摇晃的树影，有清爽的白云，虽然两人相隔，但是春风和暖，刚落款的诗作笔墨犹新。那情那景幻想起来那般美，让小小的连书桌都够不到的我，悄悄地许了一个愿，愿此后能结几个这般好友，有着共通的语言，愿我也可以常看春天树，常观日暮云，会心一笑。

我爱上了中国的古典诗词，常期待着有一日亲身一游诗中的神州大地、五湖四海，所以看到这个文学交流活动，我就迫不及待地准备好了所有文章投稿，期待能与人分享同样因文字而飞扬的悸动。临行前我仍紧张地翻着《生活十讲》，默默地想着未来几天要与人交流些什么，以致飞机上累到直接睡整路，这就是后话了。

之后，跄跄地下船入关，紧张地在海关寻大陆小伙伴，紧张地互相自我介绍，紧张地加了彼此的微信微博，接着就是出奇摇晃的游览车，大家都尴尬微笑客客气气没怎么动的午餐，在这连串的紧凑行程中，我常常偷瞧我的小伙伴，简约利落的短发用轻巧的发圈和几个夹子束了起来，形状完美的鼻带出整个脸部线条的优雅，清秀的眉眼几乎都是上扬的，她总是笑着，笑得很明媚很阳光，就连我说个刻意打破沉默的冷玩笑，她都报以开怀大笑。我几乎是立即喜欢上她，和她聊天觉得特别的熟悉与放松。

第一日晚上，我们便已相谈甚欢。记得我先是把奔波了一日、晃荡过飞机及船的疲惫身体呈大字摊在床上，好奇地问我的小伙伴平常喜爱看什么书，她回《简·爱》。我欣喜若狂，便同她说，我小时候不像同龄孩子那样喜欢看电视,我的童年是由一本本《哈利·波特》《简·爱》《孤雏泪》《基督山恩仇录》《红楼梦》《封神榜》《三国演义》《西游记》及金庸古龙的书堆栈出来的。我讲了几个小时候傻傻的蠢事逗她,那时经常拿了个夜市套圈圈用的小圈子当作哪吒的乾坤圈,想惩处奸恶,也会对着邻居的大黑狗发号施令,因为觉得它神似杨戬的哮天犬;或是每个暑假都期待猫头鹰送来霍格沃茨的录取通知,一遇到月台就会撞一撞,期望那里就是九又四分之三月台……自己讲得很羞怯,小伙伴却笑得豪爽,望见她理解的眼光,我嘴角也不禁失守,笑了起来,原来每年等霍格沃茨特快车的小傻瓜并不孤单。

《诗经》云:"相彼鸟矣,犹求友声,矧伊人矣,不求友生?"抱着满腔交友热情而来的我,没想到后来还有那么多的惊喜——在第二天就多了其他很多小伙伴。有平常笑起来天真可爱,对谈时却傻傻呆呆的,诗写得极佳极美的小赖;有第一天沉默安静被我误认为高冷,岂知熟起来却玩笑无忌,论诗又成熟认真的小钰……那晚,我们全小组六七人齐聚一间房,有的倚在床上,腿上随意横了条被子,坐姿豪迈,有的两人倚肩靠

坐，分了把酒店配的椅子，有的干脆席地而坐。我们天南地北地聊，从今日令人脚酸的行程和火辣得吓人的厦门艳阳，聊到我们都迷过的电视剧、明星、小说、文字，聊到两岸都沉重累人的课业压力，我们常常笑得太忘情，因担心被投诉而倏地安静，互相小声提醒彼此，却又在不久后故态复萌。在一次笑到直拍大腿时，我双眸逡巡在这群既陌生又熟悉的脸孔上，好奇地想昨天我们不过仍是在大街遇着会擦肩而过、全不注意彼此的陌生人，眼神就算碰触也会急掠而过，今天却坐在这儿谈笑风生，我恍神了片刻，不料马上被逮着调侃了一番，我装怒否认，心里却想，或许好好交流一阵，他们会是我期待已久的知音。

　　身畔多了这群人之后，每个风景都清晰起来。记得陈嘉庚纪念馆前临海的大片空地，我们笑笑闹闹地走过那儿，故意绕了远只为离波光粼粼的海近一点，最后还因聊天之故被导游劝了几次走快些；记得厦门市图书馆上方美得令人屏息的大穹顶，我们依老师之言找了个位置为下午阅读马拉松活动暂息片刻，因为互相倚靠着睡，我竟有种在繁星下，在草地仰躺闲话后舒稳而眠的奇想，那次午睡是"学测"将临这大半年我睡得最沉的一次；记得坐在一块读同一本书——《山羌图书馆》，凝视大家因同样文字而专注的表情，我备受鼓励，喜欢大家一起沉浸于文学时的宁静，那天我读的不只是《山羌图书馆》中清丽淡雅的文字，也读着大家有缘聚集在此相识的情谊；记得泉州天后宫的烟雾缭绕，我一个个拜过去求亲友身体健康、考试顺利这些琐事，我那早就晃完一圈的室友便在后头静静地伴着我，转头看见几步之遥的她，我笑了笑，之后几个愿望中便都多了她；记得福州三坊七巷那古色古香的老街，连星巴克、肯德基等现代化的商店都覆了层古朴的砖红色，我拉着小钰在好几间书店、小纪念品店消磨了整个下午，我们步调极慢，或许因为这些招牌很"文青"，我们很喜爱，以致集合时我俩都收获了满满的书签、明信片等纪念小物。记得，那般多地记得，让我在翻看照片和记录时，仍会莞尔一笑。

　　永远铭记最后一晚，最后一次聚在同一房间聊个通宵，记得有个已满十八的女孩喝了酒直傻笑，高声宣称她绝对没醉的憨态。那时，我们群起闹着她，只看她又昏昏沉沉、梦游似地去泡了碗面，迷迷糊糊地吃完了它。那晚，我们交换了许多平时绝不会启齿的秘密，我们起哄，我们游戏，我们还玩"大冒险"，喜欢听到有人抽到鬼牌要被惩罚时的悲惨号叫，喜欢明明被惩罚却也心甘情愿、与大家同乐的愿赌服输。那晚的气氛让我如此迷醉——我没喝酒，但我也醉了，醉在才六天却好似处了一辈子的温暖中，醉在和友伴们的心有灵犀中。

  我原本没想要哭的。最后一天的离别行程节奏紧凑，好似还没有正式道别，我们就在安排下手牵手唱完了《送别》，匆忙排好队在安检处等待检查船票和护照，这几日熟起来的朋友全在身侧，但是中间却隔了段很长很长的苍白分隔线。他们忽然在那头唱起了《朋友》，我才意会到七天来第一次有个什么东西分隔了我们，才意会到以后不只这条线，而是整个海峡隔着我们。望着对面站着的、这几天几乎跟我形影不离的大陆小伙伴，可以晚晚聊到凌晨三四点的我们竟相顾无语，对面的他们又唱起了《朋友》，我呆呆地站着，甚至忘了跟着队伍前进安检，好一会儿才发觉自己早已泪流满面。我模糊地记得在进安检前，我曾认真地、大声地喊出几个我认识的大陆小伙伴的名字，"要来台湾找我们哦！"我跌撞地将背包扔向安检输送带，狼狈却坚定地朝他们喊着。真的，我本来没打算要哭的。

  之前也参加过许多营队，但是大概一个营队都只留下一两个朋友继续联络。随手点了行动数据，开了网络，微信、QQ、LINE、IG都传来了不少讯息，笑着点开讯息，我满足地想：朋友，或许就是那些每天塞满你讯息夹，但你却永远不嫌其烦，还希冀他们多传些的那群人；朋友，或许就是你突然兴起写了首诗或短文想第一个传去给他的人；朋友，或许就是拿你的丑照做成梗图每天传到群组笑话你，你却一点也不生气的那群人；朋友，或许就是你回归课堂，却在上课时走神想到会不住傻笑的那群人；朋友，或许就是让你重新定义朋友的那群人。我在这次旅程中找到了我小时候定义的朋友该有的样子，从此我发现哪儿都是我的春天树、日暮云，就连眯眼瞧着太阳，我也念起我们曾执手晒过的那艳阳，想起同样在太阳下奔忙的厦门的你们、台北的你们、云林的你们。朋友，一定就是最好的你们。

第二辑

2019
第三届海峡两岸青年阅读季作品

- 授旗仪式

- 台湾同学集体朗诵《水调歌头》

- 《木兰》 表演者：龚林玥、檀果

- 《与妻书》 表演者：林钧桦、唐凤华、李笑扬

- 开营仪式活动现场

- 两岸学子在鼓浪屿外图书店做读书分享会①

183-

- 两岸学子在鼓浪屿外图书店做读书分享会②

- 两岸学子听导游讲解福州三坊七巷的故事

- 台湾同学在福州三坊七巷排练节目

- 两岸学子参观鼓浪屿

- 两岸学子参观鼓浪屿钢琴博物馆

- 导游为两岸学子讲解土楼的特色

● 两岸学子参观塔下村德远堂①

● 两岸学子参观塔下村德远堂②

● 两岸学子参观漳州古城

● 导游为两岸学子讲解埭美村的建筑特色

● 两岸学子观看惠安影雕

-185-

● 两岸学子于漳州土楼合影

● 两岸学子参观漳州林语堂纪念馆

● 台湾同学与大陆小伙伴依依惜别

● 大陆同学与台湾小伙伴挥手作别

致海峡彼岸的朋友

□ 郭丽容（福州大学）

亲爱的、海峡彼岸的我的朋友：

我站在一个很普通、很普通的街道口，风轻轻地掠过，发丝也跟着飘动，骑脚踏车卖麦芽糖的叔叔敲着哒哒声路过，泛黄的树叶悄悄地飘落，那户人家外墙上的爬山虎还在努力伸脖子，我想举起相机拍下来，但是在想你的恍惚间，忘记了。

如果说遇见已是人间难得，又怎敢希求朝夕相处。以书会友——你我之间始于一本书，但绝不止于这本书。

回想起这个七月，足够炎热，石板路上的风都昏昏欲睡，卷着的树叶也被烘干了似的，就在这样的一个午后，你说："你好，我的第一个大陆朋友。"

刚见面时你抱住我手臂的瞬间，难以置信地，我好似看见了百年前，那时的我们论经世之道，商为政之要，图国事之去向。你不会相信，第一眼看见你的刹那，我就看到了几十年后，彼时的我们也还能如此牵着手谈着笑。

海峡是什么？潮水也不知道。在遇见你之前，我从未觉得它如此宽又如此窄。

这海峡宽到我们没办法轻易见面，使用不同的网络，无法自由地聊天，我习惯线上支付而你选择付现；宽到这儿不够了解那儿，那儿也不太了解这儿。

但海峡又窄到仅仅只是"繁简汉字"之分：我们语言互通，我们建筑风格相同，我们吃同样的小吃、有同样的民俗，我们相遇的一瞬间就已经一眼万年。

不知，你还记得我们一起逛过的地方吗，那许多许多饱含岁月痕迹

两岸书缘

的地方？幻彩不减当年的器皿，有着我们祖先神圣的仪式感；我们一起看老一辈的故事，大多与海峡两岸有关；我们走过的路有"恐惊天上人"的宁静，也有熙熙攘攘的嘈杂；看见渔网、石厝，你说台湾也有。走过台湾路，你兴致勃勃地拍了照，"大陆的街道常以国内的省市命名呢。""太好了！台湾路也有！"

不知还记得我们一起读蒋勋的《生活十讲》吗？我们思考素质教育与应试教育到底该怎么权衡，聊大陆和台湾教育体制的区别，不同的升学体制，不同的课业内容，不同的教学模式；讨论两岸人的婚姻观、爱情观，要爱情还是要面包，有没有适婚年龄这一说，结婚一定要有房有车吗，在一段感情里私人空间的重要性……

我们好像突然间靠得这么近又相隔这么远。你常说："我怎么没有早点遇见你呢？"我也常想：到底因为什么，我们才不能早些相遇呢？我们有一样的好奇心、一样的朴实、流着一样的血、心灵有一样的温度，还记得当初和你父亲通电话时，电话那头传来的是满怀热情的闽南话，告诉我你们的祖籍也在福建。

-188

离开厦门时，你拿着护照说："除了台湾岛内，我们去哪儿都要护照。"我的心突然酸了一下，对我们来说，从台湾到福建应当只是跨个省，何必如此麻烦？你却道总是如此。

　　分别后的这个八月依然炎热，我们各处海峡两岸，通讯也比想象中困难。我们慢慢学习对方熟悉的社交软件，和你传讯息时我已习惯切换成繁体，一句嘘寒、一句问暖，经常要间隔半天才能收到回应。

　　最近尤其关注与台湾有关的讯息。刮了台风，台南下了大雨，你说台中没受影响，我说福建艳阳高照；地震了，你说那时你还在熟睡，我说福建也有震感。我总是担心你。

　　这世上还有好多好多我们不能插手的事情，唯一能做的就是期盼一切静好。

　　相处时我常看向你，隔海相望时我总想起你，你看书时专注的神情，你听故事时有趣的反应，你讲你所遇到的趣事时兴奋挥动的双手，还有你笑成月牙般的眼睛；你常说我幽默、贴心，说我开朗、专情，我也一如既往地祝愿你开心、安定、健康、幸运。

　　"我要回台湾了，你会想我吗？"

　　"我想厦门的海与船，想漳州的楼与街，想福州的巷与坊，更怀念海峡对岸的、陪我走过每一个地方的你。"

　　"不要哭哦，在大陆和你相处的这段日子里我过得很开心。"

　　……

　　雨掉在地上"啪嗒啪嗒"，云朵托住偷溜出来的一缕阳光，起风了，我回到房间，给你写一封信。

　　"你说，何时我们会再见面呢？"

　　"很快、很快……"

　　雨停了，看着彩虹，我心里从未如此平静。

　　此致

祝好！

你的大陆朋友　郭丽容

2019年8月

两岸书缘

珍贵的回忆

□ 汤闵婷（台中科技大学）

　　七月，我在福建省系下了一段难以忘怀的情缘，而这份情缘，将成为我人生中最珍视的宝藏。

　　初至福州长乐机场，即将与完全不熟识的组员们展开为期一周的文化交流之旅，不知怎的心里没有一丝一毫的担心。或许是本来就相近的文化，或许是有着相同的语言，抑或是让人觉得熟悉的环境，让不安、害怕这样的词不曾在我的脑海中浮现。而在见到我的伙伴的那刻，我更是对此次旅行充满了期待。她幽默、率直，刚见面就大方地邀我一起撑伞，如果没有她的善良，我想第一天我就会在福州热情的天气下中暑。

　　首站来到林则徐纪念馆，通过参观，我对这位历史课本上的名人有了更深刻的认识。林则徐先生是近代翻译西方报刊、运用国际法、创建新式海军等等的领军人物，我不由得对林则徐先生的努力产生了敬畏之心。当太阳渐渐收工不再热情之时，我们一行人来到了有着浪漫氛围的大梦书屋，展开了此行的重头戏——中华经典诵读展演。虽然我们组只在机场及走访三坊七巷之时，短暂且匆忙地排演、练习，展现出来的可能不尽完美，但我相信大家都尽了最大的努力。表演结束时，我看见台下同学不吝啬的掌声及欢呼，心中充满了感动，觉得能来到这里参加阅读节实在是太好了。也借此机会观察到大陆同学们的台风普遍较稳健，这是我认为自己较不足，且可以多向他们学习的地方。

　　翌日早晨参访的西禅古寺有着格外清幽的气息。悠闲地在寺院里漫步，看着庄严的佛像及雄伟的建筑，我的心情格外平静。下午经过长距离的车程来到厦门，在参观老院子景区时，我认识了"惠安女"。她们是闽南地区妇女勤劳与智慧的代表，在传统年代，她们与丈夫一年只能相聚几次，直到有了孩子，才能与丈夫常住。这样的习俗让我震惊，所以对惠安女留下了深刻的印象，不过还好，在时代的变迁下，已没有这样的习俗。夜晚观赏的《闽南传奇》秀，对我来说算是新奇的体验，虽然介绍的是熟悉的闽南文化，但故事的呈现场景壮观、层次丰富，让人目不转睛，好几幕的场景刻画鲜明，令人动容。

　　第三日早晨所参观的集美景区美不胜收，像东方建筑又杂糅西式风格的房屋随处可见。除了了解到陈嘉庚先生所树立的典范与生平功绩外，鳌园旁，衬着蓝天白云的一棵绿树也成了大家合影留念的热门景点。午后参观惠和石文化园，令我印象最深刻的莫过于布满整个展示柜，雕刻得栩栩如生、令人垂涎三尺的"满汉全席"了。鬼斧神工般的技巧，让整桌的石头菜令人看了食指大动，明明我才刚吃过午饭呢！随后前往的沙坡尾则是有着现代繁华，却又不乏古色古香的地方。琳琅满目的小店让我忍不住四处张望，只可惜没有太多时间能一间一间走访。离开时，窗外的环岛公路放映着令人舒适的碧海蓝天的景色，原本掩着窗帘的我们，还好在导游的提醒下拉开幕布，不然可要错过这场动人的"电影"了！

　　第四日一早从厦鼓码头搭乘渡轮至鼓浪屿上的三丘田码头，鼓浪屿的天气与别致的景色开启了大家一天的好心情。在鼓浪屿错综复杂的小径上展开冒险后，一行人前往同样从外表看着就十分优雅的外图书店举行阅读分享会。《生活十讲》这本书的作者蒋勋先生很会说故事，轻松的平铺直叙间同时带有一体两面的省思。在分享会中，同组的组员各个带有不同的看法，不同看法彼此间又激荡出了不同的思维模式，好似书店平静氛围下交织出的交响乐。我还和同组的姐姐交换了不同版本的书，这是温馨又收获满满的一场分享会，尤其又能在这么静谧、

美丽的地方举办，实在令人难忘。随后参观的钢琴博物馆中则有着各式各样、各种年代的钢琴，丰富的馆藏令人看得很是过瘾。每一架琴都有自己的故事，而最令我印象深刻的，则是角落里的特殊直角钢琴。小巧的琴键数看起来不到普通钢琴的一半，起先在大致逛逛时，它就燃起了我的好奇心。后来经过解说员的说明才知道，那是装饰品，是不能演奏的钢琴，我不禁会心一笑。

时序来到第五天，在经过好长一段的车程后，名闻遐迩的土楼群终于映入眼帘。当地导游爷爷详细地给我们解说，从土楼的历史到土楼最主要的功能及各个土楼的特色，都让我对神秘的土楼有了更深一层的认识。常在电视节目中看见的"四菜一汤"，这次让我见到了本尊，心中有着说不出的激动。土楼里的居民热情好客，处处充满淳朴的人情味，是让我想再重游一次的地方。

在旅程的倒数第二天，我们招来了来到大陆之后的第一场雨，或许是雨也在不舍我们即将到来的别离。午后来到林语堂纪念馆，有着幽默大师之称的林语堂先生，自称山乡的孩子，不但成功走向世界，还用英文编写了《苏东坡传》《孔子的智慧》等书，向西方的读者介绍了中国文学及中国文化。而随后前往的漳州古城，则有着像福州三坊七巷一样的建筑，古色古香的街道充满着浓浓的人文气息。

离别的时刻还是不留情面地到来了。最后一日，大家在码头不停地合影，就怕错过最后与任何一位伙伴留下纪念的机会。送到不能再送了的码头登船处，道了无数声的再见，却还是忍不住回头张望，等到不能再回头之时，眼眶中的泪才慢慢浮现。经过一周的彼此陪伴与相互照应，我获得了像家人般的朋友、无数感动的时刻及珍贵的回忆。离别，是为了下一次的相逢；期盼，我们再相聚的时刻！

和而不同的新世界

□ 林钧桦（福州一中）

　　《朗读者》中董卿曾说过："世间一切，都是遇见。就像冷遇见暖，就有了雨；春遇到冬，就有了岁月；天遇见地，就有了永恒；人遇见了人，就有了生命。"我们是多么地有缘，能借由这个交流会遇见彼此，一起度过似短非短的七天，一起交流这个和而不同的"崭新"的世界。据说，神创万物花费了七天的时间，而我也将用七天来培养室友与我的友情。

　　"与君初相识，犹如旧人归。"在室友还没来到这里以前我就已经认识了他，我们一聊如故。还记得那是在行前开会时，福州的同学聚在一起，我一加入两岸群组就努力地寻找着我的伙伴，结果在最后一行的最后一个找到了他。我当即发送了好友申请，一面心中忐忑不安地想：不知道他是什么样的人，不知道我们之间会不会没有共同话题，也不知道他对我会不会有什么看法。我天生属于能够轻松带动气氛的人，为了不让他觉得唐突，我主动打开了话匣子，运动、娱乐、课业、家庭……在东拉西扯、聊天聊地中，日子逐渐流逝，直到他来的这一天。

　　虽说刚下过雨，热气依旧肆虐。暑气蒸腾之下，我早就已经汗流浃背，焦躁的心无法平静，只好传微信跟好友聊天以分散注意力。等呀等，等呀等，终于看见游览车向我们驶来。一群人鱼贯地走下车，举目四望。我的目光就如被磁铁吸引过去一般找到了他，他站在人群中一脸不知所措，也难怪，初次来到人生地不熟的地方，全新的环境，未知的旅程，难免都会惊慌。带着一丝不确定，我悄悄地走到他面前，朝他笑了笑。他愣了一下，抬头发现了我，我便肯定我的新朋友就是他了。"哈喽，在微信上聊天说好的要让你在第一天就尝尝福州奶茶的味道，说话算话！"我递上一杯奶茶，他似乎这才发现到我的存在。

两岸书缘

　　游览车上的时光一向是最枯燥的，巴士就像是一只大甲壳虫，拖着沉重的躯壳艰难地向前爬行，宽广的车腹中只有细微的呼吸声及空调引擎的隆隆声，偶尔飘来一些初次见面的人们的窃窃私语，不甘沉于尴尬的我转身正要挑起话题活络我和室友之间的气氛时，却看到一个个早已熟睡的身影。罢了，此次远道而来想必把他们累坏了吧！空气中氤氲着美梦和期许的味道，闭上眼睛，我也沉入了梦乡。摇摇晃晃的游览车似乎变成了我们的摇篮，不断地晃啊，晃啊，把我们晃到睡神的怀中。

　　身为土生土长的福州人，我有义务要帮助从台湾来的室友熟悉福州各种各样的山水人情，让他能开心地度过这七天，并且怀着美好的回忆踏上归途。我带着他走过大街小巷，向他介绍各种奇闻轶事及两地风俗的差异，他从一开始怯生生的样子到最后能一起跟我捧腹大笑畅谈两地文化的差异与共通点，一起看渡轮横越大海，一起看夕阳沉入地平线，一起吃着、笑着。名义上，我是他的向导，带他领略福建的美好；实际上，他

却是我的知心朋友、老师，也引领我领略台湾百态，让我看到不一样的世界。

  每到晚上，我们的交流便会更趋热络，毕竟当一个人洗漱结束的时候，精神最放松。昏昏欲睡的我们一聊到各自学校的趣事糗闻便开始生龙活虎、畅所欲言，时而大笑，时而怒目起身争辩，虽然我的室友在争辩时看似凶神恶煞，但终归有理有据，只是表现过度激动，迫不及待地把他眼中所看见的世界灌输给我，我也毫不藏私地跟他交流着我从小生活的这方乐土。不同的思想、不同的文化也造就出了不同的人，在他绘声绘色的描述中，我似乎看到了他心中的世界，那个隔了遥远距离的美丽海岛。

  七天中，我们见识了福建诸多著名的风景，逛过繁华都市，拜访过静谧小村。用手轻轻抚摸斑驳的土墙时会感慨，人真是个奇怪的生物，每天都被禁锢在城市的忙碌喧嚣中，疲惫似俄罗斯方块一般堆叠抵消又再次落下，怎么就没想着彻底放松自己，而是一边企盼悠闲度日一边又习惯不停赶路日日匆匆。虽然这些风景我从小看到大，已然十分地熟悉，但是在室友的眼里，一切是那么的新奇。在他清澈的眼中，我又看到了另一个世界。

  七日之谊似海上涟漪，相谈甚欢后感叹相见为何太晚。转眼，室友即将返回他的家乡，以后能不能相见呢？谁都不知道，但我知道他曾带给了我七天的快乐时光。或许这是我们唯一的一次见面，但友情绝不会因时空而黯淡。我用最开朗的笑容送他远去，我很开心，很开心能在这七天遇到他，能够跟他一起度过人生中的这一段时光。

  分别之际，我们相约今后学习生涯共同进步，高考的倒计时愈来愈近，我们应不畏艰难，因为不远的远方，有朋友一起冲。

两岸书缘

可否再遇见你

□ 黄明祺（高雄市立三民高级中学）

　　广大的世界上，我在先祖渺渺茫茫的指引下，来到了这块陆地。这块土地，与我相隔一个海峡，是亘古以前先祖的故乡。很久以前，先祖漂洋过海来到台湾，如今，我离开家乡越过海峡，寻觅先祖的足迹。

　　飞机似利刃般划破广阔青天，在起伏的气流中，我的心也跟着忐忑，近乡情更怯啊！第一次，我将踏上先祖的故土，追溯血脉的起源，这令人心情如何能不激动？一公里、两公里，飞机的轮胎终于触碰到了大地，那是养育我，赐予我生命的，祖先的大地。

　　这片大地，山一样的青，水一样的蓝，顾盼之间有着尘世的喧嚣，与海峡另一端并无二致。原来，这就是乡愁的表现方式，无法回到熟悉的大陆，无法见到思念的亲人，悲伤欲绝的先祖把记忆投射在日常生活中，创造了两地相似的风俗。而我就在这先祖的大陆中遇到了你，我的朋友。

　　我的朋友，你可还记得我们相遇的那天？那天正值雨后，天空湛蓝，阳光晴朗，我们相遇在树荫下，初见时，你递给我一杯饮料，杯身上犹有冰凉水珠流淌，在那炎热的天气中，你的笑容如此动人。

　　我的朋友，你可还记得我们一起漫步于巷弄之间，一起注视着三坊七巷古老的美，一起感叹着林觉民先生为了国家与自身理想而毅然决然捐躯的英勇？在万籁俱寂的晚上，你吟咏了林觉民先生所书写的《与妻书》，悲伤的气氛绕梁，这是古圣先贤的血泪凝聚而成，在你忘我的吟诵中，我望着你专注的面容，悄悄落下了两行泪，为了早逝的英雄，也为了你与我不可避免的离散。

　　我的朋友，我们曾一起走在西禅古寺之中，细听空气中隐约飘散的阵阵佛音，也曾一起肩并肩地观赏《闽南传奇》秀，在歌与舞的嘈杂中却感到心灵无比平静，只因有你在身旁陪伴，但是如同歌舞一般，人生这场戏终究要散场。人生如戏，戏如人生，不论如何跟神佛虔诚祈求，人生终究难免离别。

  我的朋友，你的回忆中可存在我们游玩于集美鳌园那天？满目精细的石雕，其技术目前只能在惠和石文化园区稍有见闻；漫游在沙坡尾笑闹玩乐时，你可知道，时间一分一秒地过去，我们将分离，如同再坚硬的石头也无法避免破裂一般，分离。

  我的朋友，在摇摇晃晃的船只上，我们平安抵达鼓浪屿。在这小小的岛上，有着难得一见的钢琴博物馆，我们在这里畅谈文学；菽庄花园中，我们慢慢前行；外图书店中，我们畅所欲言。我们一步一步地走在这小岛上，友情被我们踩踏得更加紧实，但我们也一步一步踏向了离别。

  我的朋友，在田螺坑，我们看到了土楼的生活百态。在狭窄的空间中，先民繁衍了无数代，人们为了防御，把自己闭锁在其中，在密闭空间中生活的人，可不就是"囚"吗？或许很多人喜欢自由，不喜欢被囚禁，但我多想把时间永远禁锢在这一刻，因为这一刻，有你。

林语堂先生曾经写过："鲈脍莼羹好，无值水鸡甜。"不论再怎么好的东西，依旧比不上记忆中的食物甜美，我的朋友，即使分离之后我们再也不会相见，也不论今后我会遇到如何尊贵的人，我都会感谢这一生中曾经碰到了你。"十年修得同船渡，百年修得共枕眠。"在这七天中，我们曾同船遨游，也曾同床轻语过往趣事，这是何等的福分！

　　在机场，我们相拥着，我们都知道七天的缘分已到此为止，不舍的氛围充斥着机场。朋友啊！你可知道，在看到你红了眼眶时我是多么不舍。我转过身，拖着行李箱走向归途，在那一刻，行李箱是如此的沉重，因为那里面装的已不再只是行李，而是我们这七天的满满回忆与离别时更加浓重的伤悲。一步、两步，我强迫自己迈出步伐，或许是太过哀伤了吧，我眼里流不出一滴泪，但是胸口却好痛、好痛，似乎与你离别之后，我的心就从此碎开了，碎成满天星火，照亮夜幕，也照亮你未来的路途。

　　飞机如同巨鸟般张着毫无感情的铁翼掠过了湛蓝的大海，在飞机上，我看着你所在的方向，却再也看不到你熟悉的身影，闭上眼，回味着这七天的点点滴滴，脑海中无时无刻不是你的身影。转眼，我又将回到我出生长大的地方，也是我的先祖抛弃家园，横渡千百里所找到的土地。家乡虽然熟悉，我却充满着悲伤，只因这块陆地上，没有你。

　　海峡阻隔着我们的身体，却阻隔不了我们相连的心。天下无不散的宴席，如今，这七天的宴席已曲终人散，我昂首望天，只想问，我可有幸，在下一场宴席中遇见你？

　　悠悠江水，滚滚浪花，红尘中可否能再遇见你？可否再回到那块历史悠长的土地，与你纵情高歌？

一封跨越海峡的信

□ 钟怡茗（福建师范大学）

绾绾：

近来可好？刚从海边回来，突然就想到给你写信。我想，或许是因为这片海的远方，就是你脚下的土地。

我从没有到过海峡对岸，对台湾的印象，似乎也仅仅停留在那些家喻户晓的作家和作品以及那首首耳熟能详的台湾民谣里——奶奶教我唱的童谣《天黑黑》曾缤纷过我的童年，语文课本上余光中先生笔下那"一湾浅浅的海峡"曾带给我对台湾的无限幻想。然而，亲切而陌生的海峡对岸，就在我们初次见面时，突然变得可感了许多。

那是一个炎热的下午，空气中挟带着高温带来的沉闷，我拖着行李箱穿过街道。不知街道那头的你当时的心情是否也和我一样，充满了期待与忐忑？

我们边游览边聊着彼此的专业——你的音乐和我的文学。你震惊于我对中阮的了解，其实是因为，我喜欢中国的传统音乐；而当我与你提起那些经典的文学名著，你却也能侃侃而谈。三坊七巷的南后街不长，但却足以让拘谨的我们因为音乐与文学而谈笑风生。

我跟你谈起九月份即将赴台交流的事情，笑着问你愿不愿意当我的导游，我看到你的眼里闪过了一丝惊喜，但当你知道我还是无法等到你的毕业音乐会时，眼里的光亮分明黯淡了许多。原来不知不觉中，我们都已成了彼此朋友圈中不可或缺的一部分。

七天里的每一个清晨，我们伴着阳光开始一天的旅程，一路走走停停，说说笑笑。在最炎热的七月，热爱拍照的"夕阳红二人组"却乐此不疲。我喜欢和你在方寸之间留下最灿烂的笑容，也喜欢和你谈天说地，从音乐聊到文学，从兴趣聊到生活，从第一缕阳光开始，直到夕阳在山，直到星光满天。到了晚上，钻在同一个被窝里，边吃零食边看电影，放松行走了一天的劳累的双脚，互道晚安。短暂地脱离了独生子女的孤单，连平日里最简单的生活，都因为有了你的陪伴，成了一种温暖的快乐。

你虽然比我小一点，但我总觉得你的身上有一种在这个时代里难能可贵的闪光。

记得那天在读书分享会上，我谈到对《生活十讲》这个书名的理解，你接着我的发言说："我觉得生活就像一本永远读不完的书。"我方才想起来，你确实是一个把生活当成书读的人。譬如我曾好奇于你无论走到哪儿都随身带着的小本子，直到有一天在车上无意间瞥到你本子上记录的内容，我才知道，那是你的读书笔记。

我以为如此好学的你，以后一定会成为优秀的音乐家，所以当你说大学不想继续学音乐的时候，我是震惊的。直到我看到你在谷歌上搜索关于服装设计专业的大陆高校，看到你利用碎片时间在小本子上设计着各式各样的服装，看到你在看电视时特别关注民族服饰节目，听到你谈起为同学量身定做演出礼服的梦想……那个把身边同学的梦想融入自己梦想的你，让我看到了这个时代里最美好的事情，也看到了关于未来的很多很多可能。

那天在码头的等候大厅，身边的人都在拍照，我抱怨早上起得晚，口红都顾不上涂。你笑着说："不急，留着点相册内存，咱们台湾见！"广播里一遍遍地催你们去安检，好多人拥抱过后就红了双眼，你轻轻地抱了抱我，说："我走了，你别送了。"然后很快地转身，我甚至连一句"再见"都来不及说，目光所及就只剩下你拖着行李箱越来越小的背影。

绾绾，还记得我跟你分享过的一句话吗？"当我们能够坦然地告别时，我们就长大了。"在等候大厅，我手里拿着你送给我的书，看着大厅的那头自动扶梯下许多挥动的手，以及阳光照在扶梯上洒下的一片明亮，我目送着你远去，没有追，因为我怕我站在那群送别的人中，看到你强忍着没有回头的样子，会控制不住夺眶而出的泪水。

可谁知道转身后，当七天来的点滴如影像般一帧帧地在脑海里浮现，我的视线还是不由自主地模糊了。不过没关系，我们都会慢慢长大，海峡对岸能有一个陪着自己成长的人，想来也是一件很温暖的事情吧！

我们的阅读季结束了，始于缘分，终于怀念；而我们的故事才刚刚开

始，始于缘分，却延伸向你我的远方。

　　七天，不长不短，足以让我们在下一次见面的时候能够毫不陌生地拥抱在一起，也让我们对下一次的相聚拥有了更多的期待。我看过不同的风景，接触过不同的人，却总在欢笑时想起你，谁让你是我的第一个台湾朋友呢？这段缘分和感情，或许以后我再也不会提起，但却永远不会忘记。

　　自从你离开后，看到有关服装类的书籍，我总会多留意一点，想着帮你挑几本可供参考的书作为下回见面的礼物，你一定会很开心。对了，前几天我问到了我们这里最好的茉莉花茶，我想，就算我不能在你的毕业音乐会为你送上鲜花，也希望能把我最喜欢的花香带给你。绾绾，在每一个茉莉花开放的季节，希望你都能够想起，海峡对岸有一个愿意陪你长大、陪你走向远方的女孩。

　　然而，赴台交流的批件迟迟没有下发，九月份能否再见还是个未知数，但我总深深地相信你那天在码头跟我说的那句话——"我们一定还会再见面的"，因为我还要把茉莉花香带给你，把你喜欢的书带给你，因为我还有好多好多的话想对你说……

　　听说今天晚上有流星雨，我要偷偷地许愿，愿海峡彼岸的你，一切都好。

爱你的敏敏
2019 年 8 月 13 日

异 同

□ 王榭翎（台湾戏曲学院）

"我问你哦，你知道……吗？"这句话是我和小伙伴在旅程中时常说的台词，而我们的回答时常让彼此大吃一惊，出乎意料的差异让我们在各式话题上不得不停下，先帮对方增广见闻一番才能继续。我的小伙伴曾经说过一句话："我第一次遇到跟我说同样母语却不知道'新闻联播'是什么的人！"这句话只要将单引号中的词换一下，可以说就是我跟小伙伴对话的日常写照了。

我跟小伙伴都是喜爱音乐的人，从民俗音乐到声乐，到学音乐的未来等等，我们的话题总是绕着音乐打转。而我们之间最大的隔阂，就是在"民歌"这一块。我的小伙伴是个民歌数据库，有天晚上她唱了一首又一首的歌给我听，但我只是表情茫然地一次又一次地摇头，最后在我们累到放弃时，总共只找出两首我们都听过的歌——《好一朵美丽的茉莉花》《高山青》。

在汪洋似的歌库里寻觅的过程中，小伙伴不止一次大声嚷嚷着"不可能""这首是大街小巷都在放的歌"之类的话，但也在一整晚的尝试之后发现，我们的教育跟文化真的不一样。

回到家后，跟家人讲述起这段故事，他们感叹地说着"时间的洗刷"，那些小伙伴唱的歌，不少都是他们听过，甚至唱过的，但渐渐地被遗忘、渐渐地被取代。但是歌曲这种东西怎么能被遗忘得这么彻底呢？爸爸只回答我："教育。"

同一个文化发展出不同的支流，这种事在世界各处都出现过，而许多文化的发源都还是受到不同分流的人们所景仰、所守护的。

如果没有母亲，就不会有孩子，不论曾经的故事是悲是喜，不论那位母亲做过的事是好是坏，没有母亲，就没有新生命。而对于人生，有这么一种解读：没有曾经的大风大浪，就没有今天的功成名就，虽然有过反悔，有过悲痛，但不可否认的，是那些曾经造就了现在。任何事都有因果，否认过去，就是否认现在。

对于我而言，我有过许多的反悔、懊恼，可是我从来不曾想过，假装没有那些过去。这种想法可能来自我对《忒修斯之船》的思考：我认为船之所以是那艘船，是因为它的名字承载了那些过往的意义。如果一件事物想要舍弃它曾经的内涵，那是不是应该连现在的"它是谁"都要一并舍弃呢？又或者说，一棵树的中心被掏空了，那树注定要枯萎死去，但我们还可以填补，只是填补之物必须经过慎重的挑选，才能让树木赖以为生，否则迎来的将同样是悲剧的结果。

消失的与如今的，传承的与革新的，在不断前行的时间之川中，变化是必需的，但应该保留的是不是能保留下来？错误的是教训，正确的是指引，曾经的是记忆，不论正面反面，都是我们需要依靠而活的，没有更多的利益、角逐，只是因为我们要传承的是"文化"。

遍览民歌的那天夜晚以后，我们一遍遍播着《高山青》，努力地想探究出其中唱段的歌词。对我而言陌生的歌曲，在听小伙伴循环播放之后也渐渐能哼上两句。不知道的名词，解释之后，还能了解到彼此更多的文化。不一样的歌曲、不一样的文章、不一样的内涵，许多不一样来自分离和成长，这让我们总有不停的惊喜跟话题，这些是散落各地的分流自然长成的差异。但在不同中我们还有相近的思维，也有类似的习惯，这些来自古老的文化，来自相同的根源。这些矛盾是令我们好奇的，这就好像一种本性，喜欢寻找相同之处，却又分辨着差异。

现在的我们有不同的方向，也仍有同样的踪迹，对于文字的喜爱、久远文化的向往，还有源于经典的思想和礼仪，分流延展出各自文化的光彩，在在都有那条看不见的丝线牵引着。

终有一日吧，我们能骄傲而没有歧义地守护文化，因为那是真实存在的价值，不论今昔你我。

异同，有异也有同。

相逢即是缘

□ 李笑扬（福州一中）

初　见

七月的烈日炙烤着石板路，也使我们的心热情似火。

等了许久的大巴车终于姗姗来迟，我们拥上去，在人群中找着自己的小伙伴。我的伙伴有点胖，看起来文文静静的，有些内向，连看人的眼神都是小心翼翼的。

走在石板上，我发现她并不像我想象的那么内向，她或许只是慢热。没一会儿，我们就聊开了。从三坊七巷讲到大陆各省份的饮食和美景，到她居住的城市，台湾值得游玩的景点，再到各自的学校、家人、爱好，她讲个不停。我想，或许接下来的生活会很有趣吧。

诵读展演

当初在行前动员会老师提及此次展演的时候，我心中便有些兴奋，只一下便想到了《与妻书》。当初选《与妻书》，一是因为林觉民是我们学校的校友，其中的"为天下人谋永福"亦是我们的校训；二来我听说《与妻书》曾入选两岸的课本，或许更贴合这次活动的主题；三是闽剧正好有一出以《与妻书》为题材的剧目，私心是想传播闽剧吧，然后就和同校的同学们定了闽剧加朗诵的表演形式，开始了一系列的准备。

那天晚上，或许是很久没有登台了，或许是因为节目被安排成了压轴，我们都有些紧张。颜老师过来给我们打气："没事！演好了算你们的，演砸了算我的。"我们三个都笑了。这几年，表演前只听过"加油"和"你很棒"一类的话，却从来没听过如此霸气的鼓励，一时，我有些动容。

因为在候场，同团的台湾同学的表演我并没有看到，但我看过他们的排练，真的是很认真的，老师一遍遍地过，他们一遍遍地唱，并没有不耐烦。一把扇子开了又合，合了又开，"明月几时有"唱了不甚满意便重唱，让我有些汗颜。

临上台，我们三个互相击掌鼓励，不小心却拍歪了，相视一笑，上了台。音乐起，丹唇开，字正腔圆。曲终，音停，掌声中我们下了台。

下台后的我们一改台上那副高冷的样儿，闹起来，庆祝这次展演的成功。结果还是很满意的吧，至少没有出差错，也比之前排练的效果好得太多。

那天，听了好几遍《明月几时有》和《乡愁》，或朗诵，或弹奏，或歌，或舞，都令人十分赞叹。

夜生活

早在来的路上，我们就已经开始规划我们的夜生活了。玩卡牌、聊天、叫外卖，都被列在了计划表上。

从表面上看生活还算规律：先去逛逛街，然后回来一小群人玩玩牌，唱唱歌，聊聊天，再点点奶茶或是小吃助助兴。

逛街真的是件有点危险的事，特别是当你不认路的时候。我们第一个晚上出去便迷了路，台湾同学便开始用谷歌地图导航，但却找不到酒店的地址，后来据说是因为酒店改名而地图未更新的缘故。我们就在大街小巷中四处寻路，一群少年，浩浩荡荡地在黑暗中行进，倒也有些气势。

最后在绕了一个多小时路后，我们终于认清了现实，乖乖地等老师来把我们接回去。或许正是因为这次经历，被我们带出去却带不回来的台湾小哥哥和我们打成了一片，这是什么样的缘分啊！

最后一天的晚上，面临别离，大家不玩牌了，开始玩真心话大冒险。前面都是一些开玩笑的问题，答得不是很认真。最后忘了是谁提议，聊聊对在场的每个人的看法，却是认真起来了，或优点或缺点，被点评到的人

或多或少都有些惊讶，有的优缺点他可能自己先前都不曾发现，却被相处几天的同伴给发现了。聊着聊着，气氛起了变化，欢乐中出现了一丝感伤。

相逢即是缘

我从来没有想过会遇见这么一群朋友：他们用着不同于我们的输入法，写着与我们简体字不同的繁体字，有着和我们不大一样的口音。他们的思想、道德观念还有所受的教育，也和我们不尽相同。

他们有的人喜欢拍照，拍照技术很好，也乐于给大家做"专用摄影师"；有的人有着与他人很不一样的想法，总是语出惊人；有的人很感性亦很真挚，会为离别而落泪；有的人会因为看到自己偶像的照片而雀跃，会为自己的"爱豆"说话，却又不极度痴迷而失了判断，有着自己的主见；有的人好开玩笑，有时有些不合适，有时又能逗乐我们一组的人……

相逢即是缘，这段回忆，这份情谊，我会永远珍藏。

那些沉重的美好

□ 陈映桦（新竹县私立义民高级中学）

在一个并不特别的清晨，整个世界都还在自顾自地沉睡，穿戴完，我开始进行最后的检查。蹑手蹑脚地悉数清点完后，还是吵醒了浅眠的父亲。他抿着唇，静静地坐在那儿。不等他开口，我上前给了他一个大大的拥抱。良久，他轻轻松开我，凝视着我的双眼，他的眼里好像有一只蛰伏的兽，躁动不安，然而他终究什么也没提，只说了声注意安全。带着疲倦和焦虑大于期待的心情行进，北上的铁轨贴伏着山川的呼吸，飞机沿着平滑的地平面向西起飞。才打盹了片刻，枕边的空气还温热，邻座刚认识的女孩便用兴奋又压抑的口气附在我的耳边说："我们到了。"

降落在一个没有想象中气派豪华的机场，七月的骄阳在窗外灿烂。终于在下午时分，行程表格上的名字化为一个个真实的轮廓，走入了我们的生命。笑扬，在一群刚刚相识而兴奋不已的同伴里寻找你的踪影，身高却使我的努力徒劳，直到你也唤着我的名，才寻见你那张好看的脸庞和男孩子气的短发。还来不及细细看清，你便将"领牌"套上我，并把礼物塞得我满怀。笑扬，我在心里默念数次。多么好听的名，就像充满朝气的你。你的笑声，仿佛可以晒干夜里那些无以名状的黑暗和潮湿的霉苔。记得你狡黠地问我："你是乖孩子吗？"让面对生人总是省话的我也不禁露出淘气的那面，然后随着你偷偷溜出去吃花生汤和马蹄糕。下午的阳光放肆得像是可以蒸腾世间万物，微微的热风吹拂着三坊七巷和我们的笑颜。

上车前，你递给我一包茉莉，小小巧巧的，非常可爱，隔着袋子散发出馥郁花香。一路上我们笑谈风生，你说了你引以为傲的"第一学府"里发生的各种趣事，我谈论着家乡那些琐碎零散的日常光景，以至于有些时候我甚至无视了窗外的美好风景，眼里都是你。

吟诵晚会中印象最深刻的就是压轴的《与妻诀别书》了。惊讶着年纪相仿的你，能用闽剧唱出林觉民那字里行间比深更深的哀戚。晚会结束后，你嘴角噙着笑，带着同台演出的一男一女前来。男孩名叫均桦，生得老实却有张伶俐的嘴，他与和我们同来的明祺，逗得大家笑声不断；女孩名叫凤华，水灵的眼和腼腆的笑与一旁的于庭仿佛同胞姊妹。表演余兴未尽，众人在吟唱里微醺，我们就那么轻快地熟稔了起来，畅谈欢笑，如同相识多年。我们一同俯瞰福州的华灯初上，在吃完夜宵后拐了个错误的弯又定位了错误的坐标，就这样迷失在夜晚的城市，还不明所以地放声大笑借此壮胆。在每一个力气尚存的夜晚畅谈，在一阵又一阵的笑闹里，偶尔开起无伤大雅的小玩笑。

　　记得在漳州某个山路转弯处，突然看到那平常背诵的讲义附图。四个深色的圆盘围着一个同色的方口，像极了向导口中的"四菜一汤"。我们沿着木栈道走，走进了那古老的土楼群，看见了那些还守着古老建筑的妇女和孩子们。不想随着人群的我们总是远远落在后头，总觉得有什么比向导说的历史更重要——现在。在一群人望向天井之际，我瞥见了一个用臂膀在白瓷水槽里打着水，自顾自笑得如花灿烂的小女孩。她为平静的水面划出波涛，那双清澈的大眼里自带光芒，仿佛那盆清水是世间珍宝。我蹲下身来，学着她将水花洒向对方，她咯咯地笑了出来，露出一口还没换齐的小小乳牙——原来快乐如此简单和纯粹。看着那些居所被当成风景一般观光的在地人们，不由得感到一丝心疼和怅惘：我们远道而来欣赏的风景，是他们习以为惯的日常。微薄的观光收益补贴了他们的生活，也打破了自给自足、平凡快乐的从前。良久，一个十来岁的女孩羞怯地靠近，手里捧着特产请我们试吃，原本想微笑婉拒，但碰巧对上了她眼里的期待和落寞。我们不忍，从她手中接下保鲜盒，传递着品尝，女孩的母亲给了我们一个爽快的价格让我们凑着合买，当我们手里各提着小小礼盒时，我看见她们露出一抹宽慰的笑。

　　游览车上，你总是递上左耳的耳机，放送的不是时下流行的中文或英文歌曲，而是闽剧的经典歌曲。耳机里传来了《莫愁女》唱腔中满溢的哀愁，和你无时无刻不扬着的笑脸成了大大的对比。背包里的花儿逐渐凋零转褐，但我们的情谊却日渐深厚。跨过海峡，熟悉的方正中文突然换以另一种形式呈现眼前，人们用更圆润俏丽的语调说话，但热情和温暖依旧。喜欢你每到一个地方就说起自己小小的故事，说起关于这片土地拥有的记

忆；喜欢厦门闲适又充满人文气息的街，喜欢鼓浪屿的绿叶和红瓦洋房；喜欢漳州有故事的老墙和街角咖啡馆带来的生动……但，更喜欢在某个街角我们任性地坐下来吃着小吃，为了好看的灯饰执意地停下来合影。在因为一个笑话就笑得前俯后仰的少年们面前，什么世间荣辱都只是烂漫笑声的景深。我们一同看遍山川壮阔，一同在海滨欣赏水波温柔。日复一日，把每个片刻拉得绵长，近似永恒。

最后一个傍晚，我们以和谐的步调漫步在零散着卖四果汤和古玩小摊的街上。一路上我们笑得疲倦，停下来之后相对无言。突然，悬在我们上头的灯笼亮了，喜气地亮了，红光映照着我们的面庞。霎时间，一股无以名状的温暖从心头涌出，看着这些温柔的面孔，知道自己不是容易动情的人，却突然牵起了内心很久没有浮现的不舍……

在码头送别的早晨，明明才告诉自己别哭，可在交换着前一天用尽最后力气书写给对方的祝福和感谢时，泪还是掉个不停。均桦给了我一个蓝底白花的信封，凤华递给我印着福州一中一隅的明信片，笑扬则满脸是不改朝气的笑，给了我好多个大大的拥抱……但，通往安检门的电扶梯是单行道，只有回家的人才能踏上。

　　带着震动造成的晕眩感，只身拖着那些沉重的美好，回到了家乡破败的月台——以一个旅人的姿态。回到家才瘫倒在沙发上，就忍不住掏出长条形的铝罐，倒出那暗绿的橄榄，放入嘴里，让香和甜沁在舌根，让回忆从头播放。轻轻闭上眼，仿佛这只是宾馆的一夜，或是要前往另一个城市的长长路途中，抬头便可见你们熟睡的容颜。我们像无意间被双手捧起的水，七个昼夜，酿造出属于这个夏日的最幸运的甘甜。我们将之密封，放置在储存美好的地窖后继续面对日常的平淡与艰难，等待时间沉淀后再度开启。这样的夜里，我突然想起七堇年说过："有时候明白人的一生当中，思念是维系自己与记忆的纽带，它维系着所有过往、悲喜，亦指引我们深入茫茫命运。这是我们宿命的背负。但我始终甘之如饴地承受它的沉沉重量，用以权衡轻浮的生。我是这样地想念你们。"是的，我是这样地想念你们，背负着沉沉重量，甘之如饴。

成长于同一片蓝天之下

□ 田诗玮（福建师范大学）

　　我曾听说，就像灵秀的山水总能养育出灵秀的人儿一样，成长于同一片蓝天下的孩子们，也总会唱着同一首歌。

　　当相遇的日子越来越近，一种欣喜与期待之外的感情开始在我的心底萌发滋长，使我不得不面对那份一直埋藏着的隐忧。那不只是因为我将要面对一个完全陌生的来自异乡的朋友，更是因为这位朋友来自海峡的另一端。"两岸一家亲"是我从小听到大的话语，《乡愁》也是反复吟诵的诗篇，我从未对此有过半点怀疑。但两岸的青少年之间似乎依然有着一层说不清道不明的隔膜，那层隔膜不是小小的邮票，也不是窄窄的船票，而是一种潜移默化地藏在心底的认知。

　　我曾不止一次地暗暗告诫自己，说话的时候要注意措辞，不能聊比较敏感的话题，交往的时候既要谦恭礼让又要不卑不亢。似乎那湾海峡正阻隔着一份热烈的友谊，昭示着我们的不同，让急切想要拥抱新朋友的我变得害怕起来。

　　那日晴空万里，热浪化成赤色，弥散在坊口巷边。当看着她从大巴车上走下来的时候，我才发现，她是一个比我还要羞怯的小姑娘，披散着头发，笑起来很好看，说着的台湾话有着和闽南乡音一样清洌的味道。

　　一路上阵阵欢笑飘扬在小桥流水的叮咚里。我渐渐发现，我们之间不仅没有所谓的隔阂，甚至十分地相似。我们追着一样的剧、喝着一样的茶、听着一样的曲子、说着一样的话、有着十分相近的审美与习惯。初见时的紧张害羞、不知所措，熟络后的携手挽臂、嬉笑打闹，以及将要分别时的依依不舍与留恋相拥，我们是那么相像，都在花季里有着同样灿烂的笑容和真挚的心。

　　厦门像是一个明媚火热的女孩子，她亲手编织的漫天晚霞像一袭殷红的晚礼服，流光溢彩。聒噪的蝉唱着热情的夏天，我们驻足在一个叫鼓浪屿的小岛上，围坐在桌前，翻开了书页。

无论是对文学本源的追寻，还是对物化人生的救赎，无论是对固有官学的批判，还是尝试解开情与欲的迷思，那场分享会都带给了我许多思考与启迪。与我预想不同的是，那不是一场唇枪舌剑，有的只是平和坚定的语调与惺惺相惜的聆听。文化的传承与回归，传统官学模式对学生思想教育的束缚，真正涵养心灵的教育方式不被重视，这些话题都在询问着我们是否敢于扛起时代赋予青年一代的重任，直面存在已久的社会问题，教导我们要拥有海纳百川的气度与胸襟，拥有一颗时常自省、随时创造的心。

有一个女生的发言让我印象十分深刻，她说："我们阅读文字、学习文学不仅仅是为了提升自我修养，扩大自己的知识海洋，更重要的是我们可以更纯粹更真切地了解这个世界。"是啊，那些流淌在字里行间的故事让我们每个人都拥有了做上帝的权力，俯瞰世界，直击心灵，我们可以用不同的身份慢慢明白迷茫的人心里的苦衷、邪恶的人背后的隐情，知道艾米丽小姐爱情幻灭之后制造凶案的复杂心理，知道尹雪艳女士冷眼孤立于世上心头的悲苦，知道每份出乎意料后的理所当然。同样，心灵的通透也

是从文字中磨出来的、品出来的，看多了冷暖本质，也就明白了要学会理解、尊重可能。正如同现在围坐着的青年们，我们的故乡隔着海峡，喝着不同的泉水，成长在不同的树下，但此刻，我们却可以通过阅读一样的文字，获得一样的心灵感受，甚至在彼此交换感想后对这个世界产生了一点点不同的看法，互相更多了几分理解与尊重。

时光穿梭如云，昨日晴空方好。

我拉着她的手，拿出那份藏在包里一周的礼物，确定好贺卡的墨迹朝着她看不见的那一方向。举起手机，我们面朝阳光，露出了笑容。最后，我们拥抱了，一次又一次。

离别的讯号一度响起，直到那一张张明霞般的脸消失在我的视线里，我才意识到自己的眼睛正淌着泪水、发着酸。并不是从未经历过离别，只是这场离别来得太快，下次的相遇又似遥遥无期。

我常常重新拾起我们共读过的那本书，再次思考那天讨论过的话题，并不是奢望产生一些什么新的想法，只是想重温一下当时的感受。因为文字总像一个承载回忆的漂流瓶，每当我重新阅读的时候，当初的感觉便会立刻涌上心田。

我仿佛感受到那日的风正吹到脸上，我们又是那样意气风发地交谈着关于新时代的梦。在那个梦里，大陆的少年们来到玉山山脉，亲眼看着儿时课本里的那方海外洞天、日月清潭；台湾的朋友们奔跑在长城之上，登上泰山之巅，瞭望着奔腾的黄河之水，自豪地看着祖国的大好河山。

在那个梦里，我们成长于同一片蓝天之下，望着心灵的候鸟，飞越海峡。

答　案

□ 苏嘉愉（台南第二高级中学）

　　文学，或者说，由文学衍生出来的产物，到底对我们影响多深？文学之于我本身，究竟扮演什么样的角色？

　　就如蒋勋先生在《生活十讲》中提到的，许多难以是非论定的问题，我们必须转而向文学寻找解答。

　　可惜的是，现今的教育体制，教会我们的是标准答案和考试技巧。

　　在"新价值"这个章节中，蒋勋先生提到了所谓"无所措手"族，这些人通常顶着社会所认同的"好学生"光环：就读名校热门科系，课业成绩优异，符合社会期望，并即将成为大众所期待的社会精英。可是，当越来越多这些所谓的"好学生""高才生"纷纷成为社会事件的主角时，我们不能不去思考，我们受到的教育是不是真的有它无法顾全的地方？

　　身为一个在体制内接受教育的学生，我认为是的。

　　从考完试填志愿到发榜，我想每个学生都会经历这样的一段过程。

　　大概分成两种情况：

　　状况一，填了一个热门科系，如果又是名校，亲戚朋友就会纷纷说，哇，那一定很赚钱，前途一片光明，未来靠你了。

　　状况二，填了一个冷门科系，如果还刚好不是名校，亲戚朋友云，你读那个以后要干吗？会不会饿死啊？要不要重考转学转系双主修？要不要考虑未来去考公务员？

　　曾几何时，我们的社会价值观变得如此单一且狭隘？

　　好像医学系、电机系、法律系这一类的科系未来就是前程似锦，理组永远比文组更加受到重视，这真的对吗？

　　在参加海峡两岸青年阅读季活动的时候，看着身为高中生的弟弟妹妹们可以无忧无虑地高声歌唱、开心地去交朋友、享受这次旅行时，我一直百思不得其解，是什么让我这个今年六月才脱离高中生活的准大学生跟"现役"高中生产生了如此大的差距？

后来我和我的小伙伴得出一个结论，升大学的过程是一道坎，当你跨过那道坎的时候，心境会产生很大的转变。

这也是我想讨论的一个问题。

在填鸭式教育的过程中，我们很难有去认真思考问题的机会，因为没有时间，也没有那个精力。青少年已经因为课业压力而精疲力竭。于是我们像蒋勋先生在书中所说的一样，将思考移到了大学时期。什么才是这个世界真正的样貌？究竟眼睛所看见的表象有几分真实呢？换个角度看看，会不会又有新的解释呢？

旅程的七天，与小伙伴们的交流让我看见不同的景色。拥有共同话题的人更容易亲近，尤其是在刚认识的时候，以前我一直认为这只是特例，但经过跟小伙伴的互动，我才发现这是真的（因为我们在房间里都在聊小说和改编的电视剧）。

在鼓浪屿外图书店的分享会上，每个人都说出了自己的想法，学姐们引用文本，用说故事的方式让我们更容易理解她们要表达的意思，这是一种实力，更是一种别人抢不走的能力。而这正是台湾学生所缺乏的，在相同的年纪，我们的表达能力相对不足，除了缺乏训练，相对安逸的竞争环境也是一大原因。

看到这里一定有人会说，台湾学生的压力也一样很大，而且你不可以这样比较压力的大小。

对呀，身为前高三生，我承认课业成绩对曾经的自己而言也是很大的压力，但我必须承认，距离大考结束才半年的时间，我的学科能力是急速衰退的，当然

不排除没有大考压力的松懈，但这更是个危机。

如果没有察觉到这种情况，在升入大学之后也一样松懈，究竟这些在大考中取得好成绩之后进入好学校的学生们，四年后毕业进入社会会是什么样？就如书中提到的，"所谓的'明星学校'从来没有给你任何保障，知识分数越高的人，自己越要特别小心，因为你将来要面对的生活难题，都不在这些分数里面。"当然，一个社会的价值观不是说改变就能马上改变的，人的价值观也是。

在这趟旅程中，结识了很多有想法的同学，不过同时我也有一些疑问，于是在分享会的时候提了出来。

我的想法是，人的思绪本身就是一道光谱，我们各自在其中寻找自己的位置。这没有所谓对与错，只是各自的选择罢了，但坚持理想总归是好的。

在分享会上，有同学提到"理想国"这个概念，虽然我们都知道，理想跟现实画上等号的几率很低，但多少创举是经由幻想进而实现的？科学与幻想的并存是需要的，也是绝对必要的。既然连科学这么实际的东西都需要借助一些理想（或者说幻想）的力量，我们又何尝不能使用这种理想的力量？

找寻旅行的意义

□ 高苡瑄（台北市立大同高级中学）

每一次旅行都有错觉，仿佛是不需降落的，飞向一个更接近理想的国度；每一次旅行，都像放牧，把自己的心灵驱向神秘的大草原，召唤内心的力量；每一次旅行，都能发现，人生也是不断的漂流，不断的，向爱靠近。

——张曼娟《温柔双城记》

人生如逆旅，我们寄居于天地之间，在失败中成长，在成功里欢笑，城市里的人们用自己独有的方式找寻快乐的因子，或是逃避，或是面对，而这并没有所谓的是非对错，惟追寻心之所向，方为快乐之道。

而旅行，则是大多数人选择的方式。

旅行，是一个洗涤心灵的过程，是一个找寻自我的过程。人们享受旅行的当下，借此忘却烦忧，在心灵放松的假期里自我提升，将旅途中所见所闻升华，眼界与胸襟也都因此而开阔。今夏，我在一次福建之旅中深刻感悟此中真意。

福建的风土民情敦厚朴实，福建的风光景物美不胜收。在这次旅程中，我的足迹遗落在宏伟的土楼、唯美的鼓浪屿、庄严的西禅古寺，我的情丝萦绕于壮阔的集美鳌园、典雅的林语堂纪念馆与惠和石文化园。

经过一番颠簸，名闻遐迩的福建田螺坑土楼，犹如半遮面的琵琶女，在层层的山峦之中，娇羞地露出她精致可人的面容，而当我驻于她的足下，象牙白的薄雾为她增添了典雅的气质，一排排灯笼好似晶莹透亮的红宝石，在她乌黑的秀发下闪烁动人。踏入了土楼的大门，数以千计的小房间井然有序地排列着，紧密连接如同客家人赤诚的团结。我在土楼里，欣赏她古奥的艺术气息，更感动于她所凝聚的向心力。我想，是客家祖先建造了土楼，更是土楼造就了客家精神！倘若没有众志成城的团结力量，何

来如此雄伟秀丽的历史建筑？史诗般的客家土楼让我体验了一场古典美的艺术飨宴，更深切地体察到了中华民族的归属感，在视觉上、在心坎里，我典藏了这无与伦比的瑰宝。

我轻轻地招手，作别青山的妩媚，向蔚蓝大海的更深处漫溯。

满载游客的渡轮承载不了满溢的雀跃之情，我们享受着海潮之声，循着花香，抵达鼓浪屿。火红的凤凰木花与古雅橘红色的老洋房相映成趣，漫步曲径幽巷，屿上琴声悠悠，踏入钢琴博物馆，享受视觉与听觉的双重飨宴，乐器之王的风范表露无遗，钢琴家的双手舞动于黑白琴键之间，谱出蕴藉隽永的《鼓浪屿之波》。美妙的乐音流淌在空气中，音乐之岛，琴声悠扬，如同永不止息的海潮，在每个人的心头荡漾。

唯美的海上风光冠绝天下，而福建的人文风情也使我为之动容。嘉庚式的集美中学与波澜万丈的龙舟池形成一幅水天一色的风景画，步入了爱国华侨陈嘉庚先生的纪念馆，映入眼帘的是嘉庚先生的座右铭与丰功伟绩，每一句名言都醍醐灌顶，每一件行状都饱含爱国忧民、心系家园的乡土情怀。我对嘉庚先生的仰慕之情油然而生，感佩着一位真正成功的企业家，不是一味市侩地唯利是图，而是对祖国念念不忘地怀想与竭尽心力地付出。

我仿佛看见他筚路蓝缕的艰辛，看见他先天下之忧而忧的泪水，看见他沧桑而满足的笑靥。在历史的长河中，嘉庚先生留下的，不是享不完的荣华富贵，而是后人对他无尽的感念与敬重。

张曼娟说：旅行是重建城堡，我们整装待发，迎接未来的挑战。

而在我心中，旅行，是一场挑战，我在其中寻找自我、打破自我、认识自我。每一次旅行，都是一条未知的道路，你我有各自的方向，我们相互扶持，共尝欢愉的果实，我们分道扬镳，共谱感伤的骊歌。在青春的天幕上，我们如同璀璨耀眼的流星，偶然地擦肩而过，在这交会时互放光亮！

面朝大海

□ 林靖杰（福州三中）

　　就像每一个在海边度过童年的孩子一样，我对大海有着特殊的感情。我深爱着她，眷恋着她，她是我的朝圣地，我的理想乡，我的乐土，我的归宿。

　　这次出行，我有幸来到了厦门这个繁华的沿海城市。学习了陈嘉庚的名人事迹，见过了老街区的灯红酒绿，赏够了环岛路的椰树金沙，我终于有了再次面朝大海的机会。当站在海岸，正视着大海碧蓝的面颊时，我就像在外漂泊多年的游子再次见到了母亲。沙滩上飘扬着欢声笑语，云间洋溢着轻快的蝉鸣，海上薄雾氤氲，模糊了归来的航船。带着咸味的海风挟着清爽的空气钻入我的双眼，它们一下子变得湿热。

　　太久，太久了！这么多年，我感受过南国的春光，也直面过北国的冰霜，却从未再来看望过我亲爱的大海！这么多年，也许我的心灵早已被烦恼与压力摧残得锈迹斑斑，但若提到大海，我的心底便会涌起一股最强烈的渴望，难以抑制，如同朝日般喷薄欲出！

　　在我幼小的时候，我曾对着大海苦苦寻问这世界的奥秘。在每一个噩梦里，我曾声嘶力竭地对大海倾诉这世界的不公。在那无眠的思乡的夜，我也一遍遍在脑海中勾勒着海的图景。现在，她就在我眼前，我们却相顾无言。海就是海，水底不会突然钻出咆哮着的八爪巨兽，水面上也没有起舞的人鱼公主。只有那白色的浪花，伴着落日的余晖，在沙滩上升腾成细小的泡沫，化为眼前的一道掠影。静静地面对大海，往事涌上我的心头：披上红袍上台诵读时的兴奋与紧张，面对西禅寺"回头是岸"金字牌匾时的敬畏，还有初次了解源远流长的闽台情缘时那莫大的感慨，一切像这浪花一样转瞬即逝，然后在回忆中定格，成为一抹永恒的亮色。

　　这片海上，发生过多少震撼人心的故事，上演过多少可歌可泣的传

两岸书缘

奇！浪潮涌动，清风习习，那是上古时期白鹭占领此地，头上是遮天蔽日翻飞的白色，脚下是四散奔逃的蛇群；愁云万里，狂风呼啸，那是郑成功带着他的船队从此地出发，挥着长剑，无畏地穿过惊涛骇浪，横扫千军，收复台湾；浊浪冲空，阴风怒号，那是戚继光征战四方，抗击倭寇，杀敌一千，自损三人；暗流汹汹，暮色沉沉，那是勇敢的八闽男儿告别父母，背井离乡，撑着一叶扁舟，舞桨御风，向着危机四伏的南洋前进谋生。无论是波澜壮阔的台海旧事，还是血浓于水的闽台情缘，大海都默默地见证了一切，用她柔和的波浪，无言地为这片土地善良的正义的灵魂带去问候和祝福。她能窥见无穷的真理，她能知晓时代的兴替，她卷起往事的尘埃，她带来历史的答案。凝望她，就像凝望时代的鲜活的烙印，让我激动，让我流泪。

我的台湾学伴站在我的身旁，与我一同感受着人类的渺小和海洋的浩瀚。我和他分享了我学习过的略显沉重的台海记忆，他只是一笑："台湾太小了，大陆太大了，但不都是中国人吗？……人与人之间，最关键的还是那浑融的和平和无边的和善。我们怀抱着爱，坚持信仰，那就够了。"夜幕即将降临，天空中光芒万丈，比光更灿烂的，是狂舞着的鲜红的火烧云；比云更灿烂的，是我们此时此刻脸上洋溢的笑容。

　　映入眼帘的大海宽广，拂过脸颊的清风微凉，头顶悄悄地爬上来了半个月亮，倒映水面，就像沉在海中的玉璧。我突然想起《毕业歌》中大气磅礴的歌词："巨浪，巨浪，不断地增长，同学们！同学们！快拿出力量，担负起天下的兴亡！"作为新时代的青年，此时确实应该有"以天下为己任"的博大胸怀与担当。新征程，我已经走在路上；大海，请你像带走每条河流一样，带走我的彷徨，并带给我勇气与力量。

　　莎翁有言："对于欢庆的人来说，时间是短暂的。"七日的光阴就像来无影去无踪的海风从我的指尖溜过了。别了，我爱得炽烈爱得深沉的大海！别了，亲爱的台湾兄弟姐妹们！共望一片海的两岸青年，唯有不忘初心，牢记使命，我们的友谊小船才能在这名为"理想"的海洋上屹立不倒，乘风破浪，去描绘崭新的光辉的蓝图，去开创团结的和谐的新时代。

我们的约定

□ 林珮柔（高雄师范大学附属高级中学）

　　太阳高高地挂在天上，炙烤着万物，倚墙有三两株蔷薇，在这盛夏时分满枝红粉，几许出墙，蜂蝶成群飞舞，暗香盈满了袖口。我抬起手遮着眼睛，慌忙拖着行李向车站走去，几番波折之后，才如愿乘上了高铁，正当我想要闭目休憩时，几缕阳光顽皮地从遮阳绒布后溜了进来，并时不时地随着震动的车厢欣悦地来回跳跃着。当我看着这幅景象时，感觉自己对这趟旅程的不安都一一缓解了。约莫过了几个小时，我安全地抵达了目的地，车站旁的林木郁郁葱葱，天空中则悬着一团似雾非雾的白气。在与老师会合之后，谈论着展演内容，时间的紧迫让我已经平静无波的心重新加速鼓动起来，对未知旅程的不安也被放大再放大。

　　到了福州后，我们分别去了林则徐纪念馆与林觉民故居。在观览和聆听介绍的同时，我仿佛融入了历史的漩涡之中，喜欢的人物一一在脑海中浮现出来。接下来有一段自由时间可以让我们运用，但大家都全心全意地投入在练习《水调歌头》上，因为伙伴们才见面，完全来不及培养默契，在焦急万分的时候老师很体贴地准备了有男独女独的版本让我们缓解压力，这种在异乡被体谅的感觉，暖暖地萦绕在心头。回来的时候，学伴送了我一瓶橄榄汁，酸酸甜甜的，沁凉消暑，使我忘了一身的疲惫。紧接而来的就是晚上的开营仪式暨中华经典诵读展演，在预备练习处，大家仓皇地到处奔走，一头问道具是否齐全、是否有留意脚下的台阶，另一头则互相监督歌词是否熟练、旋律节奏是否记牢。皇天不负苦心人，在表演结束后我们如愿得到全场如雷的喝彩。或许是因为有个共同目标的缘故，这场表演成了我们之间友谊最棒的催化剂。晚上到了酒店之后，迎来了旅程中第一个坏消息——厕所的门损坏得惨烈，整扇可以拿起来晃不说，甚至连锁都锁不起来，犹如油尽灯枯的垂垂老者。这时我的学伴果断打电话叫了

工人上来帮忙，又因为连不上网络，只好开口询问了工人，结果竟然意外地拿到了他们内部的密码，网络比别人还要顺畅很多，我想这也是另一种形式的"塞翁失马，焉知非福"吧。

  翌日清早，因为睡不惯酒店的床板就提早起床了，在草草梳洗过后，随手抓了一本书坐在窗边，伴着清晨清脆的鸟鸣读了起来。吃过早点后，我们一行人浩浩荡荡地前往怡山文化创意园，学伴因为小时候常常在这附近消磨时间，所以对整个地区了如指掌，信口说来的就是一连串的介绍词，听得我时不时地惊诧万分，逗得学伴频频大笑。待大家都游览完后，我们马不停蹄地直奔厦门的老院子景区观赏了当地的传统服饰，在雨丝连绵之际看鼎鼎大名的三面妈祖声光秀，真的不枉费我们之前苦闷的遥遥车程。晚上的演出应该是此行最昂贵的行程了，即使有了声光和华美布景的效果加持，训练有素的演艺人员甚至还会跟台下观众互动，但是总觉得不如下午的妈祖秀来得纯粹真诚。

  隔天一早，我学伴的朋友来找她，那是她唯一早起的一天，让我不禁一晒，在这么精明的外表下，竟然有柔软如孩童般的习性，真的是让人惊讶不已。这天的行程是参观集美鳌园，一开始走进去的时候看见旁边是一个翠绿色的湖，据说他们都会在这举办划龙舟比赛。接着我们看到了他们的成绩榜单，正当我惊诧不已时，学伴突然插了一句说升学率才这样而已呀，就耸肩走了。听其他伙伴说能参加这个活动的大陆学伴全都是地区的翘楚，顿时发现自己的不足，也是在此时暗自下定决心，要好好跟上他们的步伐、追上他们的高度，得更加潜心钻研学习才行。这晚的重头戏是昨天狼人杀的进阶版本，两人为一小组战斗，第一次玩就抽到"杀手"真的很刺激，加上与学伴的默契配合，我玩得非常尽兴。在游戏结束后，隔壁房的伙伴们和我们一起谈心，真的非常地幸福。

第四天要去鼓浪屿，因为船票的缘故需要很早报到，我们索性就在港口开始恶补《生活十讲》，大伙七嘴八舌地讨论章节内容，分享彼此对文字的见解。午饭后我们就到了书店进行读书分享，我们用了生活周遭的例子来应和蒋勋的理念，开始了酣畅淋漓的讨论，一个小时就这样过去了。在吃饱喝足后，精力旺盛的我们又继续玩游戏，今天的剧本是有关平行时空的，疑案重重而且特别悬疑，结尾发现所有角色都是同一个人时，大家汗毛瞬间竖起，最后大家入睡时都抵不过这场游戏的侵扰，只好八个人挨着睡了，把旅店设计的和室地板运用得淋漓尽致。

隔日我们参观了土楼群，在欣赏沿途风景的同时，还能一窥当地人的日常，更喝了由当地井水泡出来的茶，滋味之甘甜得在口齿之间流连不去。傍晚和伙伴们四处溜达，偶遇了一间装潢典雅的书店，我们马上沉醉于书海之中无法自拔。这间书店很特别，没有套用传统的书店布景，书架的陈列也很讲究，让每个人都能自在地享受图书构筑出的美好世界。这天晚上我教了学伴们台湾传统的纸牌游戏，起初他们无法牢记规则，但在一次次的练习之后就渐入佳境，甚至还入迷地舍不得停下来休憩。睡前我们聊了课业，说了好些真心话，感觉我们之间的联结更加牢固了，但离别的倒计时却没有因此终止。

旅程的结尾来到了林语堂纪念馆，我们驻足在写有闽南语诗的地方，并试着用闽南话朗诵，但因为写法不一样，有些字无法理解，就在这时老师闻声而来为我们解释。虽然两岸有着不同的口音，但因为源于一家，总是能发现大同小异之处，这点让我非常地高兴。下午参观了古城，因为导游会讲闽南话，我们听得津津有味，然而学伴们却听得一头雾水，身为南部人的我毛遂自荐，当起大家的翻译，在七嘴八舌的笑闹声度过了下午的时光。这晚我们几个舍不得睡的开始彻夜长谈，我们谈了这几天的体悟，谈了对未来的展望，谈了人生的意义，并在曙光洒进房间的同时，彼此相约不会让缘分就此中断。

到了要说再见的时刻，抑不住心中的哽咽，泪水早已在眼眶打转，但还是拼命忍住，因为希望印在他们心底的是最灿烂的笑容，是幸福氤氲在眼底的温度，而不是悲伤的结晶。"人有悲欢离合，月有阴晴圆缺"这是第一天在台上朗诵的，当时还不能体会这种心情，一路上的嬉笑打闹都是一颗颗种子，它们将在合适的土壤中绽放出最绚丽的花朵。也许我们的想法不同，也许我们的立场不同，但这不能动摇我们一见如故的感情。我们同张桌一起吃过的饭，我们同间房一起聊过的事，我们牵着手一起走过的路，无论四季递嬗昼夜更迭也忘不了七天的点点滴滴。

在不同的地方共享婵娟，成为我们唯一的信念。有福之人在有福之州相识，下次见面时要变得更好，这是我们的约定。

七月的七天

□ 周婉榕（福州大学）

"七月的虫声是炸了线的唐诗三百，格律皆破，独独压一个锡韵：寂寂寂寂寂。"我把七月的七天放在缝纫机上单独排序，听见"嘟嘟"的机子踏板声从心里传起来了，想着把它织成别致的衣服样式，后来才发现，这七天的自由无法织就任何布匹。

我第一眼看见阿栾的时候，想起简媜的一个句子，"你笑起来真像好天气。"这七天是以好天气开始的，于是会暗自许愿，接下来的时刻，都是好天气。

阿栾看起来很安静，我想。直到最后一个晚上我和阿栾在房间里聊天，阿栾说"自由"，然后突然想起来，我到底需要一点什么样的光来照亮自己。我们总是会说读书读书，这样子一路读到了大学，其实可能到最后还是不知道自己到底需要什么，故而需要在生活实践和读书中去寻找一点线索。我们这一代人好像总是特别拧巴，在蜂拥而至的信息浪潮里不知道要如何驻足，想要自由又舍弃不掉一点传统，想要的不想要的不被允许的被强加的东西像杂乱的线团一样缠绕在了一起，好像怎么也活不太明白。

"忙得与美的事物擦肩而过都不知不觉。""活不明白"和"不知不觉"都实实在在地描绘了一个我。阿嬷总是会说我是一个很懒散的人，懒散到了淡漠的地步，也不喜欢旅游，看起来和别人也不是很亲近。有时候会觉得阿嬷说得很对，除了自己喜欢的事情之外，什么都不太关心，于是好胜心很强地想要去争取这样的七天。

七天里却不完全都是好天气，在暴晒或者暴雨里，只想快点找个安逸的环境停歇下来，静静地看着时光流逝就好。七天里最喜欢的莫过于那场读书分享会和任何可以安静下来和伙伴交谈的时刻，人与人之间的思想碰撞，会在心里绽放出火花乃至于种下一颗潜伏的种子，直到某个时刻突然破土而出。

关于《生活十讲》，其实每个人的想法都不大一样。冀冀说这本书就是蒋勋的官学，但其实蒋勋是一个很开放很自由的人，他可以接受不同的观点。我们在分享会上谈教育，谈蒋勋的否定与肯定，谈大陆和台湾关于教育的不同。我们说教育要走的路还很长很长，这本书在十年前出版的时候提出这样大胆的设想，而如今教育要面对的问题其实依旧存在。有绝对的定论吗？其实是没有的，比如我们在讨论严肃文学和网络文学的重要性的时候，其实每个人的选择都是每个人的自由，并没有高人一等的选择。

在这样惬意的下午，思维一直没有停止过跳跃，一点点细微的想法可以衍生出很多的辩论和故事，那是怎样一个新鲜的场合，我的想法说出去了，你的想法又从我的耳朵路过脑海，留下柔软的印记，述说着一些共鸣和差异。字节的音符在这里来来回回，就好像在之前的一二十年人生里的很多次思维的自由碰撞一样，我们就这样长大了，然后要成为可以照亮这个世界的大人。

要分开的时候，叶叶给了我一张小画像，告诉我很喜欢我在读书分享会上的那个关于遗憾的故事。就好像前一天晚上阿栾跟我说的"自由"两个字一样，其实我们这样一场七天的行程，最珍贵的不就是这样一些人和人之间的自由吗？

"你说你孤独，就像很久以前长星照耀十三个州府。"人和人之间要建立长期而亲密的关系实在太难，但其实人的一生如果写得出很好的文章，可以和这样一些志同道合的朋友有过短暂而美好的擦肩，其实已经足够了。阿嬷说我是淡漠的人，甚至于表现在码头送别的时候也没有太多的泪水可以流。但其实我很感谢遇见这样的一些人，冀冀、阿栾、叶叶、汤汤等。我希望自己可以拥有足够的运气和勇气去见到命运里更多不同的风，也希望可以被这些涌动的气流雕刻成不一样的山川河流。

回去的时候恍如隔世，愿酒一杯诺一愿，愿我们的未来自由如风。

我值得长大

□ 栾昀芳（台北大学）

　　你正在逃离台北，脚步飞快，表情麻木，因为睨着一窗一窗类似的风景，因为巷口绕过无数次的生锈松动的水沟盖，突然对周遭感到迷茫，你感觉自己被限制住、被捆绑住，像个呛了水的旱鸭，荒唐无比地泅水，只为了脱离困境，但困着你的是什么？你张开口，竟说不出话，拼命地想发出个音节，却眼睁睁地望着丝丝寒气从看不见底的咽喉中漫出，缓缓覆盖了你的双眼。

　　因此，你需要逃离，逃得越远越好，越快越好，你必须走向一个你所描摹的美丽的梦中。你不知从何生出对于它的仰慕，你也不知从何诉说走向它时心头的颤动，你像个摸黑的少年，伸出娇嫩的手，尝试描绘出它的形象，可是，你无法，每每靠近时，你便会先觉得有些气短晕眩，是因为白日溽暑下街头熙来攘往的人流车潮移动得那样快吗？不是。是因为夜深时霓虹灯一个个亮起时引起的惊诧？不是。因为你是一个固执出逃的少年，总是抱持困惑焦虑。是了，是了，在这个滚烫而羞怯的年纪，你往往朝前看多过于向后望，你小心翼翼地背对了故乡，试图呼吸挟带异地泥土味的空气，一样的潮湿，一样的有腥气浮动，你不知是失望地叹了一口气，还是悄悄地松了一口气。

　　太阳正烈，蝉鸣刺耳，你向来走得就不快，如今，走得似乎更慢了。

　　你害怕，你怕毒辣的太阳，你怕太强的风，你怕说出不讨喜的话，你怕走得慢跟不上，你怕走得快踩到前面人的脚跟，你怕擦汗的姿势不对，你怕微笑时嘴角的弧度被嫌弃矫情，你怕别人不理睬你，你怕别人和你寒暄太多，你怕在车上又看见和台北相似的风景，你甚至怕那街头的水沟盖也松脱生锈……多么险恶的世间，你想。

　　可是，你不怕了，就在短短的旅程中，你有了好多新癖好。你着迷于

两岸书缘

　　四果汤里头甜滋滋的蜜饯，总把它们挑出来最后吃；你着迷于有些融的雪糕，看着它们在太阳下熠熠生辉地晶亮着；你着迷于厦门小店法式裙摆上的白色蕾丝，摸起来细细地不扎手；你着迷于朋友间流传的古怪小玩笑，固执地想着谜底。但你有不变的时候。你不接受在汗流浃背后喝一杯氤氲的热茶，硬是猛地咽下冰凉的汽水，再忍着咳意微笑；你宁愿热得眼冒金星，也不想拘着披散的黑发，让它们吸收太阳散发的热意，荒唐地想，这样头发长得快吧；你不耐热，却不自己撑起伞总是怠懒地依靠婉榕给你打伞。层层堆栈出的细节撑起记忆，你不再于荒凉的心中挣扎，而好似懂了当初惶恐的自己到底该和谁求救。

　　张爱玲说：我们对于生活的体验往往是第二轮的。你明白字句中的惋惜，第一轮的体验往往是在不明不白中消逝，所以等到目睹那本该惊艳四方的人事物时，你总不免多了些准备，或应该说是防备，你不再让那赤裸

裸的美毫无波折地进入眼中，你必须先让自己准备得够完善，就算这种准备已经折煞了它的美，使它蒙上了忧伤，你仍毫不在意。但幸好你终究是明白了，因此离开台北时你也放下了准备。

走到后来啊，你尝试问自己，想家了吗？

茫然之感再次发作，这是个温热的病征，也是个烂俗的情节。想啊，好想。

为了寻找当初自己出逃台北的原因，经常于熙熙攘攘的人群中陷入遐想，你是喜欢这片土地的，隔着海峡，它在你荒头土脸到来时敞开怀抱拥抱你，让你站在高处肆意打量它的过往、它的美好。你之所以能在大片郁郁树林中望见那隐身于山岚之间的土楼，之所以能穿行在古色古香的三坊七巷，之所以能踏上鼓浪屿观它形态各异的建筑，不就是因为它接纳了你？可是你未曾忘记，你能走，是因为故乡懂得放手，舍得放手。

乡音，是个连陌生人之间都能尽情谈论的话题。闽南腔、普通话、台湾话，你可能讲得都不是特别标准，可还是乐得不去矫正些什么，应该说，没有一个人会想矫正乡音，你懂它的温柔和甜蜜，轻轻的一个音节就能勾起你满腹乡愁，让你眼眶有泪，却又笑得温暖。

再后来啊，你不再迫切地要一个答案了，你甚至停下仓促的脚步，连眨眼的速度也变慢了，可能你仍然不知该何去何从，但你总算知道了自己没有失根，你还回得去，你还出得来。

可能一生都要在祸福相因与悲欣交集的执着中度过，但愿你不再恐惧，不再摸着凉凉的心口擦着溢出来的泪，也不再假装你不在乎，你要明白，这个世上有爱，而你终将在这样子的情感中告诉生命，我值得长大。

一定记得再来找我

□ 檀果（福州三中）

初 见

初见时正值绿意葱茏的盛夏。我犹记得那一天，天公不作美，福州是狂风骤雨的天气。但是在台湾的小伙伴们到达时，天空却令人意外地被扫去了阴霾，仿佛是在为这些远道而来的朋友们展现最为纯净的"福州蓝"，并致以最为热烈的欢迎。

福 州

我们旅行的第一站，便是民族英雄林则徐纪念馆。院中榕须摇曳，墙边花木扶疏。一座座石碑上的斑驳字迹仿佛在描绘着林则徐的不屈傲骨。乌木的雕窗以及窗外院角的萧萧竹影，透出林则徐雅士之气。随人流慢慢步入修饰朴素的展馆，墙面悬挂着林则徐的生平相片以及书写着他丰功伟绩的文字，无不使得游人心目中对他的印象更加深刻，从而更加贴近伟人，了解伟人。

沿着石板路前行，行至前方不远处人流最为密集的地方。直到鼻间充斥着令每一位福州人熟悉的瑞来春堂的中草药香，是了，接下来我们的目的地便是大名鼎鼎的三坊七巷。三坊七巷有着一条主道以及众多支巷。主道两边的商铺多数售卖着牛角骨梳以及五彩团扇，街边用于装饰的油纸伞也是种类多样，令人在欣赏之时应接不暇，熟悉福州本土特产及手工的大陆同学此时兴致勃勃地向台湾伙伴介绍着我们的传统文化。相较三坊七巷主道的人来人往，两边的支巷便显得十分清幽宁静。步入支巷，主道的喧嚣仿佛被置于身后，剩下的唯有自宅院中伸出的榕树枝所成的荫蔽下吹过的微风，硬鞋底在石板路上行走的哒哒声，以及自心底涌起的平和与安宁。

　　夜晚的诵读展演，经过在三坊七巷的磨合，我们有了诸多的进步。令人难忘的是《青》的渺渺竹音，是《水调歌头》的绵绵思念，是《与妻书》的决绝心意，是《木兰》替父从军的豪迈身影。

厦　门

　　经过四个多小时的颠簸车程，我们终于从福州抵达了厦门。厦门不愧是福建的一方"热土"，一下车便感受到滚滚热浪袭来。正当盛夏，不同于福州的阴凉，厦门直接用十分酷热的天气热情地迎接了随团的台湾伙伴们。

厦门与福州虽然同属福建，但闽南与闽中毕竟有所区别。若将福州比作既具传统柔婉又略包含现代韵味的国风女郎，那么厦门就是周身满是现代化元素的浪漫青春少女。厦门虽是一个极具现代化特点的城市，但对于传统文化的传承也很完善。

我们在"老院子"中观看了《闽南传奇》秀这一舞蹈演出，领略了郑成功收复台湾的振奋以及下南洋母子分离的伤感。在鳌园内参观了陈嘉庚先生的故居，感受老先生所留下的绘画与书法的遗迹。惠和石文化园内惠安女所制作的结合传统与现代艺术的影雕也使我们深深着迷。

一提到厦门，多数人第一反应大概便是鼓浪屿。下船登岛，确实领略到了一番与众不同的亚热带风光。行走在并不宽敞的小街上，听着海浪声以及远处悠悠的钢琴音，岛上的气氛令人舒心。鼓浪屿文化气息浓厚，每隔几步便能在街边铺面中发现小型书店。鼓浪屿人喜爱音乐，一位鼓浪屿人曾十分自豪地说道："鼓浪屿拥有全国唯一的钢琴博物馆。"钢琴博物馆内珍藏了70多架古钢琴，姿态各异，引无数游人啧啧称奇。每一架钢琴均是一段令人追忆的岁月，这些岁月值得我们缅怀、留恋。

我们大陆的同学此次因书与台湾友人结缘，以书会友，自是少不了一番思想碰撞。大家对交流图书中的不同章节有着相似或者相悖的看法，但无论何人的观点，都有理有据，都足以令他人受益匪浅。

漳　州

对于漳州，我想最负盛名的应当是土楼群，而土楼中的典型"四菜一汤"更是其中最为经典的例子。土楼群历史悠久，风格独特，且只有真正到达土楼脚下时，你才能理解它究竟有多么雄伟，不得不赞叹先人那令人咂舌的智慧。之后，我们又随团观赏了两座古城，对不同风格的古典建筑有了一些新的认识。

别　离

缘只一字，真可谓妙不可言。缘分使我们大陆的同胞与台湾的同胞相遇。与台湾伙伴的书缘，初识那天的转晴之缘，与我一对一伙伴的一见如故之缘，相伴而行交流往来之缘，无不在证明着缘分的玄妙。正如"阅读季"的离别感言所说："是你们，让我才初见，便如相知相熟数十年。"

今日旅途的终点，绝不是我们两岸同胞友谊道路的终点。所有的留恋不舍都化为了我们盘绕在舌尖的话语："一定记得再来找我。"

七天太短，但记忆足够深刻，友谊不会变得淡薄，只会因为时间的沉淀以及思念而愈发厚重，因为我们始终记着——"在花开的码头，有我最珍惜的朋友。"

福建之行

□ 陈季珣（桃园市立武陵高级中等学校）

> 看你飞远去，看你离我而去，原来你生来就属于天际……
> ——电影《大鱼海棠》印象曲

我站在土楼内，抬头看着圆形的天空，第一次产生了走入电影的错觉，回忆像潮水一样涌来。曾经以为看完一部电影后产生的感动，就像雨水流入山川湖海，离开了就不会再回来，但当阳光安静地洒在土楼中，耳边是朋友合唱的《大鱼》，恍惚间，我的思绪仿佛化成一只红色的鱼，游向圆顶，越来越高，越来越远，最后消失在天际。

那是我对土楼的第一印象。导览员说，起初建土楼是为了防范盗贼，大的土楼甚至可以住上两三百户，一排排柱子因为地基的关系，分别向东或西偏倒，虽然看起来杂乱又东倒西歪的，但却异常稳固。虽然已经开辟成观光区，但土楼里仍然住着许多居民，听导览员介绍的时候，我的心里产生了一种很难说明的、突兀的震撼——很难想象，在地理课本上看到的世界文化遗产，竟然是当地人生活中的一部分。

如果说土楼是我行前的向往，那么鼓浪屿就是在旅途中打动我灵魂的美丽。在这之前，我已经很久没有坐船了，也很久没看见那么宽广的大海了。浪花簇拥着我们前进时，感觉整个人从里到外都被洗涤了，天空蓝得不可思议，身边的朋友兴奋地拿着手机拍照，一群人沐浴在阳光下，脸上的笑容充满真挚与快乐。"这大概就是幸福的场景吧。"在登上鼓浪屿之前，在被海洋拥抱的时候，我的脑海中不自觉地浮现这句话，嘴角也忍不住上扬。

带着海水的气味，我踏上那块土地，眼前带着欧式气息的街道深深吸

引了我。鼓浪屿过去曾沦为公共租界，英、美、法等列强都在这里设立领事馆，石砌的街道、圆柱上的雕花和斑驳的红砖墙，似乎都正安静地诉说它的历史故事——长达半个世纪的主权沦丧，在斑驳下静静隐藏着寂寥与忧伤。这些东西虽然看似离我们很遥远，但是身处其中的时候，却会让人不自觉地感怀。

  鼓浪屿还有一个让我留恋的地方，就是茶庄。我非常喜欢喝茶，而中国南方的茶又一向出名，尝了好几种口味，都是我从来没喝过的味道，让人特别惊喜。在这里，我与一位美丽的"少女"邂逅了，她叫"花果茶"。花果茶是漂亮的酒红色，花香扑鼻，初尝略酸，而后带有清甜，就像青春时节的少女，惹人怜爱。她有春天的颜色、春天的味道、春天的浪漫，可以说花果茶就是春天，就连与她相遇这件事本身，都像春天一样美好。

  在鼓浪屿浪漫的欧式风格建筑中，有一处大相径庭，就是菽庄花园。菽庄花园是典雅的中式风格，那儿向上有座阶梯，能够眺望半边鼓浪屿的样貌，并一览菽庄花园全景。而其中最引人入胜的就是四十四桥，它迂回曲折，凌于海面，就像一只蛟龙，俯首假寐，静待时机，总感觉不知道什么时候，它就会凌云而起，直入九霄。菽庄花园特别大，无奈行程太赶，只能走马看花草草离去，希望以后还有机会再来，让我慢慢品尝它的美。

除了土楼与鼓浪屿外，这七天还去了很多地方，大部分都在我脑海中留下了无法磨灭的美好记忆。三坊七巷的古式建筑和大红灯笼，商家卖着的纸伞、茶叶、牛角梳；沙坡尾跳脱的深具艺术气息的西区和承载过去与现在的渔船；充满人情味的漳州古城和那碗让人念念不忘的四果汤……回忆太多太杂，想起来的时候，快乐就好像要溢出来一样，有太多东西没办法用文字描述，但我知道，它们一直存在于我的心里，就像那七天看到的每张笑脸一样，温暖而且动人。

闽南和台湾拥有密切的关系，虽然口音和饮食有些许不同，可参访期间，我仍能在此处找到一丝家乡的印记。七日如烟似梦，转眼就过去了，虽然离别时总是不舍，但我知道除了足迹之外，某部分的自己也被留了下来，在福建的某个角落安稳生长。总有一天我会再次到那里，继续我的旅行。

幸而相遇

□ 黄舒杭（福建师范大学附属中学）

很荣幸，我参加了本次海峡两岸阅读交流会。七天的旅程虽眨眼而逝，但那些一同经历的情景仿佛仍在昨天，我们一同携手的朝朝暮暮，无论尘封多久，都终将在记忆中被重新拾起。

两岸之遇

初次见面，略有忐忑，更多的是兴奋。

我拎着要带给台湾结伴同学的礼物，十分激动地跑到台湾同学中高呼："请问哪位是陈采竺小姐姐？"

采竺同学的声音在我身后响起："这里这里！"我一转身，看到了笑意盎然的她。那是一双满是笑意的眼睛，亮如星辰。

骄阳似火般热情，她与我一拍即合，我们二话不说，开启了上天入地高谈阔论模式。我开始滔滔不绝地向她诉说我的爱好、学校、朋友们，还有前来参加这次活动的诸多机缘巧合，而她上扬的嘴角告诉我，我又多了一个好听众。

奇幻二组的漂流世界

我们二组成员们的凝聚力来源于那天上午的八杯首单"一点点"，也正是由此，我们找到了二组的正确打开方式。阴差阳错，我竟成了我们组负责点名的组长，这本是一件"苦差事"，但我们组八个人形影不离，每到一处都要集体打卡，点名效率之高不言而喻，完全无需我这个组长操心。

我们组爱玩，爱闹，爱唱歌，也爱思辨。印象最深的就是在厦门鼓浪屿的那场《生活十讲》阅读分享会。

《生活十讲》是一本关于生活的书，作者蒋勋先生分别从价值、官学、伦理、信仰、物化、创造、文学、爱情、欲望、食代十个方面来阐述他对生活现象的看法，由此也引发了同学们的思考。

同学们最先从与我们的生活最贴近的"新价值"一章入手：文中提到现代教育的问题，实乃吾辈之所共鸣。蒋勋先生提出，近年来多起资优生犯罪事件，体现了现代教育在人文方面的缺失，学校俨然成为豢养考试机器之地，好比当年的"王水"事件，也有近日沸沸扬扬的北大学生弑母案都在证明着这一观点。"士不可以不弘毅，任重而道远"，自古前人便提出对知识分子的这一要求，而在如今的教育体系中这一要求有所淡化，常常是学生们的分数越高，面对社会的人文姿态与责任感就越淡薄。所谓"明星学校"从来没有给你任何保障，知识分数越高的人，自己越要特别小心，因为你将来要面对的生活难题，都不在这些分数里面。

商品化则是另一个重点名词。"当社会的整体价值观是'唯利是图'，年轻人的价值观也只会有一个字：利。"蒋勋先生谈到，我们的教育正在被物化，被商品化，我们学习似乎只是为了利。

念小学，是为了考上好的中学；念好的中学，是为了考上好的大学；念好的大学，是为了挣更多的钱。时任清华大学副校长的施一公曾经这般感叹："所有精英都往金融上转的时候，这个国家就出了大问题！"一语既出，震惊四座。据统计数字，在清华大学百分之八十的高考状元都选择了去金融系，而去搞研究的更是少之又少。若是全社会教育的价值观一直是这样，我们只会走上不归路。

在讨论时，我想到的是道家与儒家。千百年来，中国传统文化的基石是儒家，而不是道家，因为儒家为这个社会做出巨大的贡献，看起来一味沉浸在逍遥世界里的道家并不能做什么实际的事。但庄子的思想又何尝不是一种人生态度？又何尝不是一种深刻的思想启发？我们在追求儒家道德观的时候，也可以好好对道家深入研究，感受道家思想的魅力。

诚如斯言，我们的教育还有许多不足，但同学们还是对此表示了肯定。在中国十四亿茫茫人海中，也只有靠现代教育、现代高考，才能让本

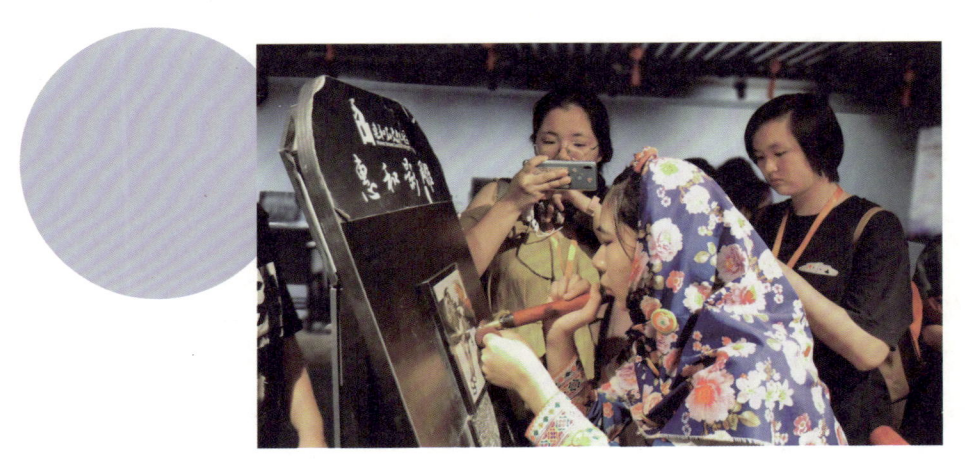

为凡人的我们立足于这个社会。我们希望教育不断前行，但我们也要用最大的努力做一个入世者，尽我们所能为国家奋斗。

青年兴则国兴，国家的命运与青年一代是紧密联系在一起的。青年是时代的先锋，是国家振兴的基石，一个个先锋构成了我们时代的最强音，一块块基石是筑就国家未来辉煌最强有力的基础。与其花时间去抱怨，不如花时间去改变自己，如此，我们的社会、国家、民族才能够越来越进步、越来越强大。

"成熟的社会，每个人都应有自己的定位，创造属于自己独特的生命价值，学会用心，学会等待，学会放缓自己的脚步……"这个下午，我们徜徉在书的世界里，久久无法自拔。

挥手告别，铭记于心

光阴飞逝，尽管万分不舍，分别的时刻还是来临了。我们望着台湾同学的背影，一遍又一遍地挥手道别，含着泪，但我们依旧笑着。

我抬头，再一次和采竺同学对视，她也笑了。

"我想我们还会再见面的！"

大家都笑了。

再见，可爱的台湾朋友们，我们还会再见面的。

这个夏天，有你，有你们，真好。

七 日

□ 陈采竺（台北市私立再兴高级中学）

　　七月炎夏，时隔数年我再一次踏上独自远游的旅途，随着飞机缓缓升空，我的思绪也如窗外的云絮在风中盘旋。视线的尽头是那一湾海峡的彼方，人生的每一段路程，相逢便是机运，对于未知的一切，揣着隐隐的不安，但怀着更深更深的期许的心。落在未曾访问过的土地上，生命的篇章揭过洁白崭新的一面，生活处处皆是惊喜。

　　福州的三坊七巷是古风与现代感碰撞的结合体，有些突兀却又隐约地相互融合，时代的变迁是潜移默化的，但也富含多元创意，展现不同风格的包容力，新奇却又不会显得浮躁，带着岁月沉淀后的沉着稳重。

　　遗憾的是我们当时一心排练晚上的表演，没有足够的时间静静地观察这充满戏剧张力的街坊。夕阳西斜，余晖落尽，夜色悄然驻足这片天空，首日便上演了盛大的诗歌朗诵会，书卷的气息丝丝缕缕在悠闲雅致的书屋二楼荡漾，虽是初次相识，但我们一起完成了很整齐漂亮的演出，对于接下来将共度一周的伙伴，这无疑是非常具有凝聚力，也提高彼此的默契和信任的一晚。

　　这次行程最不同的便是我们每人都有一个大陆的学伴，七天几乎都共住同吃，突然与素未谋面的人接触，要熟悉起来并非易事，所幸我的同伴是很开朗温柔的一个人，首日的会合便化解了我的慌乱与不安定感，更增添了我对往后几天旅程的期待。

　　荔树四朝传宋代，钟声千古响唐音。寺庙庄严，古刹巍巍，我们叩响西禅古寺院门的那天，正逢游客稀少，偌大的寺内一片寂静，阳光大张旗鼓地倾洒在每一处角落，位处中央的湖面上，几座拱桥横立，亭子装点着风景，荔枝树的荫下阵阵清凉，高耸的报恩塔与一碧如洗的苍穹遥相呼应，古寺的风范气韵好似定格。偶然瞧见坐在凳上的艺术家在素描，与周遭融为一体的画面太和谐，以至于我路过时都忍不住屏住呼吸快速前行。

禅意与慈悲环绕着整座寺庙，连眼前的一草一木一花、巧遇的小动物、光晕与水波都是如此的柔和与静谧，仿佛时光永远不会攫取这样神秘的景色。

　　笛声响起，船轻微晃动着渐渐驶离码头，海面上徐徐的微风拂过脸颊，我们正前往鼓浪屿。岛上人声鼎沸，比想象中宽广的土地上，放眼望去皆是重重人海。今天有极为重要的行程，在鼓浪屿的外图书店将举办我们此行最具意义的阅读分享会。第一次与学校以外的同龄人展开思想的辩论，这是我们学习倾听接纳与互相切磋的时机，光线自窗外斜照进书柜之间，激烈的对谈在书香中此起彼落，多么美好的午后时刻。

　　别离总是在悄悄中来临，伤感总是在未知时滋长，不舍总是在回头时蔓延。从陌生到相识一周足矣，没想过情感在脑海中可以这样放肆地作祟，在最后的那一刻都压上了心头。一开始的相遇是缘分的牵线，中间的相处倚赖一抹微笑、一句问候、一点关心，以欢笑和谈天相辅，以互助与尊重为调味，才有后来的熟悉和小小的默契。一切看似水到渠成，但仔细一想却充满各种转折与幸运，情绪的低落和高涨都影响着每个细节，还好到最后是一个不带遗憾的结束。

　　回归校园后，虽然一切都回到初始的原点，但多多少少有难忍的思念，思绪总是在空闲时不经意地飘远，回想起来的种种都有些飘忽的不真实感，可是闭上眼浮现出的情景却也历历在目。一瞬间有点无法与现实接轨，尽管已经身处家乡，却好像没办法轻易地适应此时内心瞬息万变的感受，看着本该是最理所应当的清晰的校园，反而有种不清不楚的模糊。我想这样的情况应该会持续一段时日，但我也不免想放任一下自己，用最深刻的情感去摸索我的内心，以这样的方式，隆重地庄严地，去纪念那夏日中最绚烂的七日。

走走停停

□ 杨睿琪（福州三中）

当我踏上旅途，我尝试着勾勒水墨丹青里的江山如碧，诗词歌赋中的长天霁色，折折曲牌中的繁花似锦。福建对我来说最为熟悉，却在慢行中悄然多了些许意境。

同样的路，慢慢走着，停下来，细细品一品，就变得不同。繁华的都市商业街，沧桑的古城墙，一杯手中香茗，一册韵文书卷，都变得不同寻常。厦门沙埔尾旁的创意园不再是网红打卡地，南靖土楼田螺坑中的那碗"菜"也不再单单是《大雨海棠》的取景地。你可以看到，夏日傍晚的璀璨肆意洒在墙上，光斑一格一格地跳跃着，氤氲出一缕迷蒙。

在古时，人们可以慢慢停下来，用一生肆意书写人间情愫，漫步壮丽的山河；可以用笔墨书写淡淡禅意，也可用色块混溶出人间四月天。在我们的古语中，黛、赤、绯、青、丹、绛、朱、赫、彤、碧这些字眼，多么美好。然而，反观现实，快餐式文化试图用红橙黄绿青蓝紫单薄几字概括整幅画卷，快到不能再快，无趣到也不能再无趣。在古时人们将美蕴在字眼里，静待知音。现时即使再美，又有多少人会为其驻足，更不要说观赏了。

诚然我也不是说现实缺少美，而是有太多用辞藻堆砌出的"美"，倒是没有了"春风又绿江南岸"中"绿"拂过的生机。说到底我们忽视的不是美，是美的出生。纪录片《我在故宫修文物》中，"故宫男神"王师傅耗费200多天的时间，只为修好一个文物表。他耐住了寂寞，沉下心用时间迎接美好事物的诞生。如杜甫所述："十日画一水，五日画一石。"快节奏的社会里，这就是能停得下来的人所发出的"滴、答"声。

这个社会太过匆匆了。我们看着成绩单上的起起落落而心潮澎湃，任凭四季美景轮番流转而不自知。生活太现实，太多的人逐渐麻木。或许很多人,都不知已有多久未曾为了静待日出而爬一座山,不仅仅是为了拍一张照片上传至朋友圈,以示"这地方,我来过了",更不是单纯为了赶行程,觉得不去便是给旅行团占了便宜,总是要爬上去看一眼意思意思。或是于清晨,与花瓣上、叶子上的露珠,管它是什么花,是什么叶子,就只是与露珠对视,别总是觉得好看,拍张照片就草草了事,心里还要夸一句"手机像素真不错"。甚至连看一本书,都是带着任务,或是路上打发时间,看完好睡觉;或是老师要求看完,要写读书笔记的;更有甚者就是带着"单纯"的目的,似是你买了这本书,就拥有了这书的知识。

我们总是追求更快更高更强,这本身没有过错。可我也希望,这个社会能够淡定从容一些,再从容一些,能让我意识到,停下来,走过去,注视这个熟悉又陌生的世界。

汪曾祺先生的《人间草木》中,有平平常常的一花一木一草,闲适并不是虚度光阴,而是大气淡然,是处变不惊,是生活的另一种方式。

恰似李菁的《见素》所言:我们应撕开生活外层的布,去欣赏一朵花的盛开,一束阳光的倾泻,一湖秋水的静谧。生于滚滚红尘中,每个人都免不了沾染上世俗的东西。世俗的眼光会阻挡我们前进的步伐,只有自己勇于向世俗挑战,打破世俗的偏见,不被世俗所累,用新的眼光看问题,诗意地和世界、和自然相处,用心欣赏周围的一切,才会发现这个世界对你不一样的回应。

一切发展的旨归,不是数字不是物,而是大写的"人"。当你逐渐慢下来,停下来,才能发现连日色都在等你。

缘

□ 游安立（台北市立中山女子高级中学）

　　一艘木船在蔚蓝色的海洋上缓缓航行，突然，眼前的雾淡了一些，海与天之间除了白亮的阳光，多了一抹绿色。"我……我们成功到达台湾了！"船上响起欢呼声，虽然没有经历什么海中巨怪，却有阳光热烈晒得甲板发烫，也有阴雨连绵，乌云仿佛要压到船上似的黑，但最后成功地渡过了难关，从生活艰困的闽南地区到达台湾……

　　无数次在历史课本、历史考卷上看过的故事，却在这次旅行之前才了解，原来都曾经是我自己的祖先的故事。在两三百年前，一位姓游的人，远从漳州诏安来到台湾，从此开启了海峡两岸共同前进、共同努力的历程。而这次两岸青少年将重新开启一段书缘。书缘，不只是因书和文字而结下的缘分，更是一个这样的机会，让我书写下用眼看、用耳听、用心去感受到的情。

　　机场的自动门缓缓打开，接着整段的人马向前，行李箱的轮子与地板摩擦发出铿锵的声响，盛夏用一阵热烈的风迎接我们，耳畔是大家的欢笑声，我甚至有一个错觉，不觉得自己到了一个陌生的、从未前往过的地方。与我先前到日本旅行的经验比起来，这里的每一样东西都陌生而又熟悉，路边大大的招牌与广告板上的红色大字，一间间紧挨着的小店铺，周围人的嬉笑耳语，都是熟悉的、认识的，这种微妙的情感总在这次的旅途中不断地出现。而其中最让我印象深刻的，莫过于漳州的土楼群。

　　大巴车一路向山上开，拉开窗帘，入目的除了蜿蜒曲折的道路，就是一整片深深浅浅的绿色。一个转弯，视野突然变得开阔。半山腰上，古典建筑与山林的融会，可说是壮阔又不失细腻。在客家人的传统中，风水是生活重要的一部分，一边的山如一个"人"字，另一边则像是下山的老虎。在传说之中，张家祠堂是在一个风水大师的指点之下建在此处的。山林与天空连接，开阔的视野中间是两个原始的水车，为画面注入了一股清流。所有的建筑都是单一的颜色，但艳红的灯笼却为建筑增添了鲜活的生命力。塔下村仿佛是一个被喧闹繁华遗忘的村落，静静地坐落在山上。

　　换成小巴士后，再一路往更高的山上走去。在一个当地导游的带领下，我们进入土楼参观，一走进去，里面的人都抬起头来张望，我才发现这里现在依旧是住着人的。只见导游一进去就和居民打着招呼，这里不仅仅是一个古迹，更是一个鲜活的、生活依然持续着的住宅。那一格一格的屋子里是黄氏家族真正的后代，在小孩们嬉闹游戏时，一些成年人就在一旁卖一些与土楼有关的小东西，一些年长的人还热情地与导游聊天。身为一个游客，我惊诧于土楼的完整度与使用度，他们各户中都有一个大小相当于一个大型水桶的活水井。我想如果我真的是黄家人，走进这里时应该会热泪盈眶，看着祖先建的楼房，至今还被相同血脉的人居住并使用着，我的内心就会止不住地澎湃，或许，这就是缘分的感觉吧！

　　"十年修得同船渡，百年修得共枕眠"，看到这句话时，我总有一种别样的感受。还记得当时一上游览车时，导游就说很高兴能接到这个团，毕竟这个世界那么大，不是每个人都有机会遇见彼此。从我参加这个活动，到认识我的学伴，到和团里其他的人成为到现在依然联络着的好朋友，都是一个很难得的机缘。不只是人，地方也是如此，很多人在到达外地工作或学习后，终其一生不曾再回到自己的故乡，更别说有机会到自己的祖籍地去看看。仔细想想，整趟旅程都是一个接着一个的缘分串起来的。缘，抑或是圆，几乎每一天都是在圆桌上吃饭，土楼也多是圆的，或许就是因为，圆与缘，都串起了人与人、人与地的感情联系吧！

　　缘是无限的时间和无边的空间中两点的交会，在茫茫的人海里，成千上万的数据充斥着我们的生活，我却有幸能用文字符串起这段缘分，认识这片土地，认识这些人，再用文字把我的故事传递下去……

我　们

□ 陈蔚岚（福建农林大学）

　　你相信缘分吗？老实说，从前我并不那么相信，而此刻翻动着手中这本繁体竖版的《生活十讲》，我却认真地想着她和她们。

　　"我嚼着最贵的晚餐，可惜我无所谓应对这账单，左右逢源不是个好习惯，若无旁人要不要试试看……"六月下午的《无聊人》唤醒午睡的我，亮起屏幕收到一条来自TIM的消息，于是我搭上了那趟将要遇见她们的时光巴士。

　　福建，福州。那是我的家乡。

　　犹记得七月底酷热阳光下的自己，汗水淋漓仍望眼欲穿看街道上穿行的车辆。直到，见到她。

　　那个拘谨地隐没在团队里的女孩，听见自己的名字，她先是一愣，旋即举起双手在空中僵硬地挥舞了两回："你好，未来几天请多多关照。"那便是初见，来自宝岛台湾的她和大陆这头的我，无法想见离别时的景致，我以为我们不会成为朋友。

　　空气中有种陌生而尴尬的气息。从三坊七巷的街头巷尾，到林则徐纪念馆的厅外堂前，我甚至没有认真地向她介绍这条我走了近二十年的街道，回忆里只剩下客套的寒暄。"这个是大东西，这个是小东西，那这个是大东西还是小东西？"这样的欢声笑语仍时常盘旋在我的耳畔，还有她带着台湾腔笑着的语调。我知道，那会儿我们便熟络起来。

　　音乐播放器中的每日推送里忽然响起《鼓浪屿之波》的旋律，恍惚间看见并肩行走在鹭岛街头的那些身影，听见钢琴博物馆里古老的钢琴发出的阵阵乐音。

　　鼓浪屿，钢琴博物馆。

　　沉浸在音乐中的自己，忘记回头看看总在我身旁的她，再抬眼，她已

· 第二辑　2019第三届海峡两岸青年阅读季作品 ·

经消失在人群中。着急四处张望的瞬间，遇见她左顾右盼寻找着的眼睛。"我终于找到你了，哦，不，是你终于找到我了。"佛说，前世的五百次回眸才换来今生的擦肩而过，又何况我们这般刻骨铭心的相逢。

南靖，田螺坑土楼群。

一两米高的巨石底座，里宽外窄的防御窗和瞭望台绕成一幢幢两头小中间大的圆环状楼屋，中心处常常是宗族祠堂。万鸟归巢，万物归宗。或许这就是圆形福建土楼存在的原因和意义吧。认真倾听老者骄傲地介绍着客家祖祖辈辈在土楼里宗族团结的传奇故事、抵御外敌的感人情节，那首《寻祖诗》又寄托了多少游子的思乡之情？或许有些念想已经被时间冲淡，可骨子里的那些相似一定还在血液中流淌。

"快！快过来拍个照！"今夏偶然相遇的八个人，或许就可以笼统地称为"我们"。当我们用一张张相片记录下从福州到漳州的一切，当展演

-251-

结束后那一张张陌生脸庞上的羞涩微笑变作真挚的放声大笑，我们是最不舍得彼此的人。我们都以为时间过得很慢，可一转眼便站在别离的五通码头。

  站在码头大厅的我一次次抹去眼角止不住的泪，我们反复说着未来再见的话，我一点都不想放开双手。站在离出关口好远的地方，我停下了脚步，望着她们的背影。我不能用言语表达，也无法用文字诉说，我只能答应，要站在台湾海峡的这头实现许给对方的诺言。

  "想要走得快，就一个人走；想要走得远，就一群人一起走。"第一次听到这句话是遇见她们时，再一次记住这句话是与她们挥手告别时。如果可以许一个愿望，我愿我们命运的绳索早一些再度缠绕彼此。从前的我走得很快，以为功成名就便是人生的全部意义，似乎忘记了"情"字。谢谢她们拉住了我的手，让我同她们一道，看西禅寺的佛，吹鼓浪屿的风，赶沙坡尾的潮，品客家土楼的茶，听海岸边的浪……

  遇见这样的她们，哪怕是擦肩而过，也是天大的运气。而我又那么相信，我们会再次相遇。

  从命运交错的那天起，我和你就成了我们。我们只有七天去相遇，却有一生可以重逢。《鼓浪屿之波》还在音乐播放器中单曲循环着，我已然泪流满面。生在台湾岛的你，我亲爱的你，我还在大陆等你。海峡两岸的我们，一直都是我们。要记得，我们。

土楼断想

□ 叶仪萱（台湾"中央大学"附属中坜高级中学）

　　回台后我仍记得漳州那一程的颠簸，不平的石子路使得旅行更像是一场荒谬的逃难。逃，逃漫漫假期里滋长的懒散，逃几天下来落在脖子后方的刺人日光。夏天如此漫长，难耐的高温和日期一起被拉成无尽的水平线，手机里所有消息都被暂时安置在海的另一端，不想管，也无法管。

　　沿途的晃动使我不得不抓紧扶手，稳住左右摇摆的脑袋，强忍晕眩。透过左侧那方小窗向外看，群山丛丛闪过，狂奔而去的景色宛如一场加速播放的电影，前些时候还朝气勃勃的高中生们在后座渐渐安静下来，唯有导游浓厚的乡音作旁白。我看着朵朵土色楼房蘑菇似地扎在翠绿的林中靠近又远去，看着被粉尘安上怀旧滤镜的绵延山景，思绪随着轮下卷起的细沙穿越百年光阴：肩上挑着锅碗与雄鸡的年轻人、通天解地的风水学者、五姓之家的兴盛衰败等遥远的故事，竟肆意地活了起来。种种色彩各异的旧事确实已随建筑物斑驳风化，再也无法证实是非真假，可仅存的断简残编中的文字从麦克风中飘过来，反倒是替那几幢巍峨土楼抹上了传奇的色彩。在游客中心换乘的小巴原来是时空胶囊，到达目的地以前，都在不断地追溯百年前客家的历史。

　　突然，我听见导游问，车上有没有人是客家人，姓黄？愣着，我把怯怯伸出的手搁在半空中，接下来的车程耳朵里再也塞不进其他声音，双眼仍揪着半山腰清爽的绿影不放。一天前在鼓浪屿熊熊的烈日底下，我封存了一则迟迟未读的信息。一行文字下是一张照片，是躺在床上异常苍老的男人，照片里的那个房间，一切颜色都是如此地浅：象牙白色的壁纸、淡粉色的床单、天蓝色的病服，对比外公黝黑削瘦的面容，浅色的忧伤与无奈从妈妈与外公相握的掌心越过屏幕淹过来。

　　于是我被导游的问话给硬生生地扯回现实，这场精心安排的七日"越

狱"之旅在田螺坑村落戛然而止，那个存在于我身体里一半的姓氏，我的黄姓亲人近年总是噩耗缠身，去年是阿公太骤地离世，阿婆太忘却家人的名字，年初是外公接获惨白的病历报告。

外公和妈妈，他们才姓黄，土楼群落里窸窣的语言，只有他们才听得明白，那些流转的音调起伏，我偶尔会听见，但能辨别出的单词却少得可怜，我与"黄"是生疏的印象，学几句"恁仔细"不过是意思意思，自幼同祖父母讲闽南语的我，与黄家的联结甚浅。父母离异后，除去年节，大多时候踏入黄家是去探视为疾病所苦的长辈。妈妈和我坐在客厅，偶尔替我翻译谈话间出现的客家话，浅浅的交流、浅浅的关心、空气里浅浅的僵硬，任谁都明白，那些都只是一种不失礼貌的仪式性的对谈。

直到大学，我申请了冷僻的客家学系，才与黄家有了更多的互动。面试前我请妈妈教我客家语的自我介绍，她却把我带到外公面前。四月，外公的身体状况尚算稳定，我站在木藤椅旁边等着他戴起老花眼镜，聚精会神地看我放大的字稿，对着手机的麦克风诵出流利的句子。即便如此，我还是对外公的病没有太多关心，反倒是妈妈眼里流露出的伤感让我感到愧疚。

点开亮着提示信号的收件夹，她写："回来赶紧和外公吃个饭，能快就快。"

我想起阿公太的葬礼上她发肿的眼眶，脑袋里拖着千百种应答的排列组合，最后还是只发了一个"好"，虽然脚步一刻也没有脱离队伍，我却忘了自己是什么时候下车，先前拜访的土楼又有哪些寓意深远的名字。等到学伴小声地喊我的名字，回过神，我已站在步云楼的入口。

方形的步云楼，是南靖土楼群落里历史最悠久，也是最好指认的一栋，门口的对联与圆滚灯笼被日头晒得褪去大半鲜艳，残存的粉色让它们看起来有些廉价，对联下半部不翼而飞，平平仄仄拼拼凑凑，凑不齐一个完整的句子。向上看，土楼的黑色瓦片像是斗笠的边缘，黄棕色的夯土围墙处处是剥落的痕迹，颜色不一的墙面尝过岁月的风霜仍然屹立不摇。

我把几日累积的照片发给妈妈，半小时后，她传了一张微笑的贴图给我，嘱咐我记得也跟外公聊聊天，担心自己的每一句关心都显得过于刻意，我特意打了草稿，想借这一次旅游询问外公关于黄家的家族历史。

然而，计划赶不上变化，返台后我与外公的饭局仍然是场遥遥无期的约，原先定好的日子因为外公每况愈下的病情一再延后。坐在车里，妈妈握着方向盘无声地哭泣，我把头别过去面对窗外，待在福建的种种美好，不过是片刻逃避。夜晚的街景从旁边一闪而过，我不知该如何安慰她，只好不停地重复诉说我的所见所闻，也许哪一天，她和外公也能一起逃去那个自在闲适的村落。

简谈信仰

□ 费晨欢（福建农林大学）

又是一个不断高温预警的夏天，闷热的空气，无尽的蝉鸣，伴随着一颗颗火热的心在燃烧。

我不是一个爱看综艺节目的人，尤其是真人秀，总觉得真人秀重在秀而不在真，但即便如此，在这个夏天频频上热搜的《乐队的夏天》《这就是街舞》《声入人心》这一类节目依旧吸引着我的视线，不仅仅因为他们精湛的技艺，更多的是被他们纯粹的热爱打动。

《乐队的夏天》当中大部分的人都是以乐队为副业，而生活中各自有各自的工作。玩乐队费钱、费时间、费精力，而他们能够在生活重压下坚守他们的音乐梦想，音乐就是他们的精神世界，就像歌词中写的"此生此心已无憾，生命之火已点燃，在心碎中认清遗憾，生命漫长也短暂，跳动心脏长出藤蔓，我们愿为险而战"。

蒋勋在《生活十讲》的"新信仰"一章中说，信仰本身是一个比较宽泛的名称，美学可以是一种信仰，政治可以是一种信仰，道德也可以是一种信仰。对于玩乐队的人来说，音乐就是信仰。

此行中好些朋友在我看来属于追星族，他们也毫不掩饰自己的热爱，追"爱豆"的综艺，购买代言产品，了解偶像的行程和生活……一切都是生活的必需。有一个朋友在和我谈论到父母对于她追星的态度时，她说父母也不支持这些行为，在上一辈人眼中追星就是坏孩子的表现，明星可能被打上了"学习差没文化"诸如此类的标签。她曾对她的母亲说："你应该感谢上天让他们降生，不然你女儿这前半生该活得多无趣，毫无追求。"

除了止于颜值的一群人，大部分追星的人很大程度上都会产生将自我的某种梦想、欲望、缺憾投射在偶像身上，通过偶像的成功实现另一种

形式的自我从而获得一种替代性满足的现象。而在追星的过程中，他们投入金钱，投入精力，还投入智力和技术。追星最美好的地方并不在于看到自己的偶像成功成名，而是通过追星的这段历程，发现了一个更厉害的自己。追星追得好的人，在生活中也不会差到哪里去。追偶像的经历让你能够重新审视自己，找到热爱并擅长的事情，最后持之以恒。

  我不知道这段旅程和蒋勋先生提到的"修行"是不是在某种程度上有所吻合，然而我认为除了哲学、宗教这一类思想境界高高在上的东西，任何生活都是生命在思考、反省、前进的过程。很多人在这个过程中并没有意识到自己究竟获得了什么，可经过一段时间的磨练，回过头才发现总是有所收获的，或许是技能的提升，也可能是他们对于要"怎么活"这个问题有了更深刻的理解。简单的追星、盲目的追星当然不可取，不过作为一种兴趣爱好的追星也许会让人成为自己更想成为的人，这也许是另外一种信仰的力量。

社会高速发展，日新月异，新一代青少年处在这样一个环境中，网络的出现，又让不同的思想、不同的观点如天女散花般出现。在一个没有打好价值观基础的新少年群体中，信仰和思想变化得越来越频繁，你不知道自己在想什么，也不知道别人怎么想，渐渐变得人云亦云，没有自己的兴趣爱好，没有自己坚持的东西。越来越多的人丧失了信仰，换一种说法是丧失了思辨能力。

在《生活十讲》中，思辨教育几乎贯穿了整本书。书中多次提到，知识并不等同于智慧，知识没有办法解答信仰的问题。思想课程也不能落入考试的陷阱，如果仅仅只是背答案死读书，那根本没有经过思考的过程。一个真正的信仰才不会因为被怀疑、质问就会瓦解；相反的，因为被怀疑和质问，信仰才会更牢固。

世界上的人们活着都有所追求，然而未必有信仰，当利益与信仰产生冲突时坚守信仰的人太少。我们早已过了那个为革命成功而前赴后继的时代，生活太过安宁，缺少思想家的引领。无论是通过学校教育还是社会教育，希望能有更多的青年人学会思考，拥有自己坚持的信仰。

那份依恋

□ 林宇轩（桃园市立南崁高级中等学校）

  台北万里无云的晴空，衬托着我满腔热血的期待，我已准备好了一场跨越海峡的文化探索之旅。步上飞往福州的班机，我心中的亢奋也随着飞机越升越高——海峡两岸青年阅读季正式启程！

  踏上异土，迎面而来的是耳熟的语言和与我们相似的人们，这大大减少了我面对未知地域的忧思，取而代之的是那渴望深入探索的兴奋与好奇。第一日在福州的旅程就在午后的艳阳下展开。在游览车上，不时听见大陆伙伴们对早上暴雨而下午便万里无云感到惊叹。一片适合旅游的艳丽蓝天，我想就是对来自海峡彼岸的我们最大的欢迎吧！午后的三坊七巷，到处充斥着商家的热闹叫卖声。我的学伴走在我的身旁，向我介绍着制作银器的店家、当地鱼丸特产……

  夜晚的吟诗晚会对我们而言不仅是一场盛大的欢迎晚会，更是一场中华文化的两岸交流会。起初，听见大陆同学那么铿锵有力、富有情感的朗诵，心中不免有些讶异，但随后我慢慢地欣赏起了他们的朗诵，在台湾我并不常看见有人将诵读诗词以艺术的形式演出，但在那个当下我体会到了何谓朗诵之美，就如朗诵《乡愁》时，那情绪的递进由一枚小小的邮票至一湾浅浅的海峡，使我仿佛也能身历其境，感受那乡愁的滋味。尔后，我还欣赏了我们组别的大陆同学以闽剧诠释《与妻诀别书》，那神情与歌调使我相当惊叹。我好奇地询问那位同学学习闽剧的过程，得知他是自学而来时，我更加钦佩这位同学以及此地的文化底蕴。

  厦门或许是最靠近台湾的大陆城市，也是许多台湾人探索大陆的开始之地。在厦门的行程由第二天下午的老院子景区开始。一进入园区，便可感受到浓浓的闽南风格，园区中的一砖一瓦和台湾传统建筑相差并不大，有着相当的熟悉感。进入各个展区，当中的摆设引领着我们走入闽南文化之中，从三皇五帝、百家姓，一直到惠安女、妈祖像……这些中华文化的代表让我逐渐抛开五光十色的现代视角，体验着从前闽南的纯朴生活与信仰。

　　夜晚，一场惊心动魄的舞台剧上演了。一幕幕令人惊叹的布景、一出出扣人心弦的剧情，当中一幕讲的是儿子为了下南洋忍痛离开母亲，令我感动不已。这出舞台剧使我更能感受从前祖先以汗血垦拓出一块适合子孙繁衍的土地的毅力。

　　我们又前往集美学村，参观陈嘉庚先生故居。那"身穿西装、头戴斗笠"的中西融合式建筑证明了嘉庚先生虽接触西方世界却不忘本源的精神。厦门是奇石爱好者的天堂。惠和石文化园保存了历朝历代的精致石雕作品，其中令我印象深刻的是一个作品，近看是由一点一点组成，远看则是一个栩栩如生的雕塑，难怪会有"苏州刺绣绣丝绸，闽南刺绣绣石头"之说。

　　在鼓浪屿上，我们顶着烈日行走，却不忘欣赏岛上亮眼的建筑风光，菽庄花园内江南庭院和阳光沙滩交织出的美景令我心醉，恨不得能够再多瞥几眼存放在脑海中。在屿上，我们前往外图书店与学伴们分享阅读《生活十讲》后的心得。过程中，我看见大陆伙伴们是如何自信地发表自己的看法，不仅对于书中的内容有着精辟的解读，更向外延伸至张爱玲等作家的作品来扩大思想的层次，这种文学的激荡是我在台湾从未体验过的，也让我对大陆的教育方式感到好奇，是怎样的氛围促使学子们自信地阐述自我的想法，是怎样的形式令学子们能跳脱框架思考，自主理解多种观点带来的启发，我想这也是我们台湾学子可以认真思索的议题。

　　在厦门的一晚，我与其他伙伴在外厦门街上闲逛、吃撸串，享受夜晚的清凉与消夜的美味。后来我们却迷了路，刚开始有些着急与不安，但是在穿越过几条街巷后，我们决定作起都市的漫游者，欣赏厦门这座城市夜晚的样貌。在一家便利店，我们决定买些饮品歇歇脚，老板亲切地用闽南语向我们问候，并和我们闲话家常，这对我们而言就如同暗夜中的一盏明灯，温暖而光亮。

　　后来我们前往漳州，参观名闻遐迩的漳州土楼。或许是绝世美景总在人烟稀少之处，我们乘着小巴一路颠簸来到了知名的田螺坑土楼群。土楼群隐身在苍翠的丛林中，宛若一处世外桃源，我心中突然拥有了"读万卷

·第二辑 2019第三届海峡两岸青年阅读季作品·

书不如行万里路"的感悟。而土楼内部的结构同样令我惊艳,一楼内的家户中往往都有着一口小井,土质的后墙在夏日可抵挡烈日、冬日可抵挡寒风,可谓我们祖先在建筑工艺上的一大智慧。接着我们在漳州古城停留一个下午,慢慢地走在街道上欣赏古色古香的建筑、慢慢地把玩趣味的文创商品、慢慢地品尝当地的特色小吃……真是一场午后悠闲的古城寻奇记!

天下无不散的筵席,到了最后一日,台湾和大陆的伙伴们脸上无不挂着不舍的神情。在码头上,我回忆着七天前刚踏入福建的那份悸动,就如同昨天才发生似的。令我感动的不光是福建风景的美丽动人,更是团队小伙伴之间的友谊,在厦门一块迷路、在漳州一块夜游、在房内一块欢谈达旦……这些回忆或许和烟火一样,绚丽却倏忽即逝,保存的唯一办法只有将其刻印在脑海中,在往后的某一日细细品味……

如今我已自这趟旅程回归至平凡的生活,那回忆仿佛梦境般美好、虚幻、缥缈。但这趟旅程中的见闻与感思将会恒久地留存在我心中,等待未来再次造访时重温当年的那份依恋、那份悸动!

诚毅之光

□ 龚林玥（福州三中）

> 闽海之滨，有我集美乡。山明兮水秀，胜地冠南疆。
>
> ——《集美学校校歌》

氤氲着草叶馨香的风携着我们着迷的目光奔向远方，日光溶溶漾漾穿透薄薄的云层，在屋脊上镀了一层淡淡的金色，勾勒出嘉庚式建筑的轮廓，映出长长的光影。细细品味，那闽南式屋顶、西洋式屋身、细长的燕尾脊、圆润的马鞍背、有序的出砖入石，甚至那岁月步履在其身上留下的风雨剥蚀的痕迹，都值得人们小心翼翼地珍藏，在往后的时光有一个回味的机会。

然而映在我瞳眸里的，却不只是独特的建筑佳景，还有展现嘉庚精神的"诚毅"二字牌匾。时光的河流终将淘尽它曾有的风采与光芒，可陈嘉庚的"诚毅"精神，却仿佛有一股力量，在我年轻的心里阵阵激荡……

诚毅之光，璀璨辉煌

> 我们无法在时光的长河中垂钓，但我们可以将对苦难的诘问，化为觅渡的力量。
>
> ——雨果

异国他乡，一袭布衣短褐，一身瘦骨铮然。年轻的陈嘉庚长身玉立于破败的米店前，目光炯炯，言辞恳切，面对着一众债权人，他清澈的眼眸里摇曳着坚毅的光芒。陈嘉庚的衣摆捧起一缕清风，将所有的痛苦与疑虑倾洒在风里，温煦的模样让命运汹涌的海也变得安然。

"风可以吹起一大张白纸，却无法吹走一只蝴蝶，因为生命的力量在于不顺从。"年少丧父，已是一大悲痛，而更令人扼腕的，是父亲留下的巨额债款。按当时新加坡的习俗，父亲死亡或破产，儿子不必承担债务。可陈嘉庚却不同，他并未将那沉重如鼎的负担弃之一旁，而是选择拥抱脚下的泥泞，吃力地将负担扛在了自己羸弱的肩上。美德如同名贵的香料，焚烧碾碎时最显芬芳。陈嘉庚用无穷的汗水把诚信这枚沉重的砝码放上了人生的天平，把毅力的清泉注入了前路的枯井。

　　内诚于己，外信于人。四年，坚持了整整四年。年轻的陈嘉庚经过一番艰苦卓绝的奋斗，终于将所有债务连本带利地还清，这也成为新加坡华人商业史上一段流芳千古的佳话。但是，也有人私下嗤笑他愚钝不堪，白白还了本可以不必还的天价债务。陈嘉庚闻言，毅然说道："中国人取信于世界，绝不能把脸丢在外国人面前！我们中国人一向言必信，行必果。"布衣青发，瘦骨如山，他超凡脱俗的气魄与胸襟在此刻可见一斑，陈嘉庚"一诺千金"的诚信美名更是由此在东南亚商界传扬开来，助力他成为千万富翁。嘉庚先生的诚毅，是"言必诚信，行必忠正"，是"长松卧壑困风霜，时来屹立扶明堂"。

　　鼎盛时期的陈嘉庚，资产达到1200万元。"万事非财不举"，深知金钱重要性的他，却不是个守财奴。他驰骋商场，纵横捭阖，挣得万贯家财，不是为了自己享乐，亦不是为了子孙后代，而是为了兴学育才，回馈祖国。"财由我辛苦得来，亦当由我慷慨捐出。"他慷慨解囊，克己奉公，将一生所得之财，倾囊赠予了祖国的教育事业。

　　教育是最强有力的武器，是改变世界的曙光。教育是给人戴上一副眼镜，让人对这个世界洞若观火。教育者，乃养成人性之事业也。深刻认识到教育于国于民重要性的陈嘉庚，成为厦门大学的老校主，兴办集美学村，并命集美学村的校训为"诚毅"二字。在经济危机时，他不惜"变卖大厦，维持厦大"。于危难时分，他坚毅，"人生在世，不要只为个人的生活打算，而要为国家民族奋斗。"在富贵时刻，他清醒，"应该用的钱，千万百万也不要吝惜；不应该用的钱，一分也不要浪费。"陈嘉庚对于国家的一片赤诚之心，对兴学育才的执着追求，克己奉公的诚毅精神，不禁引人动容敬畏！

物化与信仰

联翩的思绪逐渐归来。凝视"诚毅"二字牌匾，我的心中波涛汹涌。在当今这个物欲横流的时代，这种"诚毅"的精神抑或信仰，可谓是越发稀缺。物化，是商业社会对人性的侵蚀，是人们对物质的狂热追逐。信仰不是狭义的宗教信仰，而是你想依托的精神，是指引前路的明灯，是为人处事秉持的原则，正如嘉庚先生秉持的"诚毅"之精神。而在践行信仰的过程中，反省、思辨的行为都会令我们脱胎成长。

信仰的缺失使人们物化的趋势愈演愈烈，而物化在人们思想中日益根深蒂固，也使信仰缺乏了培植的土壤，越发难以坚固。因此，嘉庚先生的"诚毅"精神在如今商人的身上越发难以觅得。君不见三鹿奶粉摧毁了孩童之明天，利欲熏心之人将小算盘打在了疫苗上，豆腐渣工程不时出现……换句话说，越来越多的人拥有的是单一化的价值导向——利益。人们轻易相信利益，不愿意去反省、去思辨、去质疑，就容易违背初心，为了达到目的而不择手段。

"每个人总不免有所迷恋，每个人总不免犯些错误，不过在进退失据、周围的一切开始动摇的时候，所信仰的精神就能拯救一个人。"在这样的社会形态下，我认为发扬嘉庚的诚毅精神愈发重要。诚毅，是营商之本，是为人之基。秉承诚毅之精神，方可怀揣进取之心，让步伐愈发坚实，把命运攥紧在自己掌中！

社会价值与物化

□ 管真（福建师范大学附属中学）

与台湾小伙伴们共处的日子不长，不过短短几个昼夜，但其间的点滴却已在不经意间侵入心田，留下印迹。其中最令我沉浸其间、意犹未尽，甚至感叹时间太短无法继续的，是在鼓浪屿外图书店与小伙伴们进行的《生活十讲》阅读交流。

随着社会的不断发展，生活中也产生了不少新问题，针对其中的一些问题，蒋勋先生发表了自己的看法，汇成了这本《生活十讲》。我们针对书中谈到的内容，结合我们的一些生活经历以及感受，进行了十分激烈的探讨。下面是我们讨论的内容以及我的一些浅见。

我们知道，社会意识对社会存在有能动的反作用，许多社会现象与社会的价值观息息相关。或许正因为如此，《生活十讲》的第一章便是"新价值"。

随着市场经济的发展，金钱与财富在人们心中的分量越来越大，甚至出现了拜金主义。如书中所提到的，整个社会出现了"物化"的状态，一切都在被商品化。正是这样的价值观引导着人们的行为，产生了种种社会现象。

其中，应试教育便是一个典型的例子。本应树人育才的学校缘何变成了考试工厂？生活中，有太多的实用主义者，看待事物只考虑其作用。学习，是为了应付考试，通过考试获取文凭，从事一份不错的职业，获得可观的收入。社会上充斥着这种实用主义思想，有多少家长向子女灌输过诸如此类的观念呢？而又有多少家长说过"你只要好好学习就好了"？只要成绩好，其他的似乎都可以靠边站。

尤其是在一些经济欠发达地区，人们只能将读书看作自己唯一的出路。为满足这种需要，专为考试服务、"只要学不死，就往死里学"的教

育模式随之产生。而我的身边,有一些非常优秀的同学的家长持这样的观点——如果有经济能力,也想把孩子送到这种学校里。不可否认,这样的学校让学生取得了很高的分数,但也造就在高压下挣扎许久,一朝解放就耽于玩乐,荒废了正经事业的人。而且,这样的学校太过于注重知识的学习,缺乏对学生兴趣爱好的培养,学生大多能力单一。

另一方面,成绩的好坏似乎成了评判学生的唯一标准。在学校里,出现了不良行为,便认定是学习成绩较差的学生所为。同样的行为,人们为"好学生"百般脱罪,而"落后生"却被认为是无可救药。但是,近年来社会上屡屡发生的"优等生案件",已然说明"品学未必兼优"。

在我看来,社会的物化是与文化和经济发展的不协调相互作用的。如今社会经济飞速发展,但与之相对的,是思想文化方面的欠缺,总体落后于经济的发展。曾经过于强调经济建设,使得思想道德建设被有所忽视。

思想道德修养的欠缺，又使人们在面对一个相对较高的生产力水平时，容易走进思想上的误区，出现利益至上的价值观，从而加速了整个社会的物化。同时，社会的物化使人被物质驱使，沦为金钱的奴隶，终日为财物劳碌奔波，内心充满不安。

　　人们在获得财富的同时，往往失去了很多东西。只顾着眼前的苟且，哪有精力顾得了诗和远方呢？纵有万贯家财，物质生活极为丰富，内心却十分空虚，"除了钱什么都没有"。人常说，能用钱解决的问题都不是问题。当拥有了无数的财富，需求被一次次满足，最终却遇到了无法用金钱满足的需要，应当是非常痛苦的吧。正如书中写的："他已经被物质填满了，他要的东西从来没有得不到，所以他很痛苦。""如果你的心被物质填满了，最后对物质也不会有感觉。"

　　好在，如今不少人已经注意到了这样的问题，并开始有意识地采取措施。社会上也涌现出许多有思想、有能力的优秀年轻人，希望未来人们的生活会变得越来越好。

　　感谢这一次阅读活动，让我能够和一些志同道合的朋友一起讨论交流，也增进了我们之间的情谊。

One People

□ 刘德敏（桃园市立内坜高级中等学校）

　　或许是偶然，或许是缘分，我并不知道。

　　能有这个机会，在冲刺高三学测的最后一个暑假，和大陆的学生有深刻的交流，始于我一直很喜欢的美学家——蒋勋，《生活十讲》这本书的作者。

　　在一开始参加征选时，我即在自我介绍里提及自己十分热爱蒋勋，出乎意料，主办方要求阅读的书籍恰恰是如此与我心灵契合的读物。我想，冥冥之中，有幸踏上这次旅程，是在我第一次接触文学这样美好的时刻就决定好的。

　　7月25日，星期四。到了厦门国际邮轮中心，第一印象是很大，在台湾，因为人口不多，所有设施和地大物博的大陆相比实在是小巫见大巫。人很多，据导游解析，为了维护鼓浪屿的观光质量，每天限五万人上岛，禁行机动车。我想，作为工业大国，我国能有永续发展的观念是一件值得赞许的事情。

　　在人潮汹涌的大厅、船上，甚至到了鼓浪屿，我都还处于兴奋中无法自拔，一个没有机动车和噪音污染的地方会是什么样子呢？

　　我们参观了历史建筑，了解了为何鼓浪屿会充满了异国色彩，然后我们不知不觉来到了整个活动的高潮。外图书店曾是英国亚细亚火油公司在厦门的办事处，建筑最具特色的是有着猫头鹰造型的窗洞。在历史变迁下，这里卖过珠宝，建过旅馆，最后被外图集团买下，成了书籍与美融合的文化圣地。

　　进了书店，和同组的伙伴们讨论着《生活十讲》这本书，按照个人意愿，一个人负责一至两个篇目的分享，我选择了"新官学""情与欲"，因为我认为这是现代青年的瓶颈、盲点。

官学容易变成古板守旧的代名词，事实是，它的确也走向了这个方向，两岸受到相同古文化的洗礼，我们逃不了孔子，也离不开儒家。书中提到，无法改革很大的一个原因其实是"知识本身就是权力，这些人通过考试，拿到编选教科书的资格，他理所当然地成了官学的维护者，不然就跟自己的身份抵触了"，为了不矛盾，恶性循环不曾停止，思想僵化这样的悲剧也不断发生。

在东方社会，我们对于"欲"是羞于启齿的，而"情"的累积，则孕育了"欲"，时常表达欲的方式是"性"，而在儒家旧官学的礼教影响下，人们认为"性"是不洁的，甚至在宋代理学的熏陶下，一个妇人终其一生压抑所有欲望，不过追求一个守贞牌。

为什么在相对开放的现代，东方社会还是不能诚实表达"性"的确给我们带来了欢愉？

越痛就越要谈，如果不承认问题的存在，伤口就不会痊愈，也不会消失。

在台湾，甚至还有一派声音要扑杀性教育，父母不肯开口，学校想伸出手，但不仅被漠视，还被贴上带坏孩子的标签。

"自己回家看"是多数学生从老师那里得到的粗暴的回答，这个答案三十年前是这样，现在也是这样。

没有人教育，却奢望所有孩子都拥有正确的性知识。除了荒唐，又有什么形容词可以贴切地描述这类东方父母的神逻辑？

悲哀的是，当我在外图和同组的小伙伴谈起这些时，我们竟然有共鸣，这是为什么我为文章取名为One People的原因，的确，我们必须承认两岸因为很多因素存在许多差异，但面对"新官学""情与欲"我们有着极其相似的遭遇。你说这些差异有让我们成为两种人吗？并没有，虽然隔着台湾海峡，我们仍是同一种人，有着相似的命运。

反思《生活十讲》中的教育观

□ 冀馨蓉（福建师范大学）

  台湾，虽说与大陆只隔一湾浅浅的海峡，但我对海峡那边的生活却始终知晓得少之又少，并充满了遐想。这次两岸青年阅读季活动首先抓住我的是"阅读"二字，阅读本身便已是愉悦之事，加之又是两岸青年共读，想必这定会是段美妙的体验。

  此次活动选读的书目是蒋勋先生的《生活十讲》。蒋勋先生的书总带着一种惯有的腔调，那是满腹经纶的长者在岁月沉淀下的从容不迫，是生活的智者企图让后辈一些少走弯路的指导，读他的文章是能够让你平心静气的。

  整本书读完，关乎"人性"、关乎"情欲"、关乎"美感"……朦胧中似懂非懂地收获了不少，不过放下书后仍未放下的，是关于"教育"二字的一些思考。

  我们都知道教育是国之大计，教育也永远是大众关注的焦点之一。可从古至今，不论是孔孟老庄，还是卢梭杜威夸美纽斯，似乎都未曾找到教育的出路。蒋勋先生在此书中对十多年前教育中存在的问题做出了认真的分析与研究，并给出了他认为行之有效的方法。虽说先生说的是十多年前的问题，可反观当下的教育，这些问题依旧存在且亟须解决。在阅读中，我对蒋勋先生所提出的方法是否仍旧适用于当今社会产生了些许疑惑，并带着这些问题迈进了鼓浪屿外图书店这个隐匿于小岛中的世外桃源。

  书店乍一看与鼓浪屿上大大小小的建筑相似，一色的欧式风格，自顾自地散发着高贵与神秘的气质；而书店的内部却又好像透露着中式装修的古朴与端庄，二者结合不但不显得突兀，反而别有一种特别的韵味，果真是适合与友人潜心读书、交流心声的好去处。

  外图的阅读交流活动安排在此次行程的第四天，几天的朝夕相处早已让我与同伴变得亲密无间，大家坐下交流时丝毫不觉拘束，反而如共读多年的同窗好友般默契。经过整整一下午的交流，我读书时产生的那些困惑或是豁然开朗，或是对其有了更深入的认识，也收获了以下一些感悟。

1. 素质教育任重道远

书中蒋勋先生反复提及，我们的教育所缺少的正是对学生综合素质的培养，他还具体提到，特别要重视对学生人文艺术的培养，也就是我们所说的对学生审美素质的培养。

相对于一般学科来说，审美素质的培养见效慢，实用性较弱。在大部分省份适龄儿童多、升学压力大的情况下，更多的学校倾向于教授学生升学所必备的知识。尽管我国在很多年前便有政策提出，要培养学生全面发展，可落实到教学一线中时往往流于表面。但不可否认的是，随着我国人民生活水平的提高，随着全民受教育水平的提高，越来越多的教师、家长已经逐渐树立起培养青少年全面发展的意识，使青少年以及儿童的学习生活不仅仅局限于对课本知识的掌握，而是有目的地带领他们走进科技馆、美术馆、剧场等，从小培养孩子的审美素养。

经过交流讨论大家一致认为，尽管情况有所好转，但要实现蒋勋先生书中所提的"用文学教育人""给孩子最好的音乐、文学、电影"这样全面素质教育的目标仍然任重道远。

先说"用文学教育人"，我们承认文学可以增加人的知识，陶冶人的情操，使人毫无障碍地与不同时间不同地区的人产生思想碰撞，但文人往往过分重视文学的作用而忽视其弊端。诚然，阅读可以润色生活，高雅艺术可以使人在精神层面更加饱满，但我们也知道，不少作家、读者深陷文学的旋涡中无法自拔，最终自杀。在如此一个人口众多的环境下，我们很难保证在培养过程中照顾到每一个孩子的思想动态，用文学教育人也难以推进。再说"给孩子最好的音乐、文学、电影"，首先在艺术中很难断定什么是"最好"，艺术本身重视的便是个人体验，而私人化的体验往往因人而异，教师和家长也很难站在儿童的角度做出选择。

因此我们认为，实现培养儿童全面发展的目标仍旧任重道远。

2. 引导孩子尽早实现自我教育

针对上述社会现实，我们认为，教师和家长应该更多地将重心转移至教授孩子培养自身审美素质的途径与方法上。所谓"授人以鱼不如授人以渔"，教师与家长为孩子打开一扇窗，但对外界世界的探索还要依靠孩子自己。结合我们每个人的成长经历来看，真正坚持下来的永远是自己真正感兴趣的东西，正如上文所说，审美是私人化的，审美教育也该是"私人订制"的，在这个过程中，最好的老师便是我们自己。如今互联网时代信息获取的途径繁多，教师、家长只需让孩子充分认识到文学、电影、音乐等对生活的好处，便可以使他们对自己感兴趣的领域进行探索。

与有着不同成长经历、教育背景的台湾伙伴交流使我感触颇深，在领略了每一位同伴睿智的发言、富有条理的表达、严谨的逻辑后，我对他们在喜爱之余又多了一份钦佩。我在回程的路上暗暗感叹，能与如此优秀的同龄人交流学习，能有此机会收获这一份特别的友情，是多么幸运！

这次活动，我们既走在书中，也走在路上，享受着精神与身体同样的充实，走的每一步都迈向成为一个更丰富的人。相逢即是缘分，愿两岸的朋友们都能继续向上走，期待未来重逢更好的你我。

再见，福建

□ 翁钰涵（台中教育大学）

往昔，两岸是一湾浅浅的海峡，我在这头，大陆在那头，
此刻，两岸是一条长长的桥梁，你来这头，我来那头。

这是我第一次横跨台湾海峡，越过汪洋去到彼岸，起初对于"出发"这个词一直没有真切的感受，直到来到机场，托运行李，领了飞机票，我才深刻地体会到，是真的要"出发"了。当飞机起飞的那一刻，我的心仿佛被提了起来，恍恍不安，七上八下，不停臆测着去到对岸之后，踏上的土地会是怎样的光景，心中既是期盼又怕受伤害，盼是盼自己多年来脑海中的想象得以在眼前实现；怕是怕想象的画面过于美好，一夕之间全被推翻掉。我看着窗外台湾缓缓从眼前模糊，取而代之的是湛蓝的海峡和翻飞的云海，这一刻，我才开始有了离开的真实感，心中蓦地升起了不舍。渐渐飞机趋于平稳，我也安定了自己的心，好好整理思绪，待飞机降落，准备迎接这七天的交流旅程。

下飞机，过关口，提领行李，面对的是繁杂的机场流程，大家按部就班地在指挥下顺利完成。接着我看到旗帜飞扬，再映入眼帘的，便是这七天乘载我们的巴士。放好行李，上了车，耳畔是领队响亮的声音，"各位同学，欢迎来到我们的有福之州——福州。"福州就是这趟旅程的第一站。

福州是中国东南沿海重要的都市之一，与台湾相隔一片海峡，有着和台湾相像的气候、人文，在这里我们游览了"中国十大历史文化名街"三坊七巷，穿越一个个巷弄来到林则徐纪念馆，当年虎门销烟、查禁鸦片的伟业，如今已成了生冷的文字平躺在御碑亭的石碑之上。当夜海峡两岸青年阅读季开营，中华经典朗诵声此起彼落，也为隔日的旅途拉开了序幕。

两岸书缘

第二天一早，一行人驱车前往怡山文化创意园，为行程注入一丝青春的气息。下午西禅古寺香火袅袅，大殿内佛像庄严，壁画色彩斑驳，这些都是我对福建的第一印象。

福州的行程结束后，我们来到"城在海上，海在城中"的厦门，市中心大厦巍然屹立，但倏地回头遥望，却是一览无遗的海岸线。厦门第一站是老院子景区，那里处处洋溢着闽南风俗的色彩，惊心动魄的《闽南传奇》秀更是让我们体验了闽南文化的精髓。后来去了集美鳌园景区，在此地我们看见了陈嘉庚当年的足迹，古迹花木掩映，风景如诗如画。晌午漫步在沙坡尾的街道，热烈的阳光洒在大海之上，波光粼粼，交错着摩登与传统的风情。厦门的句点画在有"海上花园"之称的鼓浪屿，小岛上气氛幽静，透着一股欧式老派的浪漫，让人眷恋不已。

离开厦门，我们开启了一段长途车程，只为翻山越岭去一睹漳州景区的风光。有别于前几天大城市的繁华，这里有着一份远离喧嚣的古朴。潜入深山，我们来到被时间遗忘的一角，小桥流水人家，每个人踏实而简单地生活着。坐在车上，掠过眼前的，是客家土楼，大家兴奋地惊叹着。下

了车，站在土楼面前，震撼于建筑的宏伟，忽地觉察自己是如此渺小，这些曾经在书本上看到的"四菜一汤""朵朵蘑菇"，竟就这样出现在我眼前。最后的最后，行程到了尾站，我们站在漳州最繁华的地方，来到集传统文化于一身的漳州古城，浓厚的文化底蕴飘散在空气中，红砖古厝刻着几世代人的回忆。这次旅程的终点，也因着这样的氛围，蒙上了一层悠远而神秘的气息。

终究还是来到说再见的时候。在候船大厅，有人哭、有人笑、有人拥抱、有人拍照，我提着行李，站在自动上升的电梯台阶，看着这几天一路扶持的伙伴清晰的脸庞直到最后只剩一个黑点，她们疯狂挥手，喊着相约下次再见，这时我的眼眶已满溢泪水，别过头想避开大家的视线，好掩饰自己滴下的泪珠，直至看不见她们的身影，我才默默举起了手摇摆，就此别过。

"再见，大家！再见，福建！"

茉莉香犹在

□ 唐凤华（福州一中）

相　遇

7月22日中午，福州下起了倾盆大雨，这场雨来得很凶，来得突然。慢慢地雨滴敲击的力度慢慢变小，慢慢温柔。我拖着行李箱撑着伞，听着雨滴敲击伞面的声音，坐上了公交车。

来到林则徐纪念馆，天已经放晴，站在门口的我有点无措，甚至开始胡思乱想。台湾的同学会不会很难相处？我可以跟他们成为好朋友吗？思绪渐渐混乱，渐渐飘远。直到看到一顶橘色的帽子，那是这次活动的参与者吗？我向他走去，互相打了招呼，他的笑容很甜，扫去了我的不安，我的内心慢慢平静，我们的队伍也慢慢壮大。

远处又出现了一个身影，熟悉的橘色帽子，一面黄色的旗。他慢慢走近，旗上的字也慢慢清晰——"第三届海峡两岸青年阅读季"。他，带队老师之一，将陪伴我们度过这七天。

在他的带领下，我们来到大巴将停靠的地方准备迎接台湾的同学。有点小紧张，有点小期待，上天似乎想让安静的等待更加漫长一些，大巴延迟了。时间一点一点过去，终于听到大巴刹车的声音，我看到一个个走下来的身影。他们笑着，很灿烂，很温暖。我鼓起勇气，慢慢走上前，是她，我的结对伙伴。她有清秀的面容，穿着简单的白T恤牛仔裤，她的脸上始终洋溢着笑容。微风拂过，扬起她利落的短发。我和她说："七天之旅，请多关照。"

这天，福州用阳光为他们扫去了阴霾。就这样，我们相遇了；就这样，旅途开始了。从没想到，七天之后，这群朋友对于我会那么重要，他们将成为我最珍惜的朋友。

相　知

  这趟旅程是丰富的，是值得的。第一天下午，我们在三坊七巷中漫步。在古色古香的建筑群中，我们交谈着，我们笑着，慢慢地我们不再那么拘束，我们的笑容开始变得自然。我们聊学习，聊美食，聊风景。我们之间似乎并没有那么多隔阂，相似的方言，相似的习俗，相似的口味，一点一点将我们之间的距离拉近。我小心地拿出一个茉莉花香包递给了她，洁白的花瓣散发着清香，就像我们单纯的友谊。她接过凑近闻着，笑了，兴奋地拿着香包在我的面前晃了晃，香味围绕在我们身旁。我说："喜欢就好，这是福州市花，福州文化的承载物之一。"

  穿过三坊七巷，我们来到餐馆。一道道特色的菜肴——荔枝肉、海蛎煎、芋泥、春卷、锅边糊……都是我记忆里的味道。饭桌上，充满美食的香味，飘荡着我们的笑声。相识的第一天夜晚举行了开营仪式和诵读展演。大梦书屋，一个充满书香气的地方，记录了我们紧张准备的过程，见证了我们文化的第一次真正碰撞。听着朗诵的声音、朗诵的内容，熟悉又陌生，熟悉的是那句句台词，陌生的是那不一样的声音、不一样的感觉。这次展演演绎出了不一样的风格，拉近了我们的距离，让我们对彼此更加熟悉。在这里我们留下了足迹，在这里我们有了第一张集体照，在这里我们感受到了文化的魅力。

  接下来的旅程都是充实的，都是不一样的，都是充满特色的。在这花一样的年纪，能够见到这样美丽的风景，能够拥有这样一群可爱的朋友，真幸运。《生活十讲》这本书，"海峡两岸青年阅读季"这个活动，将我们联系在一起，帮我们跨过了那条海峡，给了我们建立美好友谊的机会。我庆幸，在不同的地方我的身旁都有他们陪伴，一起欣赏风景，发表不一样的看法。想法会有差异，有差异才更有意义，我们需要去尊重这种差异。寻找相似是人性的本能，而尊重差异则是每个人需要具备的素养。我们的文化因这种差异更加丰富，更加美丽，更加充满魅力。

  在这七天里，我们见了各种各样的风景，当然也有许多不一样的体

验。在陌生的城市里，我们体验了第一次迷路。那天晚上出门，我们嘻嘻哈哈，却没想到等待我们的是人生中的一大体验。我从没想过，迷路会那么精彩，因为身边有他们，我珍惜的朋友。昏黄的路灯照亮我们的脸，一群人走在路上彼此依靠，彼此给予安全感，我们不再害怕，等待着老师来接我们。那晚，看到老师接到我们时放松的表情，回到宾馆听到老师轻轻的责问，苦涩中带了一点甜蜜，疲惫中带了一丝温暖。他们的关心那么无私，他们的陪伴是我旅程中最大的温暖。

　　这次旅途中我们感受到了茶文化和石文化的博大精深，领略了惠安女的风采，品尝了当地的风味美食，惊叹了古代人民的智慧。我们也曾吹拂着海风，享受着片刻的宁静；我们也曾漫步在埭美古村落中，感受着淳朴的民风；我们也曾参观过一个个纪念馆，为逝去的那些伟人留下的著作而惊叹；我们也曾环绕着一座座土楼，体会其中蕴含着的先人的智慧与汗水。一路走来，收获颇丰。

离　别

　　时间过得很快，最后一个夜晚的到来就像是梦。那不舍的情绪悄悄袭来时，我们默契地忍住不舍，像往常一样，谈着，笑着，玩着，只是氛围莫名伤感。结束了游戏，各自回到房间。天空中星辉点点，晕开了深蓝色的背景，月亮依旧沉默，静静注视着台灯下认真写着信的我们。

　　离别的早晨就这么到来，我忍住困意，强迫自己起床，洗漱后自然地叫起了朋友们，突然有点恍惚，也许这是最后一次，最后一顿早餐，最后一次坐这辆大巴，我们收好彼此的信，我们留下一张张合照，我们忍住泪水，因为我们说好了不流泪。我的伙伴默契地拿出了那包茉莉花，它干了，可是香味犹在，友谊犹在。无论多么不舍，离别还是来了，最后一次拥抱后，在老师的催促下我们挥挥手说再见。"一定要来大陆（台湾）找我"，成了今天码头出现最多的句子。

　　终究还是结束了，心中满满的温暖，满满的感恩。感恩这次活动，感恩所有的负责老师，感恩那一本书，感恩所有的朋友，没有你们就没有这一段真挚的友谊。

难忘福建之旅

□ 傅于庭（高雄市立三民高中）

　　下了飞机以后，我们换乘开往福州的大巴，大巴沿着高速公路缓慢行驶，这速度刚好可以让我观赏沿途的景色，我仰望着湛蓝的万里长空，蓝天上停留着一些细碎而洁白的云块，太阳高挂在中天，耀眼的光芒使我眯缝着眼。高楼大厦排列得整齐，每一栋的设计都别有特色。

　　很快，抵达了福州著名的景点——三坊七巷，我抱持着既兴奋又紧张的心情与我的小伙伴相见，虽然早在几周前就通过微信联络过，但要跟本人碰面，心中不免还是有些忐忑不安。"哈啰！凤华……"我遇见她了，凤华本人的面貌就和照片中的她一样清秀可爱，浑身散发出迷人的气质。我们一边谈天说地一边走进三坊七巷，巷内的建筑古色古香，但仍保有当代丰富的文艺气息，连麦当劳、星巴克的店面设计都别有一番韵味。走进林则徐纪念馆，整座建筑具有江南园林的风格，柳条随着微风左摇右摆，柳树旁精致的小桥横越在一条清澈的小河上方，几片花瓣掉落在水面，一旁的草坪上有几团花丛，枝叶上头鲜艳的花朵则映衬出绿叶的平凡。望向对面，还能看见盛装打扮的外拍工作者努力拍照的景致。

　　随着天色逐渐黯淡，老师将我们带至巷弄间的某一个角落，带着我们一遍又一遍地诵读苏轼的《水调歌头》，将语调、咬字发音以及默契程度做到最好，期许我们能在晚上的诵读展演中呈现最完美的表演，得到最热烈的回响。很快到了晚上的朗诵表演，一切都在预料之中，我们表现得很好，得到掌声的刹那，我既愉悦又有成就感，虽然只有一个下午的准备时间，但我们做到了！不过其他组别更是把其长才发挥到淋漓尽致，让我深深体会到"人外有人，天外有天"以及"一山还有一山高"的道理。

　　下一站是厦门，天气晴朗，云淡风轻，大巴将我们载送至国际邮轮中心。下车后，我与伙伴们一同进入东渡码头等候登船，大概是因为站得越

·第二辑　2019第三届海峡两岸青年阅读季作品·

高、看得越远的缘故，群众争先恐后挤入船内，就为了占到二楼的甲板位置，当然，我们也不例外。腿脚颇快的我们，顺利地站到了一处视野极佳的宽阔地段。望向船外，海天一色，几乎分辨不出哪里是大海与天空的分际线，白云淡淡的，仿佛是用白色蜡笔画在白纸上一般，看得到痕迹却又不是那么清晰。岸边楼房林立，跨海大桥上头的车犹如蚂蚁般缓慢而行，我低头看着船旁溅起的浪花，仿佛雪花冰似的颇具疗愈作用，心情也跟着平静了下来。不知不觉，我们搭乘的船抵达了目的地——鼓浪屿。

紧邻厦门的鼓浪屿就像一座海上花园，步入市集，两旁是砖造的老洋房，屋顶都是橘红色的，仿佛是夏季盛开的凤凰花般，吸引着旅客争相拍照。岛上游人如织，但却保有静谧的气息。

鼓浪屿又被称作"琴岛"，听导游说是因为岛屿上几乎家家都拥有钢琴，鼓浪屿也是全国拥有钢琴最多的地区。或许是因为自己本身也会弹钢

281-

琴，踏着这片土地，感受着这里的文化气息，脑海中也不停地回荡着那舒畅又动听的琴音。

下一站是漳州，亲眼见证土楼传奇的刹那，觉得自己好像走入地理课本的图片里。小时候上地理课时，总是对着那张土楼的图片定睛许久。走进土楼内部，居民们过着安居乐业的生活，家家户户还会相互给予协助，富有浓厚的人情味。

夜幕低垂，老师带着我和几个小伙伴一同夜游漳州古城，夜里的古城和白日下的真是天差地别，相较之下，我更喜爱夜晚的古城。城内灯火通明，游客熙来攘往，好不热闹，不禁令我联想到了宋朝。我想，宋代的夜市情景大概就像夜里的漳州古城一样吧！

这七天六夜，说短不短，说长不长。对我来说，再美的景致，一旦缺少了身旁的朋友，都会变得没那么精彩。想当初得知这个活动时，还有点兴致寡然，后来万万没想到，自己竟然会对这个活动感触极深。最难忘的就是身边那群朋友了吧，因为有他们，才使这一趟旅程圆满；因为有他们，才让我更喜爱这片土地；因为有他们，才增深了我对大陆的眷恋，使我流连忘返。

同样的事情听千百遍，还不如用自己的双眼去看一回。